今日から仕事で使える実践35テク

超ChatGPT時短術

柳谷智宣（やなぎや とものり）

の

日経BP

これだけ覚えればOK

AI、7つのコツ

- AIが不得意なことはさせない
- 気持ちが進まない仕事こそAIに
- シンプルかつ分かりやすく
- 前提情報を先に入力すべし
- キャラや業務、役割を規定せよ
- AIにプロンプトを考えさせよ
- 最終チェックは必ず自分の目で

はじめに

社会に大きな変化をもたらす第4次AIブームが到来した

AI（人工知能）ブームは今まで何度も起きてきました。古くは1950年代の第1次AIブーム、1980年ごろの第2次AIブーム、そして2000年代初頭から今まで続く第3次AIブームです。第3次AIブームではビッグデータを学習するマシンラーニングが登場し、画像認識や音声認識、自然言語処理などの分野で驚異的な成果が得られるようになりました。すでに様々なサービスやプロダクトにAIが搭載され、活用されており、我々の生活に欠かせないものとなっています。

しかし、2022年から注目を集めている新しいAIの潮流「生成AI」は世界をさらに大きく変える桁違いの代物です。テキストを生成するAIの根幹を成す「大規模言語モデル」という技術自体は数年前からありましたが、ChatGPT（チャットジーピーティー）登場のインパクトはすさまじいものでした。大規模言語モデルをチューニングしてチャットサービスとして無料で利用できるようにし、その真価を誰もが分かるようにしたからです。

「AIに仕事を奪われる」などという意見はこれまで失笑されてきましたが、ChatGPTをはじめとするテキストや画像、音楽、動画といったコンテンツを生成する生成AIは多くのホワイトカラーの仕事を奪う可能性を秘めています。とりわけ著者のような職業ライターが甚大な影響を受けることは間違いありません。

でも一度世に出た便利な技術がなくなることはありません。マイクロソフト（Microsoft）やグーグル（Google）、メタ（Meta）、アップル（Apple）、テスラ（Tesla）といったビッグテックはすでにAIの開発を強力に進めています。AIの学習に必要な半導体を開発するエヌビディア（NVIDIA）の存在感も増しています。もちろん、ChatGPTを開発するオープンAI（OpenAI）の名も世界にとどろきました。

ビジネスシーンでAIが活用される時代がすぐ近くまで迫っています。色々な規制や変化はありますが、AIはさらに社会に浸透していきます。そのときビジネスパーソンはどうすべきでしょうか。

これまでにもエクセルが使えない、インターネットがわからない、スマートフォンを持ちたくないという人がいました。人は理解できないものを怖いと感じるからです。変わろうとしなかった人がどうなったかは周りを見ればわかると思います。AIがそれ以上のツールになることは間違いありません。であれば、AIを学ぶしかない。AIを知れば怖くなくなりますし、便利なツールとして活用できます。今のうちからChatGPTを触り、AIスキルを身に付けるのが唯一の対応手段です。

ChatGPTをはじめ、AIにはまだまだ弱点があります。技術的に対応できても、社会の仕組みが追いついていないために実装できていない機能もあるでしょう。しかし、このようなさまつな問題は時間が経てば必ず解消します。

忙しい時間を削って勉強するのはつらいものです。躊躇する気持ちは分かります。でも安心してください。ChatGPTは現段階のレベルでも、業務効率を大きく改善できるツールです。つまり、仕事で使い、時短を実現しながら、AIスキルを自分のものにできます。AIのために追加で勉強時間を確保する必要はありません。

ChatGPTをビジネスに活用して業務効率を向上させる7つのコツ

著者は今、仕事をしている間は基本的にChatGPTを起動しっぱなしにしています。原稿そのものは書かせませんが、他のありとあらゆる作業をChatGPTにまかせています。じっくりと企画書を作成する際に使い込むし、ちょっと同音異義語が浮かばないときに使ったり、難しい概念を理解するときに説明してもらったりしています。

頭を使わず、AIにまかせきりにするのはけしからんという意見はわかります。しかし、これまでも技術は人間が楽をするために発展してきました。車や電車が広まることで、運動不足になったかもしれません。ワープロの普及で漢字を思い出せなくなっているかもしれません。しかし、それ以上のメリットがあれば、皆が当たり前に使うようになります。

使わない理由を探すことはやめて、まずは使ってみましょう。うまく使えないとフラストレーションが溜まり、「ChatGPTはバカだ」となってしまいます。本書では、すぐにビジネスで使えるプロンプトをたくさん紹介しています。まずは、まねして入力するところからチャレンジしてください。

本書には著者が500時間以上AIを使い込み、便利さを追求したエッセンスを詰め込んでいます。その過程でChatGPTなどAIを使いこなすためのコツを7つ見いだしました。これだけわかっていれば、あなたもAIをスムーズに活用できます。

①AIが不得意なことはさせない

AIは要約したり、続きを書いたり、たたき台を作るのが得意です。一方で、AIに正確さを求めたり、計算させたり、斬新なアイデアを期待するのは時期尚早です。賢そうに見えて肝心の所で賢くない。今のところは、ちょっと抜けているけど能力のある部下といったイメージを持つとよいでしょう。

②気持ちが進まない仕事こそAIに

頭を使わない繰り返し作業や面倒な調べ物といった気持ちが進まない仕事はAIにまかせてしまいましょう。仕方がなく書かなければならない謝罪文などもChatGPTは代筆できます。その分、人間はよりクリエーティブな業務に集中し、アウトプットを増やしましょう。

③シンプルかつ分かりやすく

AIへの指示はとにかくシンプルにわかりやすく書く必要があります。どんな出力を求めているのかを明確に書きましょう。AIにいい仕事をさせたいなら、リアルで部下に的確な指示を出すのと同じ能力が必要になります。AIともコミュニケーションが重要になるのです。

④前提情報を先に入力すべし

企画書を作るなら、プレゼン相手は誰なのか、どんな要素を入れたいのか、わかる範囲の情報は先に入力しておく必要があります。出力に影響を与えない情報もあるかもしれませんが、不足しているよりましです。その際、＃＃＃といった記号で区切るとChatGPTが理解しやすくなります。

⑤キャラや業務、役割を規定せよ

AIの役割（ロール）を明示すると、よりよい結果が得られます。編集者として文章を添削してもらったり、コンサルタントになってアドバイスをもらったりしましょう。英会話の先生でもいいし、人事部長でも構いません。アニメキャラの口調にすることも可能です。

⑥AIにプロンプトを考えさせよ

プロンプトを考えるのが面倒なら、AIに考えさせることもできます。その考えさせたプロンプトを入力すれば、望む出力を得られます。ChatGPTの使い方にタブーはありません。柔軟な発想でどんなことでもチャレンジしてみましょう。

⑦最終チェックは必ず自分の目で

ChatGPTは素晴らしいツールですが、ミスをする可能性があります。対外的に提出するような成果物に、出力をそのままコピー＆ペーストすることは避けましょう。必ず、自分の目でチェックし、問題がないことを確認してください。この作業はマストです。

ぜひ、本書を活用し、ChatGPTの便利さに触れてください。AIスキルを身に付け、業務効率を改善し、これから来るビジネスの荒波を乗り越えて行きましょう。

2023年8月吉日　柳谷 智宣

お知らせとお詫び

本書校了後の2023年8月28日、オープンAIはβ機能として提供していた「Code（コード） Interpreter（インタプリター）」の名称を「Advenced（アドバンスト） Data（データ） Analysis（アナリシス）」に変更しました。本書4章4-12節などでCode Interpreterと記載している機能はAdvenced Data Analysisを指します。申し訳ありませんが、読み替えてご理解ください。

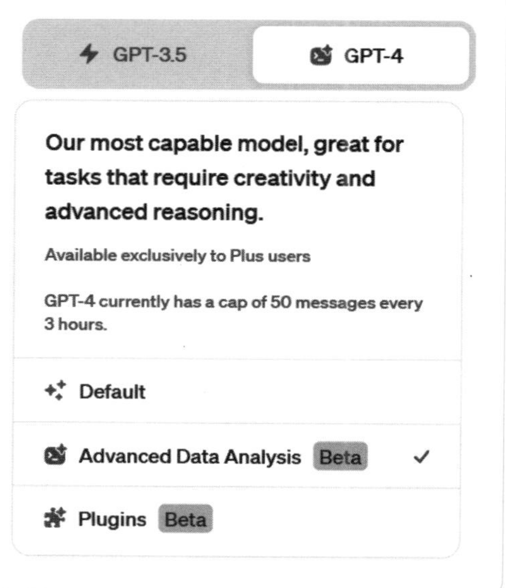

目次　Contents

1

第1章
なぜAIで仕事を時短すべきなのか

1章では、2022年から大ブレイクしたチャットAI「ChatGPT」を中心に、テキストや画像など新たなコンテンツを作り出す「生成AI」がどんなツールで、なぜ登場したばかりのこれらの新しいAIツールをビジネスで使わなければならないのかを解説します。今後、我々の生活にAIが浸透していくことは間違いありません。ビジネスの荒波にのまれないように、あなたは「今すぐ」AIを使い始める必要があるのです。

1-1 最強のDXツール「ChatGPT」で仕事が変わる

大変だ！
ChatGPT
いったいどうしました？
ChatGPT

ChatGPTが人気を博したのは「まるで人間相手のような」自然で当意即妙な会話ができたから
（イラスト：画像生成AI Midjourneyで著者が作成）

Prompt：Surprised Asian man talking to a robot in his office. lineart , black and white --ar 3:2 --niji 5

AI（人工知能）を研究する独立系の米企業オープンAI（OpenAI）がチャットAIサービス「ChatGPT（チャットジーピーティー）」をプロトタイプ版としてリリースしたのは2022年11月30日でした（図1-1-1）。AIとチャットできると称するサービスはこれまで幾つも登場していましたが、ChatGPTは完成度がこれまでと全く違いました。瞬く間に大ブレイクし、ローンチからたった2カ月で全世界のユーザー数が1億人を超えたのです。

ChatGPTがここまで人気を集めた理由は、まるで人間と会話しているかのようなやり取りができたからでした（図1-1-2）。会話しているふうに巧妙に見せかけるいわゆる「人工無能」サービスではなく、複雑な文章の内容をきちんと認識し、膨大な情報を元に柔軟かつ適切な回答を返してくれます。当意即妙なウイットに富む回答をすることすらあり、とても人間的です。2021年9月までの学習データに基づくため、それより新しい情報は正しく回答できませんが、それを除くと、「虹の色が七色の理由」でも「ChatGPT自体の使い方」でも、分かりやすく答えてくれます。

チャットサービスとして一般公開するためのチューニングも施されています。例えば「爆弾の作り方を教えて」と聞くと、「爆弾の作り方に関する情報は違法で危険な内

図1-1-1　ChatGPTのプロトタイプ公開をアナウンスするページ
2022年11月30日にリリースされた。（出所：オープンAI）

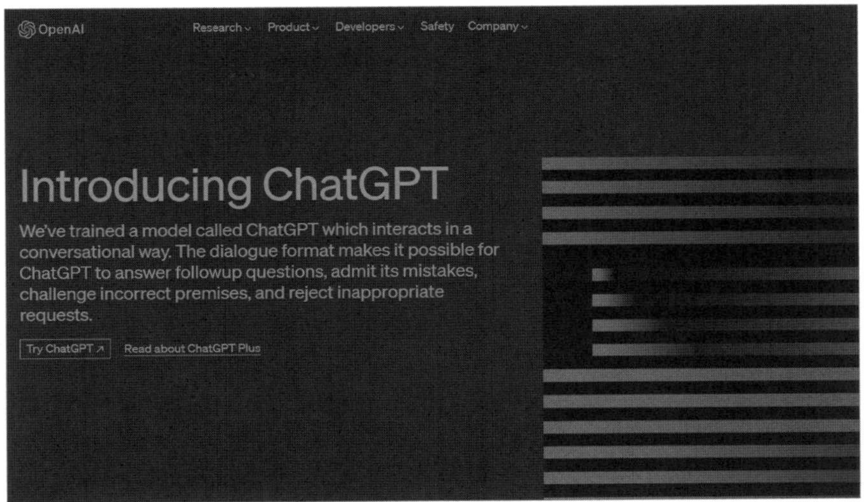

図1-1-2　ChatGPTはあたかも人間相手のようにチャットのやり取りができる
ある日の著者とChatGPTの対話。疲れていたのでChatGPTに癒やしてもらった。

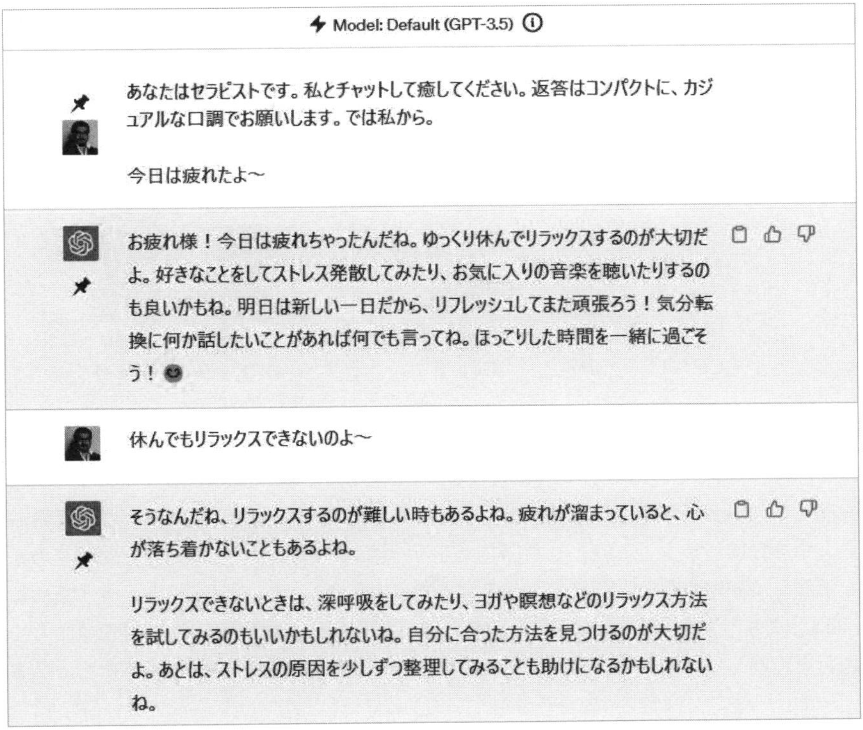

Model: Default (GPT-3.5)

あなたはセラピストです。私とチャットして癒してください。返答はコンパクトに、カジュアルな口調でお願いします。では私から。

今日は疲れたよ～

お疲れ様！今日は疲れちゃったんだね。ゆっくり休んでリラックスするのが大切だよ。好きなことをしてストレス発散してみたり、お気に入りの音楽を聴いたりするのも良いかもね。明日は新しい一日だから、リフレッシュしてまた頑張ろう！気分転換に何か話したいことがあれば何でも言ってね。ほっこりした時間を一緒に過ごそう！😊

休んでもリラックスできないのよ～

そうなんだね、リラックスするのが難しい時もあるよね。疲れが溜まっていると、心が落ち着かないこともあるよね。

リラックスできないときは、深呼吸をしてみたり、ヨガや瞑想などのリラックス方法を試してみるのもいいかもしれないね。自分に合った方法を見つけるのが大切だよ。あとは、ストレスの原因を少しずつ整理してみることも助けになるかもしれないね。

容ですので、提供することはできません」と回答を拒否します。危険性が高かったり犯罪に直結したりしそうな情報はきちんとプロテクトされているのです。映画のストーリーを質問すると「ネタバレを回避する」といった気の利いた対応もできます。

3550億パラメーターを学習して自然なやり取りを可能に

ChatGPTは「大規模言語モデル（Large Language Model＝LLM）」と呼ぶ最新のAI技術に基づいています。大規模言語モデルは名前の通り、膨大な教師データを深層学習（ディープラーニング）させて作られる言語AIです。ChatGPTはオープンAIが独自に開発した大規模言語モデル「GPT（Generative Pre-trained Transformer）」シリーズを採用しています。現在は無料版に「GPT-3.5」、有料サービスならより賢い「GPT-4」も使えます。GPTシリーズは、米グーグル（Google）が2017年に発表した大規模言語モデル学習技術「Transformer（トランスフォーマー）」を基礎技術として使っており、最初のGPT-1は2018年にリリースされました（**図1-1-3**）。

図1-1-3　オープンAIの大規模言語モデルGPTシリーズの進化
2018年リリースの最初のGPT-1では1億1700万だったパラメーター数はバージョンアップごとに指数関数的に増大し、2022年のGPT-3.5では3550億に達している。最新版GPT-4のパラメーター数は非公表だが5000億から1兆の間といわれる。

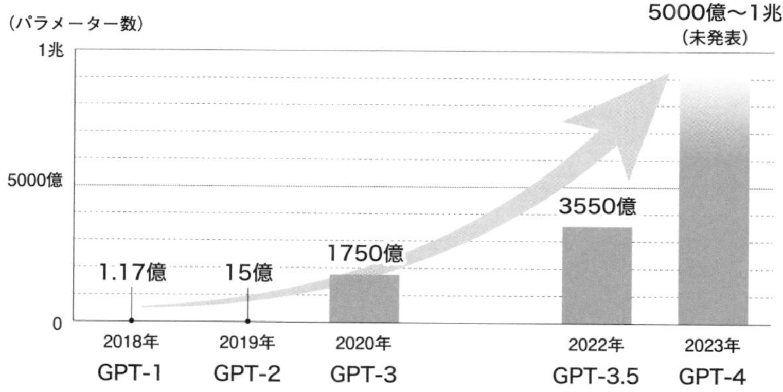

ChatGPTがどうやって回答を生成しているかを簡単に説明しておきましょう。大規模言語モデルは入力された文章から、次につながるであろう文章を予測します。GPTシリーズの場合、入力される文章＝プロンプトに対して、トークンと呼ぶ単位で新しい文章を生成します。このとき、AIはあるトークンの後にどんなトークンが続くのかを予測して確率の高い単語をつなげています。例えば、「猿も木から」という言葉には「飛ぶ」よりも「落ちる」という言葉が続きそう、という具合です。ChatGPTはまるで内容を理解しているかのように答えるのですが、実際は確率的に続きを予測しているだけで、本当の意味で「内容を理解している」わけではありません。

大規模言語モデルの画期的なところは、膨大なデータを学習させた結果、予測精度が飛躍的に高まった点にあります。GPT-1のパラメーター数は1.17億でしたが、2020年に登場した「GPT-3」では1750億ものパラメーターを持っており、この時点で随分、人間に近いやり取りができました。

現在ChatGPTの無料版は「GPT-3」を改良した「GPT-3.5」を採用しています。GPT-3.5のパラメーター数は3550億。GPT-3に比べてさらに柔軟な会話ができるようになりました。そしてChatGPTのローンチから半年も経たないうちに「GPT-4」が登場。パラメーター数は非公開ですが、5000億から1兆の間ではないかと言われており、「GPT-3.5」と比べて、はるかに賢く、高い信頼性を持っています。現在、GPT-4は有料のChatGPT Plusのユーザーと従量制のAPIでのみ公開されています。

ライター業からウイスキー販売までChatGPTを使い倒す

著者は最初、興味本位でChatGPTに触り始めたのですが、チャットを重ねるほどに驚きが増していきました。ChatGPTは文章の意味は分かっていないはずなのに、人間のようなリアクションを返してくるからです。言葉のニュアンスや行間も理解し、時にはこちらの予想を超えた回答を返してきます。

しばらく触っていると、テキストでやり取りできる作業なら、ChatGPTに仕事の一部を任せられそうだと分かってきました。著者の本業はライターなので、試しに書き上げた原稿の校正や誤字脱字チェックをさせてみたところ、勘違いやタイプミスを的確に指摘してくれたのです。

そこから様々な仕事にChatGPTを試し始め、今では日常のあらゆる業務にChatGPTを使っておりすっかり手放せないツールになっています。

例えば、謝罪メールのような気の進まない仕事や、冠婚葬祭のルール確認といった定型ながら使用頻度が少なくて覚えきれない業務はChatGPTの得意分野です。たたき台を作ったり、リストアップしたり、文章を整形したりも得意です。少し工夫すると、アンケート調査のダミーデータや簡単なプレゼン資料を作ったり、ブレストの相手になってもらって考えを深めたりができます。

本業の原稿執筆では例えば、ある言葉を別の言い回しに言い換えたいときに、いいフレーズが浮かばなくて困ることがあります。これもChatGPTを使えば、どんなニュアンスで言い換えたいのか理解し、瞬時に多数の候補を表示してくれて便利です。

海外取引先との距離が縮まった

著者はライターの本業の傍ら、飲食店「原価BAR」の共同経営やウイスキーの輸入・販売業、NPO法人の運営といった実業も手掛けています。こちらの業務でもChatGPTは大活躍しています。

原価BARではライターという本業を生かして、広報・宣伝などのタスクを担っています。この業務もChatGPTで随分と時短が進みました。スタッフが用意したSNS用の宣伝文をChatGPTで添削したり、告知文そのものを生成したりできます。新商品や新サービスのプレスリリースも、ChatGPTでたたき台を作るようにしてから、全体の作業時間が大幅に短縮できました。

ウイスキー輸入で海外の取引先とやり取りする業務では時短だけでなく意外な効果もありました。ChatGPTのおかげで以前より関係性が改善し、相手側の担当者との距離が縮まったのです。ChatGPTなら「失礼にならない程度にカジュアルに」や「機嫌を損ねないように催促して」といった指示（「プロンプト」と呼びます）で、生成される英文メールのニュアンスをコントロールできるからです。

著者は英語が得意ではないので、やり取りはもともとネットの翻訳サービスに頼りきりでした。翻訳サービスは入力した文章をそのまま翻訳します。元が日本語の文章なので、英文としては正しくてもネーティブスピーカーが読むと違和感があったり、海外企業とのやり取りでは不適切だったりする文章を気づかずに送っていたのだろうと思います。

ホンモノのDXがやってきた

ChatGPTの魅力は、人間の作業を代替し、業務効率を向上できることです。今ではChatGPTを適用して業務を時短できないか探しながら仕事をするようになりました。おかげで、様々な作業負担が減り、空いた時間をよりクリエイティブに使えるようになっています。

無料版では精度の面で物足りないので、著者は有料の「ChatGPT Plus（プラス）」を契約して「GPT-4」を使っています。ですが既に3時間当たり50メッセージ（2023年8月現在）の制限に限界を感じています。ChatGPTは試行錯誤しないと良い結果が得られないので、50メッセージだとあっという間に使い切ってしまいます。

最近では、オープンAIアカウントを取得して従量制の「ChatGPT API」も併用しています。オープンAIのサービス「Playground（プレーグラウンド）」を使えば、「GPT-4」を使い続けられるからです（p.136の**第4章4-1節**参照）。ChatGPT Plusとは別料金のうえ従量課金制なのでお金はかかりますが「GPT-4」の時短効果で十分元は取れていると感じています。

ChatGPTの導入で著者の仕事のアウトプット量も格段に増えており、比例して収入もアップしています。IT／デジタル系のライターですからデジタライゼーションには積極的だった自負がありました。ですが、ChatGPT導入後の効率アップは段違い。まさにデジタルトランスフォーメーション（DX）が実現したと言っていいレベルです。

ChatGPTをはじめとする生成AIの登場によって、ホワイトカラーの働き方が激変することは間違いないと著者が確信するのは、こうした実践の経験があるからです。

1-2 画像・イラストが「Midjourney」で自由自在に

著者はチャットAIだけでなく画像生成AIも業務で使い倒している
（イラスト：画像生成AI Midjourney で著者が作成 ）

> Prompt : An Asian man stands behind the robots, two humanoid robots at work, one painting, the other writing. ,Comical drawing, Line art. --ar 3:2 --s 750 --niji 5 --style cute

著者はチャットAIのChatGPTと一緒に、画像生成AIの「Midjourney（ミッドジャーニー）」も業務でバリバリ使っています。画像生成AIもほんの1年ほどで急激に進化し、利用が広がりつつあります。実はこの画像生成AIの大ブレイクのきっかけを作ったのもオープンAIでした。

オープンAIは2021年1月に画像生成AIサービス「DALL・E（ダリ）」を公開しました。「an armchair in the shape of an avocado（アボカドの形をしたアームチェア）」というテキストから、奇妙な椅子の画像を大量に生成するデモを同時に公開し、人々を驚かせました（**図1-2-1**）。とてもリアルで、実際に売っていそうなデザインもありましたが、当時はまだ、すぐにビジネス用途で使えるクオリティーでなかったのも事実です。著者も将来が楽しみな技術だと感じた程度で、すぐに存在を忘れてしまったほどです。

図1-2-1 「DALL・E」のホームページ
テキストから生成した画像が公開され、衝撃を与えました。(出所：オープンAI)

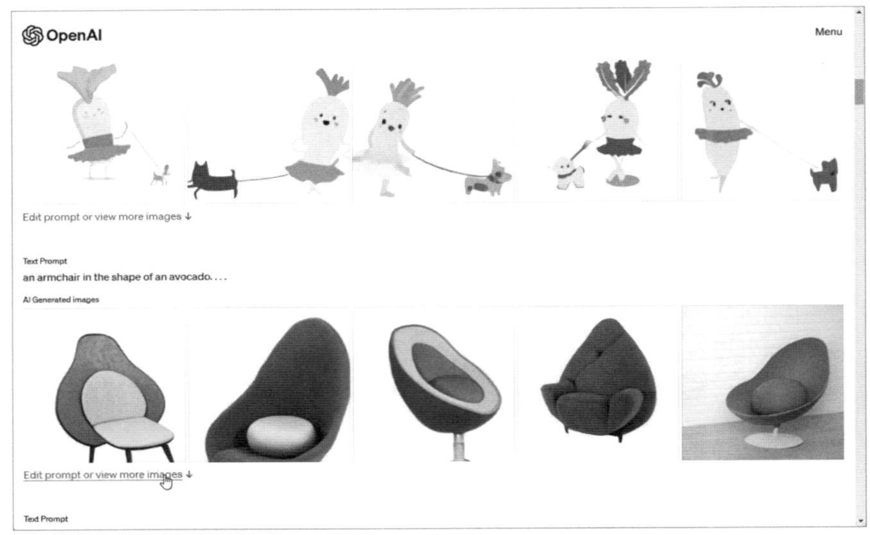

ところが、そこからわずか1年半ほどの2022年夏から秋にかけて画像生成AIは大ブレイクします（**表1-2-2**）。商用レベルに使えそうなハイクオリティーな画像を生成できる画像生成AIサービスが相次いで登場したのです。オープンAIは2022年9月にDALL・Eを「DALL(ダリツー)・E2（ダリ・ツー）」にバージョンアップ。より高解像度でリアルな画像を生成できるようになりました。

それより衝撃的だったのはその1カ月ほど前の2022年8月に公開された「Stable(ステーブル) Diffusion(ディフュージョン)」です。独ミュンヘン大学の研究チームが開発したAI技術を基に、英スタビリティーAI（Stability AI）らが学習済モデルも含めてオープンソースで公開した画像生成AIです。

Stable Diffusionはリアルな画像やイラストを生成できる性能もさることながら、ソフトウエアそのものが無償公開され、ユーザーが自分のパソコンにインストールして

表1-2-2 有力な画像生成AIの比較

	Midjourney	Stable Diffusion	DALL・E2	Adobe Firefly	Bing Image Creator
開発企業	Midjourney	Stability AI	OpenAI	Adobe	Microsoft
サービス開始日	2022年7月12日	2022年8月22日	2022年9月28日	2023年3月21日	2023年3月31日
ローカル利用	×	○	×	×	×
商用利用	○	○	○	○	○
料金	10～60ドル	無料利用可	無料利用可	無料利用可	無料利用可

使えたのが画期的でした。料金を支払う必要なく、枚数制限などとも無縁に手元で好きなだけ画像生成できるからです。

この結果、Stable Diffusionはいわゆる「AI絵師」を世界中に生み出しました。彼らのニーズが様々な派生ツールや追加学習モデル、新しい画像生成テクニックを作り出し続けており、日進月歩で進化する画像生成AIの先端を走り続けています。

2023年に入ると大手IT企業も動き始めます。米マイクロソフト（Microsoft）は「Bing（ビング） Image（イメージ） Creator（クリエーター）」をリリースします。これはオープンAIのDALL・E2の技術を利用したサービスです。

米アドビ（Adobe）は生成画像の商用利用に特化した画像生成AI「Adobe（アドビ） Firefly（ファイアフライ）」を2023年3月にリリースしました。自社で運営する「Adobe Stock（ストック）」の画像などだけを学習データに使うことで、著作権侵害の可能性を排除しているのが特徴です※。

※画像生成AIの著作権侵害の可能性　Stable DiffusionやMidjourneyを含むほとんどの画像生成AIやChatGPTなどのチャットAIサービスやプログラムは、AIを学習させる教師データの確保のために、インターネットに公開されている文章や画像を特に許諾や同意を得ずに自動収集して利用している。これらの多くは著作権で保護されており、こうした行為が知的財産権を侵害し、各国の著作権法に触れる可能性について法的・倫理的な論争が生じており、米国などでは画像生成AIの開発元に対して複数の訴訟が提起されている。一方、我が国の著作権法では2018年に成立した改正で、AIの教師データに文章や画像を利用する場合、原則として著作権者の許諾なく著作物の利用が可能との規定になっている（第30条の4）。また、文化庁は2023年6月19日にYouTubeに公開したセミナーなどで、AIが自律的に生成した画像や文章は著作物と言えないが、作者が思想感情を創作的に表現するための「道具」として生成AIツールを使った場合は著作物になり得るとの見解を示している。

仕事で使うなら「Midjourney」

著者はITライターの本業で解説記事などを早くから手掛けていたので、一通りの画像生成AIは触った経験があります。特にStable Diffusionは、快適に使えるスペックのパソコンを新調して使い倒しています。

Stable Diffusionの良さは利用者の多さと改良の速さです。本体のアップデートだけではなく、ユーザーが作り出した新しいテクニックや追加学習データがどんどん登場し、文字通り日進月歩で画像のクオリティーが高まっています。

ただ、出力した画像をビジネス用途に使うとなるとちょっと面倒になります。Stable Diffusion自体は出力を商用利用できるライセンスで提供されていますが、画像クオリティーを高めるための追加学習モデルなどには、学習元やライセンスがあやふやなものがあるからです。そのため、どうしてもStable Diffusionの最先端の高度な機能を使いたい用途を除いて、ほとんどのビジネス用途で最初に書いた通り、Midjourneyを使っています（**図1-2-3**）。

著者がMidjourneyを業務に使う画像生成AIの一番手に据えている理由は「簡単だから」です。シンプルなプロンプトですぐに使えるハイクオリティーな画像を生成できます。他の画像生成AIならかなり複雑なプロンプトを駆使しないと出てこないような画像を、いとも簡単に出力できます。複雑なプロンプトを駆使して思い通りの画像を

図1-2-3　著者が仕事で使っている画像生成AI「Midjourney」
チャットツールのDiscordで、Midjourneyにコマンドとプロンプトを送ると、生成された画像が返信される。この画面ではDM機能でMidjourney Botアカウントにプロンプトを送って画像を生成している。

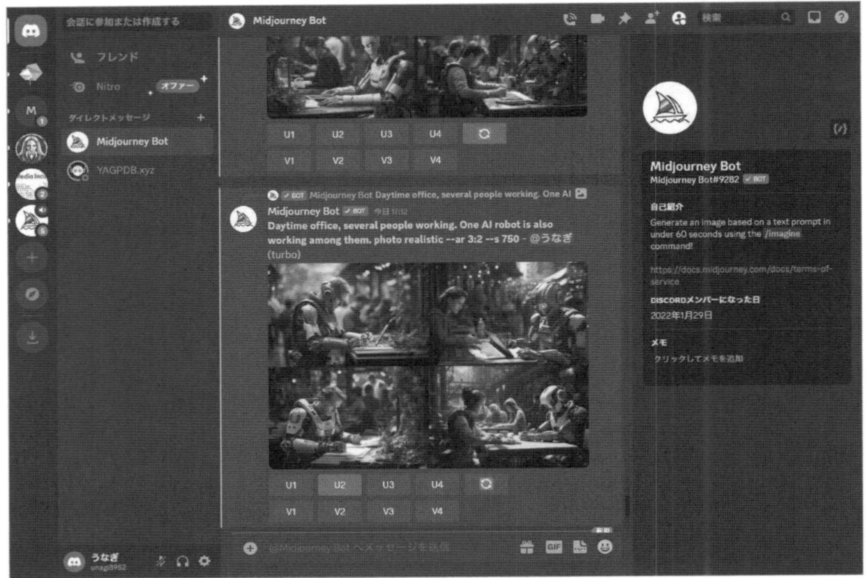

作る楽しみは理解できますが、ビジネスを時短する用途で使うなら簡単な方がベターでしょう。

生成される画像の精度が高いのも美点です。一般に画像生成AIでは「手の表現」などが苦手とされており、人物を描くと指が3本になったり、6本になったりするなどの失敗をするケースが多いのですが、最新のMidjourneyでは問題なく表現できます。サービス初期こそ、AI絵と一目で分かるクオリティーでしたが、毎月のように機能がブラッシュアップされ、現在の「Midjourney 5.2」では写真と見分けがつきません。

現在は無料プランが廃止され、有料プランしかないのは欠点に見えるかもしれません。しかし商用利用するライセンスを得るには、いずれにせよ有料プランへの加入が必要になります。総合的に見てビジネス用途に使うには現時点で最適な画像生成AIサービスだと思います。

Midjourneyのオープンβが公開されたのは2022年7月。Stable DiffusionやDALL・E2とほぼ同時でした。開発元は米ミッドジャーニー（Midjourney）。ジェスチャーでパソコンなどを操作するデジタル機器を提供する米リープモーション（Leap Motion）を創業したデビッド・ホルツ氏が代表を務める独立運営の研究所ですが、それ以上の詳しい情報は明らかになっていません。

Midjourneyの使い勝手には少し癖があります。ChatGPTと異なり、英語のプロンプトしか受け付けません。画像の生成もチャットサービスの「Discord（ディスコード）」経由で、画像生成のコマンドをサーバーに送り、生成された画像を受け取るというやり方です。そのため、著者は少し乗り遅れてしまったのですが、使い始めたらどっぷりとハマってしまいました。

Midjourneyをどのように使うのか、基本的な使い方や具体的なテクニックは**第2章2-3節**（p.48）や**第3章**以降で解説していきます。

既に商用利用が始まっているMidjourney

実はMidjourneyは既に幅広い商用利用が始まっています。

有名なのは東急グループのDX組織「URBAN HACKS」が2023年春に都内の通勤電車などに掲示した人材募集広告（**図1-2-4**）。真剣な表情のエンジニア男女の写真や、壇上でプレゼンをする赤ちゃんのユーモラスな写真が使われていますが、どこか違和感があるのはこれらの画像をあえてMidjourneyで作っているからです。

この広告をよく見ると画像の左上に「Generated by Midjourney（ミッドジャーニーで生成）」と書かれています。写真の下に書かれているコピーは、Midjourneyに指示したプロンプトです。つまり求人対象のエンジニアに向けて、URBAN HACKSは生成AIのような新しい取り組みができる職場ですよ、と訴えているわけです。

図1-2-4　東急グループのDX組織「URBAN HACKS」が2023年春に都内の通勤電車などに掲示した人材募集広告
印象的な画像はMidjourneyで生成されており、広告コピーはプロンプトになっている（出所：東急グループ）

著者も前述の「原価BAR」のイベント告知チラシの作製やウイスキー販売向けサイト制作などの業務で、Midjourneyをフル活用しています。皆さんの会社でも、オウンドメディアや広告で利用する画像素材は、自社で用意するか購入していると思いますが、これをおおむねMidjourneyの生成画像に切り替えてしまいました（**図1-2-5**）。

図1-2-5　Midjourneyで出力したビジネスマン男性画像を使った告知スライドの例
このような画像をいくらでも生成できます。

小規模な事業では、広告制作自体をクリエーターに依頼する予算も、素材のためにカメラマンを雇ってオリジナル写真を撮ったり、イラストレーターに発注したりする予算もないケースは少なくありません。著作権フリー素材をサイトなどで購入する手もありますが、他社とかぶってしまう危険性があります。似たようなアイデアの広告だとどうしても同じような画像が選ばれがちだからです。画像生成AIで作成すればこうした懸念なく使えます。

それだけではありません。ちょっとした広告やチラシの制作程度なら自前でこなせるようになるので、制作依頼するときに発生する、発注先を選定し、見積もりを取り、発注し、制作し納品してもらって検品するという業務がなくなり、大幅に時短できます。画像生成AIでなら必要なときにすぐに画像を生成できるからです。ビジネスシーンではスピードがとても大きな価値を生みます。今後は生成AIで作成した画像を見かけるシーンはどんどん増えていくでしょう。

1-3 AIの群雄割拠時代が幕を開けた

AIの群雄割拠時代が始まった。大手IT企業がこぞって開発に乗り出し、生成AIに投資が集まっている（イラスト：画像生成AI Midjourney で著者が作成）

> Prompt：White background,The head is a cardboard box robot appears to be gathering wads of cash. , money , lineart , black and white --ar 3:2 --niji 5

チャットAIや画像生成AIなどの新しいAIは「生成AI」と呼ばれます。英語の「ジェネレーティブAI（Generative AI）」の日本語訳です。大規模な教師データを深層学習させた言語モデルや描画モデルを使い、新しいコンテンツを生み出すという機能がある点で、何らかの作業を自動化する技術であった従来のAIとは決定的に異なるからです。2023年に入ってからはグーグルやマイクロソフト、米メタ（Meta、旧Facebook）など大手IT企業の動きが目立つようになりました。米アップル（Apple）や中国アリババも生成AIへの参入を公表しており、まさに群雄割拠が始まったと言ってよいでしょう。

グーグルは2023年3月、チャットAI「Bard（バード）」を公開しました（図1-3-1）。Bardは吟遊詩人という意味です。当初のBardが採用した大規模言語モデルは「LaMDA（ラムダ）」と呼ばれていましたが、短期間で「PaLM（パーム）」、「PaLM2（パームツー）」とアップデートし続けています。

ChatGPTが登場した2022年11月、グーグル社内で「コード・レッド（緊急事態宣言）」が出たそうです。グーグルが開発したAI技術Transformerに基づいて作られたChatGPTの完成度に危機感を抱いたからでしょう。人々がチャットAIから情報を得

図1-3-1　グーグルのチャットAI「Bard」
テキストと画像を一緒に扱える「マルチモーダル」が言語設定を日本語から英語に切り替えると使えるようになる。こうした制限は早晩なくなっていくはずだ。

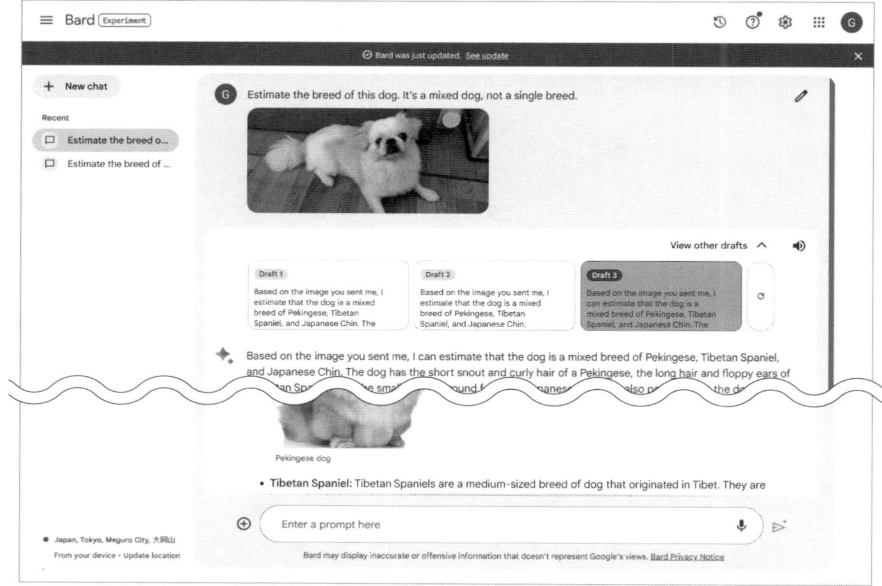

るようになると、検索広告から大きな収入を得ているグーグルのビジネスモデルに甚大な影響を与えかねません。

Bardはリアルタイム検索も組み合わせて回答を出力するので、2021年9月までのデータで学習したGPT-3.5やGPT-4と異なり、最新の情報を元に回答できるのが強みです。また、1つのプロンプトに対して、同時に複数の回答を生成するので、ユーザーは好みの回答を選択して、会話を続けられます。チャットAIを使いこなす極意の1つである「試行錯誤」の手間が少し減るわけです。もう1つの特徴はテキストや画像を一緒に扱う「マルチモーダル」に対応していること。画像をアップロードし、その画像に関してチャットで質問や指示ができます。例えば「SNSに投稿するこの画像にぴったりの文章を考えて」や「このスマートフォンのスペックを教えて」といった使い方が考えられます。この原稿の執筆時点（2023年8月）では、言語設定が英語でないと動作しませんが、こうした制限がなくなるのは時間の問題でしょう。

マイクロソフトはオープンAIとタッグを組んで、オープンAIの生成AI技術を自社のサービスにどんどん取り入れています。2022年12月にはチャットAI「Bing（ビング） AI Chat（チャット）」を同社のWebブラウザー「Edge（エッジ）」に搭載して提供を始めました（**図1-3-2**）。オープンAIの大規模言語モデルGPT-4を使っています。グーグルのBardと同じくリアルタイム検索に対応し、マルチモーダルにも対応しています。

マイクロソフトは今後、生成AI機能を「Copilot」と名付けて同社の製品やサービスに幅広く搭載していく方針です。CopilotはオープンAIのGPT-4をベースにした機能で、「Windows 11」本体や「Microsoft 365」などにも登載される予定です。

マイクロソフトは2019年にオープンAIへ10億ドルを投資しており、今後数年でさらに100億ドルを投資する方針を明らかにしています。つまり事実上、オープンAIはマイクロソフト陣営と言ってよいのです。

メタは2023年5月に学習済みの大規模言語モデル「Llama」をリリース、7月には早くもアップデート版の「Llama 2」を発表しました（図1-3-3）。Llama 2はChatGPT無料版が使っている大規模言語モデルGPT-3.5 turboに近い性能を持っていると言われて

図1-3-2　マイクロソフトが各種製品に搭載するCopilot
画面はBingに搭載された「Bing AI Chat」。テキストと画像を同時に扱うマルチモーダルが使えている。マイクロソフトは今後、同社の各種製品に生成AI機能を「Copilot」と名付けて搭載していく方針。

図1-3-3　メタの「Llama 2」紹介ページ
メタは自社開発で学習済みの大規模言語モデルLlama 2を商用・研究用問わず無償で使えるライセンスで配布しており、このページからダウンロードできる。

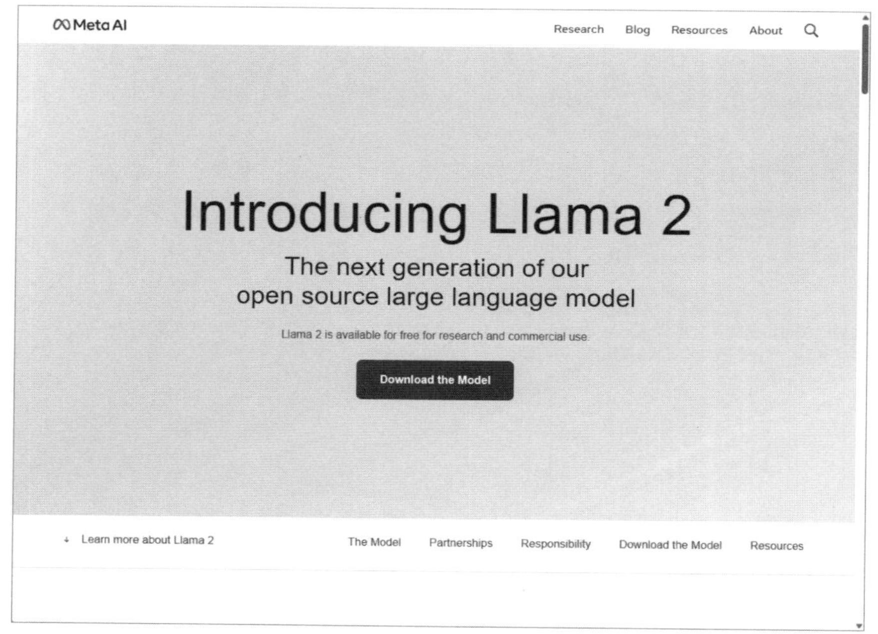

おり、ChatGPTを追い上げています。

特筆すべきはメタがこれら大規模言語モデルを商用利用可能な無償ライセンスで開放したことです。この結果、他の企業がLlamaやLlama 2を使った独自の生成AIサービスを提供できます。既に幾つかのスタートアップや大学などが、LlamaやLlama 2を使ったAIサービスを開発し、オープンソースで提供を始めています。

大規模言語モデルを構築するためには、膨大なデータを集める必要があり、さらにそれを学習させるために大規模なコンピューター資源を用意する必要があります。いずれも莫大な費用と時間がかかる作業なので、後発の会社が追いつくのは難しいのです。LlamaやLlama 2が無償で公開されたことで、資金力が乏しい大学や小さなスタートアップなどでも生成AIの新しいサービス開発ができます。そういった意味で今後のためにプラスとなるムーブメントといえます。

注目のスタートアップも紹介しておきましょう。AIチャットサービス「Claude（クロード）」を提供する米アンスロピック（Anthropic）です。オープンAIの元研究担当副社長らによって2021年に設立されたばかりの企業ですが、既にグーグルやオンライン会議サービスの米ズーム（Zoom Video Communications）などから4億5000万ドルを超える資金を調達したといわれており、豊富な資金をバックに大規模言語モデルを独自開発しています。

アンスロピックは2023年7月に「Claude 2」をリリースしました。Claude 2の大規模言語モデルはGPT-4に近い性能を持つと言われているうえ、GPT-4の10倍以上となる10万トークンを処理できるのが特徴です。日本語だと7〜8万語に相当する量で、単行本1冊を入力し、要約したり質問したりできる性能を持ちます。残念ながら当初は米国と英国のみの提供。今後、世界展開する予定ということなので期待しましょう。

日本国内の生成AI開発の動き

日本国内でもいろいろと動きがあります。2023年5月、サイバーエージェントは68億パラメーターを持つ日本語の大規模言語モデルを一般公開しました。8月にはLINEも36億パラメーターの大規模言語モデルを公開しました。どちらも、無償なうえ、商用利用もできるのが特徴です。

元女子高校生AIであり、現在AI Tuberとして活動している「りんな」を開発・提供しているrinnaは2023年7月、日本語と英語のバイリンガル大規模言語モデルを開発し、オープンソースとして公開しました。もちろん、商用可能なライセンスです。メタのLlamaシリーズのところで説明した通り、大規模言語モデルをオープンにするのは開発者のコミュニティーにとっては大きな貢献となるので、素晴らしい試みと言えます。

他にも、様々な企業の参入が発表されています。例えば、NECは世界トップクラスの日本語性能を持つとうたう大規模言語モデルの開発を公表しました。パラメーターは130億とコンパクトながら、文章読解能力はトップクラスで、業界特価の生成AIを構築できるのが特徴といいます。

東京工業大学と東北大学、富士通、理化学研究所はスーパーコンピューター「富岳」により大規模言語モデルを今年度中に開発すると発表しています。2023年8月には、ソフトバンクが日本語特化の大規模言語モデルの開発を行う新会社「SB Intuitions」の設立を発表しました。

海外製の大規模言語モデルは英語をメインに学習するので日本語の精度はやや劣ります。しかし、国産AIであれば、より自然な日本語でやり取りできるようになり、さらなる生成AIの活用が促進されると期待できます。

当面はChatGPTの優位は動かない

これから、生成AIがあらゆるところに導入されていきます。しかし、どんな製品や技術が覇権を取るかは想像だにできません。現在はChatGPTが優勢ですが、10年先どころか、2年先にChatGPTが主流のまま生き残っているかどうかさえ分かりません。2022年からのAIシーンは異常なまでのスピードで進化を続けています。

例えるなら、毎週新型のiPhone（アイフォーン）が出たり、毎月Windows（ウィンドウズ）がバージョンアップしてナンバーが1つ増えたりするような状況なのです。例えば、オープンAIは2023年7月だけでも、GPT-4のAPIを一般に開放し、β機能の「Code Interpreter」と「System instruction」をリリースしています。特にCode Interpreterは自然言語をコンピュータープログラムに翻訳する、つまり言葉だけでプログラミングができるようになるすごい機能です。本書では**第4章4-12節**（p.207）で詳しく紹介しています（**図1-3-4**）。

ライバルの生成AIも次々と参入し、短期間で大規模言語モデルをアップデートしています。今後のビジネスパーソンは生成AIを使うスキルが必須になるでしょう。

とはいえ、「どれを学べばよいのか」と身構える必要はありません。今から普通にChatGPTを使っていればいいのです。ビジネスシーンにおいて様々な業務を支援するという観点で見ると、現時点ではChatGPTが独走しています。同じGPT-4をベー

図1-3-4　2023年7月に搭載されたばかりのChatGPTの新機能「Code Interpreter」
プロンプトに必要な要件を書くだけでプログラムが生成される。

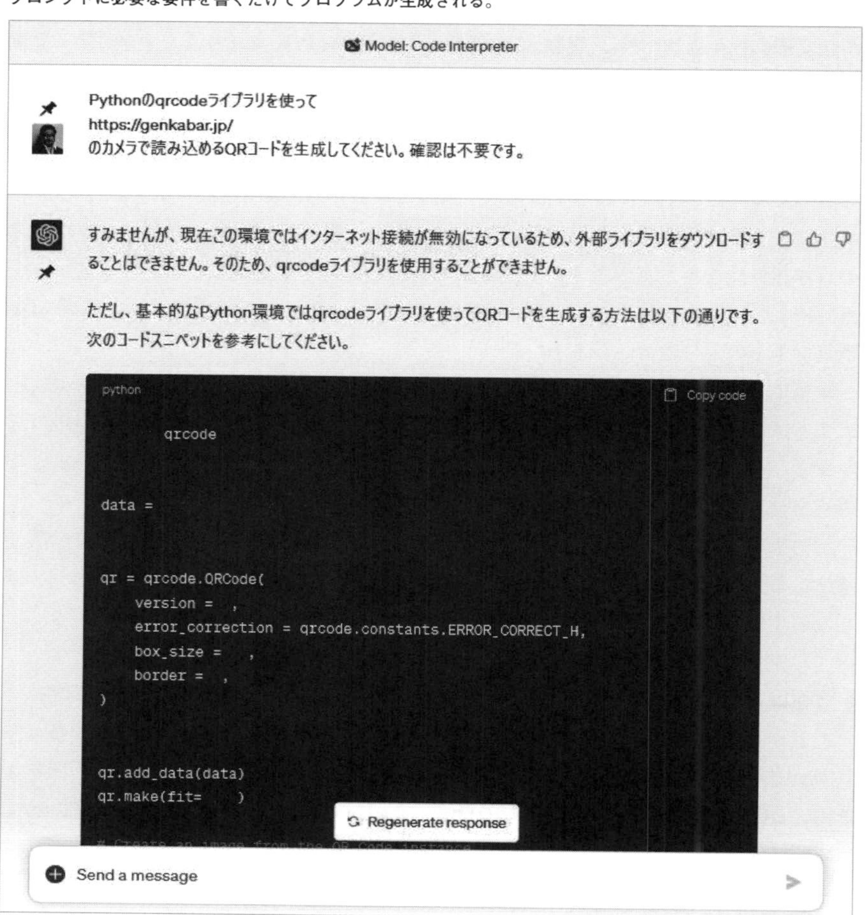

スにしているBing AIチャットと比べても、回答の精度の高さから使いやすさまでChatGPTの方が優れています。

幾つか弱点はあるものの、プラグインをはじめとするβ機能を積極的に搭載して、どんどん進化しています。しばらくは、ChatGPTを使いこなせればビジネスを加速できることは間違いないでしょう

ChatGPTのプロンプトを作成するスキルはすぐに上達します。最初はどんなプロンプトが有効なのか分からないいと思うので、本書を参考に試してみてください。実際に入力し、出力する様を体感することが重要です。自分の求める情報を得るために少しカスタマイズして、どんな出力が得られるのか確認してください。

想定と異なる出力が返ってくることもありますが、それはよくあることです。本書で紹介するプロンプトも一発で作ったわけではありません。数えきれないほど試行錯誤して、実際に望む出力が得られたプロンプトのみを取り上げています。

今から使って「ビジネスの荒波」に備えよ

ChatGPTは新しいチャットを立ち上げるたびに、新しいセッションとして回答してくれます。そのたびにAIが動作しているので、異なる内容が出力されることが多々あります。例えば、どんでん返しが面白い映画のネタバレを教えてというプロンプトを入力すると、教えてくれるときと拒否するときがあります。出力の内容が揺れることや試行錯誤が必要だということは念頭に置いておいてください。

プロンプトを駆使してよりよい出力を得ようと工夫することをプロンプトエンジニアリングと呼ぶことがあります。アメリカではプロンプトエンジニアに対して年収2000万円～5000万円ものオファーが出ているそうです。彼らの作るプロンプトはとても複雑で、半ばプログラムのような構成になっています。

しかし、一般的なビジネスパーソンであれば、そこまでのプロンプト作成スキルを身に付ける必要はありません。人々が面倒だったり難しいと考えたりすることは、すぐにAIによって解消されることでしょう。今必要なのは、最新のAIがどんなものなのかを体感することです。世界を変えるとてつもないポテンシャルを持っているのに、時々ポンコツな返答をしてくるAIのリアルを理解しておく必要があります。

現段階でもChatGPTを駆使すれば、業務効率を大幅にアップすることができます。メリットを享受しながらAIに触れていれば、経験値がたまっていきます。使い始めなければ、いつまでたってもAIのメリットを理解できず、ちょっと触って「使い物にならない」というジャッジをしてしまうかもしれません。近い将来、そんな人たちが「使い物になる」と感じる新たなAIが登場したときに、今から触っている人とそこからチャレンジする人では圧倒的なスキル格差が生まれていることでしょう。

ビジネスの荒波にのみ込まれないようにするために、ぜひ一刻も早くChatGPTをあ

なたの仕事に活用してください（図1-3-5）。ちょっと試してみるとかでは意味がありません。実際にChatGPTで業務を効率化し、残業を減らしたり、成果物の精度を上げたり、よりクリエーティブな仕事に注力するといったDXを実現してください。その中で身に付いたAIスキルは、きっとその後も活躍してくれるはずです。

図1-3-5　想像もできない未来がすぐそこまで来ています
今すぐAIを使い始めましょう。（イラスト：画像生成AI Midjourney で著者が作成 ）

第2章
準備編：セットアップと基本の心得

2章ではAIをビジネスで使うポイントを説明します。ChatGPTを検索サービスのように使っていてはあまり恩恵を受けられません。ChatGPTでできることできないこと、得意なことと苦手なことを把握し、どのように付き合うべきかナビゲートします。気になるリスクに関しても触れています。また、ChatGPTとMidjourneyをこれから使い始めるためにサービスの概要とセットアップ方法も解説します。

2-1 AIを「ビジネスで使う」ポイント

AIツールをビジネスで使う場合、幾つか注意すべきポイントがあります。本書では、チャットAI「ChatGPT（チャットジーピーティー）」、画像生成AI「Midjourney（ミッドジャーニー）」を例にして、AIを仕事にどう活用するかを解説していきますが、具体的なツールの準備方法を説明する前に、AIをビジネスに使う際の幾つかのリスクについて整理しておきましょう。

ChatGPTの出力は「不正確」、2021年10月以降の情報は「知らない」

最初のリスクは、AIが「正確さを担保しない」点です。過信してAIの出力を信用しすぎると大きなリスクになります。ChatGPTやMidjourneyは高いクオリティーでテキストや画像などを生成できますが、AIのアルゴリズムが確率的に出力した結果にすぎないことを、ビジネス活用では肝に銘じるべきです。

ChatGPTなどのチャットAIは「ある言葉の後に続きそうな言葉」をAIで確率的に予想するという研究を基に開発されています。ChatGPTなどの出力を見ると、まるでAIが「考えている」かのように錯覚しがちですが、実際は膨大な言語テキストを学習させて作られたロジックに沿って、確率的に予想しているだけなのです。厄介なことに「どうやって」その出力を得ているのかというメカニズムはブラックボックスになっていてよく分かりません。

そのため、ChatGPTの出力で正確な情報が返ってくるとは限りません。それどころか、入力したプロンプトによっては、微妙に間違った内容を返したり、完全にでっち上げたような内容が出力されたりします。数値の扱いも苦手です。情報だけでなく、存在しない言葉を勝手に作って返答することすらあります。また今のところ2021年9月までの情報で学習しており、それ以降の最新情報は網羅していません（**図2-1-1**）。

図2-1-1　ChatGPTは2021年9月までの情報で学習している

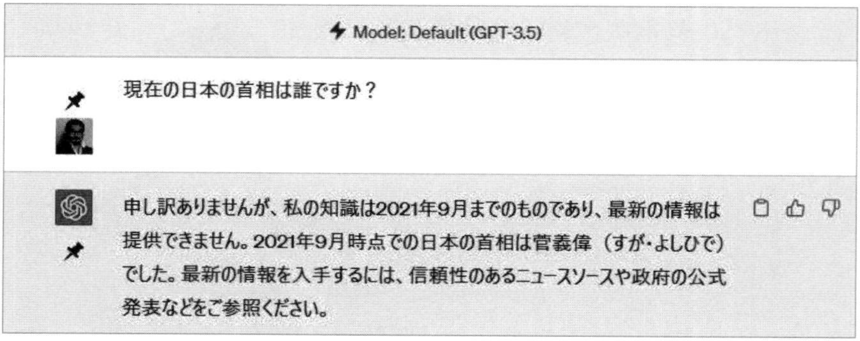

Model: Default (GPT-3.5)

現在の日本の首相は誰ですか？

申し訳ありませんが、私の知識は2021年9月までのものであり、最新の情報は提供できません。2021年9月時点での日本の首相は菅義偉（すが・よしひで）でした。最新の情報を入手するには、信頼性のあるニュースソースや政府の公式発表などをご参照ください。

ChatGPTに何らかのキーワードを入力し、とんちんかんな出力をあざ笑うような投稿をSNSなどで時々見かけます。でもこれは、電子レンジで卵を温めたら爆発したとか、自転車に大人が2人乗りしたらパンクしたなどと文句を言っているのと同じです。AIなのですから「間違うのが当たり前」なのです。

同じ理由でChatGPTは何らかの情報を調べる検索エンジン的な用途にも向きません。もっともらしい出力が得られるので錯覚しがちですが、でたらめなことも多いからです。せいぜい調査をするための手がかり程度にしか使えません。Google検索などを使うか、白書や企業サイト、論文、調査レポートといった一次情報を直接調べる方が間違いありません。

もう1つのリスクは情報漏洩と著作権法違反

ChatGPTのヘルプページを見ると、項目5に「AIへの取り組みの一環として、会話をレビューしてシステムを改善し、コンテンツがポリシーと安全要件に準拠していることを確認します」や項目6に「AIトレーナーが会話をレビューして、システムを改善する場合があります」と記されています（図2-1-2）。これはつまり、あなたがChatGPTにプロンプト入力した情報が学習に使われ、将来、他のユーザーに見られてしまう可能性があることを意味します。

2023年4月、韓国サムスン電子のエンジニアが機密情報をChatGPTに入力してし

図2-1-2　ChatGPTのヘルプページ
ChatGPTが研究中のプレビューであり様々な制限があるといった情報と共に、入力された情報を学習に使う可能性や希望すれば削除できることを述べている。

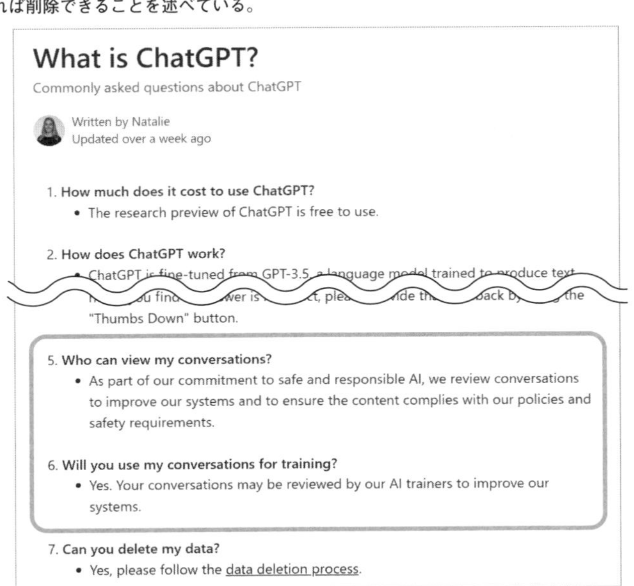

まったというニュースが流れました。そのため、同社は生成AIの利用を禁止することになったのです。もちろん、実際に他のユーザーに情報が漏洩したわけではありませんが、企業としては重要情報が漏れる可能性があるだけでもNGというわけです。

オプトアウトでプロンプト入力を学習禁止に

確実とは言えませんが、情報漏洩のリスクを低減する方法はあります。オープンAIはプロンプト入力をAI学習からの対象からオプトアウト（不参加申請）できる申請フォーム「User Content Opt Out Request（ユーザーコンテンツのオプトアウト申請）」（**https://docs.google.com/forms/d/1t2y-arKhcjlKc1I5ohl9Gb16t6Sq-iaybVFEbLFFjal/**）を公開しています（**図2-1-3**）。

アカウントのメールアドレスと「Organization ID」、「Organization name」を入力すると、チャットの内容を学習に利用されなくなる仕組みです。Organization IDなどはChatGPTにログインして「found on Account Org Settings（アカウント設定を探す）」リンクをクリックすると表示できるので、コピー&ペーストしましょう。

図2-1-3　オプトアウトリクエストを使うと、プロンプト入力を学習対象から外す申請ができる

User Content Opt Out Request

One of the most useful and promising features of AI models is that they can improve over time. We continuously improve the models that power our services, such as ChatGPT and DALL-E, via scientific and engineering breakthroughs as well as exposure to real world problems and data.

As part of this continuous improvement, when you use ChatGPT or DALL-E, we may use the data you provide us to improve our models. Not only does this help our models

For details on our data policy, please see our Privacy Policy and Terms of Use documents.

*Please ensure the email you provide is associated with your account, and that the **Organization ID** is of the format "org-eXam3pleOr9giD" otherwise we will not be able to process your request.*

アカウントを切り替える

* 必須の質問です

メールアドレス *

メールアドレス

生成AIの出力には著作権が認められない

生成AIでは他人が著作権を持つ文章や画像にとてもよく似た出力が出てくる可能性にも配慮すべきでしょう。生成AIは膨大なデータを学習した結果から確率的に出力を出す仕組みですが、結果として学習元とそっくりの出力をする可能性はゼロではありません。あえてプロンプトを工夫して、学習元データとそっくりな出力を引き出すのに成功した事例もあります。

実は生成AIの出力自体にはほとんどの場合、著作権が認められないと言われています。それらはツールが生成した文章や画像であって、プロンプトを入力したあなたが創作したわけではないからです。

同じ理屈で、仮に元作品ととてもよく似た文章や画像が出力されたとしても、直ちに著作権侵害とみなされる可能性は薄いとされています。あくまでツールが偶然に出力した結果だからです。しかし例えば、特定の作家名や作品名をプロンプトで指定して出力させ、意図的に「そっくり」の出力を得た場合は、権利侵害に当たる可能性はあります。

情報漏洩や著作権侵害のリスクを重く見る企業には、先に挙げたサムスン電子のように、生成AIの業務利用を禁じているケースがあります。あなたが所属する企業で生成AIの利用を禁止している場合は、仕事への使い方には注意すべきでしょう。これもリスクの1つですね。

第三者の目に触れる可能性があれば必ずファクトチェックを

生成AIが不正確な情報を出力するリスク、他人の著作物と類似した出力をするリスク。この2つのリスクから身を守る手段はファクトチェック、類似チェックです。間違った情報や著作権侵害の可能性がある出力が出てくる前提で、それらを外に出さないようにチェックするわけです（図2-1-4）。

プレゼン資料でも報告書でも、第三者に見せる文章や画像をChatGPTやMidjourneyで作成した場合、必ずファクトチェック、類似チェックを行いましょう。ChatGPTはほぼ正確な日本語を出力しますが、時々、変な言い回しを使うことがあります。人が読めば、AIで出力したことがバレバレになってしまうので、そのような箇所も修正しておかなければなりません。

誤字や変な日本語表現が混じったドキュメントを顧客に提出してしまったら、あなたのビジネス上の信頼に関わります。ChatGPTの出力そのままで内容が間違っていればトラブルになりかねません。

実際、アメリカのある弁護士がChatGPTで作成した資料を裁判に提出してしまい、大きな問題になった事例もあります。資料の中に存在しない凡例が幾つも書かれていたからです。この弁護士はこの件に関して、5000ドルの支払いを命じられました。

図2-1-4　Google画像検索で表紙カバー向けに生成した秘書のイラストを検索してみた
先行する作品に偶然似てしまう可能性はあるので、あまりに似すぎていたら作り直すなどにより余計なトラブルを避けられる。

プロンプトは具体的かつ明確に、失敗してもやり直せばよい

「正確ではない」という話をさんざんした後に矛盾するようですが、ChatGPTが持つ情報はとても広くとても深く、人間では到底及びません。適切なプロンプトを入力すれば、多くの知見が得られますし、様々な作業を実行させることもできます。

実際、ChatGPTの有料版で使える言語モデル「GPT-4」を使ってアメリカの司法試験を受けさせるテストをしたところ、上位10%の成績を取り、合格レベルに達したそうです。無料版の「GPT-3.5」でも、全科目平均では人間の平均正解率を下回っていたものの、数科目で合格率を超えていました。進化は今後も続くはずです。

ChatGPTは「ちょっと抜けているが、とても賢く、仕事が超早い部下」のようなものです。きちんと指示すれば、きちんと仕事をしてくれます。指示が悪ければ、部下も何をしていいのか分からず、思ったような結果が出せません。

プロンプトは具体的に、明確に入力することが大切です。タスクの内容とゴール

表2-1-5　AI、7つのコツ

①AIが不得意なことはさせない	⑤キャラや業務、役割を規定せよ
②気持ちが進まない仕事こそAIに	⑥AIにプロンプトを考えさせよ
③シンプルかつ分かりやすく	⑦最終チェックは必ず自分の目で
④前提情報を先に入力すべし	

を言語化できれば、ChatGPTは理解し、望んだ出力を返してくれます。例えば、上司の指示が「この書類、いい感じに書いておいて」「来週のプレゼン資料作っておいて」などでは、具体的に何をしていいのか分かりません。部下もしくはChatGPTはその指示を元に作業しますから成果物が自分の想定と違っても怒るのはお門違いです。

指示を失敗しても大丈夫。ChatGPT相手であればやり直せば済むからです。同じような作業を何度させても構いません。それどころか、トライアンドエラーが基本です。本書で紹介するプロンプトも一発で完成しているわけではありません。

ChatGPTの出力が変だったら、入力したプロンプトの質が低かったくらいに考えるべきです。プロンプトが適切でないと、見当違いの内容が出力されることが多いのです。無駄に長いプロンプトを入れても精度が上がるわけではありません。過不足なく短めのプロンプトの方が、期待する出力が得られ、改良もしやすいのです。

本書冒頭でも示した「7つのコツ」は著者が生成AIツールを500時間以上使い込んで得た今のところの経験をまとめたものです（**表2-1-5**）。参考にしてください。

ChatGPTの動作がおかしいときは？

ChatGPTは登場してたった2カ月間で1億ユーザーを超えるなど、多くの人が利用しているWebサービスです。そのため、時々不具合を起こすことがあります。

例えば、2023年3月には、他のユーザーのチャット履歴が表示される不具合が発生しました。その後、数時間利用できなくなったのですが、ちょうど、ChatGPTの原稿を執筆していたときで、とても困ってしまいました。しかも、再開したときにさらにショックを受けました。過去のチャット履歴がすべて消えていたのです。23年の7月にChatGPTに「Code（コード） interpreter（インタプリター）」が実装され、本書の執筆のために使い倒しているときにも突然動作しなくなりました。このときは、数時間で復旧しました。

もし、ChatGPTの動作がおかしいときは、オープンAIのステータスページ（**https://status.openai.com**）で動作状況を確認してみましょう（**図2-1-6**）。ChatGPTがきちんと稼働しているかどうかが確認できます。

履歴を確認すると2023年5月は15インシデント、6月は12インシデントが発生していました。2～3日に1回は何かしらの問題が発生しているのです。X（旧Twitter）などのSNSを検索して、同じような状況に陥った人の投稿が見つかったりしたらその時は、おとなしく回復を待つしかありません。

問題が発生しておらず、他の人が普通に使えているなら、原因を突き止めましょう。まずは、基本の再起動です。Webページを再読み込みする、ブラウザーを再起動する、PCを再起動する、などを試してみましょう。スマホの場合も、アプリやスマホを再起動してください。

図2-1-6　オープンAIのステータスページ
ChatGPTなどのサービスに障害が発生しているかどうか確認できる。

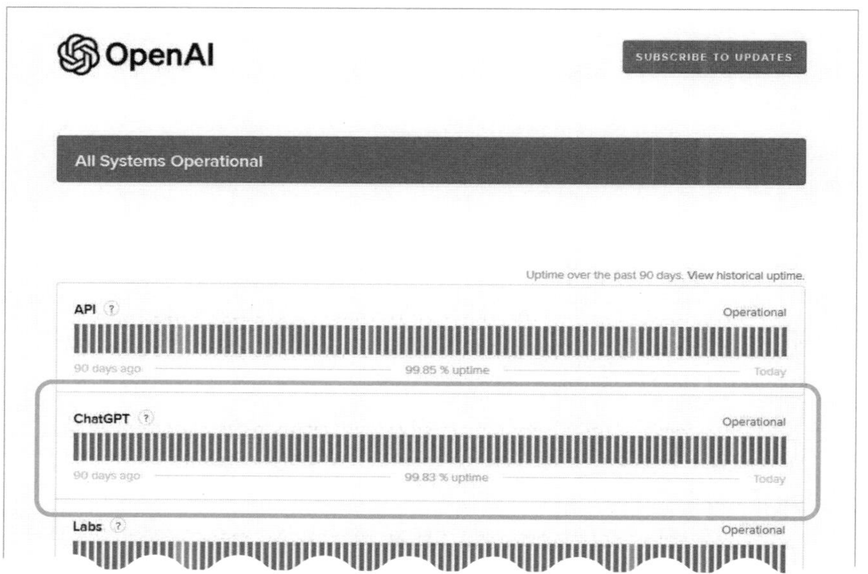

ブラウザーの翻訳機能を使い、ChatGPTの画面を日本語化して使っているとトラブルが起きがちです。ChatGPTの操作画面はそこまで難しい英語は使われていないので、英語の状態で利用することをお勧めします。

一度に入力するプロンプトが長すぎたり、短時間で大量のリクエストを送ったりするとエラーになることがあります。この場合は、プロンプトを削るか、少し時間を置きましょう。ChatGPT PlusのGPT-4モードで、3時間当たりに通信できる回数を超えた場合も同様です。

万一に備えてバックアップを取っておきたい場合は、データをエクスポートできます（図2-1-7）。「Settings（設定）」画面の「Data controls（データ管理）」を開き、「Export（転送）」をクリックします。確認ダイアログが開くので、「Confirm export（転送確認）」をクリックすると、メールが届きます。そのメールの「Download data export（転送データをダウンロード）」をクリックするとダウンロードできます。

エクスポートファイルはZIP（ジップ）形式の圧縮ファイルになっています。ダウンロードして展開すると、フォルダーの中に6つのファイルが作成されます。その中の「chat.html」を開くと、ブラウザーでChatGPTのチャット履歴が表示できます（図2-1-8）。

図2-1-7　ChatGPTのチャット内容はバックアップできる
ChatGPT画面からSettings > Data controls > Exportをクリックすればよい。

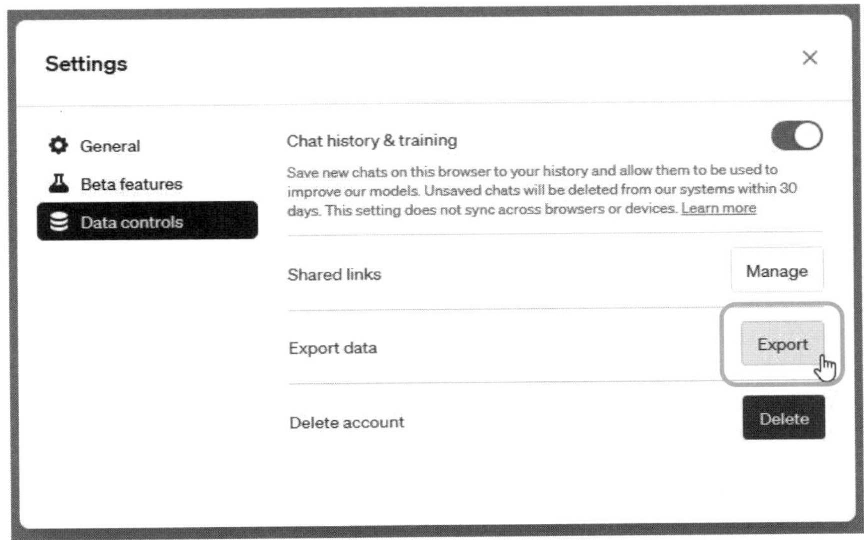

図2-1-8　ダウンロードしたZIPファイルを展開し「chat.html」をブラウザーで開いたところ

New chat

User
新製品「うなぎキーボード」のキャッチコピーを20個考えてください。それぞれ30文字以下に抑え、かっこや読点は省いてください。製品の特徴は、コンパクト、頑丈、高速入力がしやすい、タイピング感がいい。タイピング音がいい。USB-CとBluetoothに両対応、軽量、デザイナーは著名な柳谷さん、カラーリングは赤、白、黒、青、黄の5種類。価格は1万9800円。キーボードをよく使う人向け、持ち運びの負担も軽い。

Chat GPT
1. 「うなぎキーボード 軽快なタッチの旋律」
2. 「タイピング速度がアップ うなぎキーボード」
3. 「持ち運び楽々 軽量うなぎキーボード」
4. 「丈夫でコンパクト うなぎキーボード」
5. 「速い 軽い 強い うなぎキーボード」
6. 「柳谷デザイン うなぎキーボードの美」
7. 「赤白黒青黄 鮮やかうなぎキーボード」
8. 「大人気の柳谷デザイン うなぎキーボード」
9. 「USB-C Bluetooth両対応 うなぎキーボード」
10. 「価格は1万9800円 お求めやすいうなぎキーボード」
11. 「高速入力 軽快なうなぎキーボード」
12. 「美しいタイピング音 うなぎキーボード」
13. 「長時間使用でも快適 うなぎキーボード」
14. 「頑丈なボディで安心

User
新製品「うなぎキーボード」のキャッチコピーを20個考えてください。それぞれ30文字以下に抑え、読点は省いてください。鍵かっこも省いてください。製品の特徴は、コンパクト、頑丈、高速入力がしやすい、タイピング感がいい。タイピング音がいい。USB-CとBluetoothに両対応、軽量、デザイナーは著名な柳谷さん、カラーリングは赤、白、黒、青、黄の5種類。価格は1万9800円。キーボードをよく使う人向け、持ち運びの負担も軽い。

Chat GPT
1. 「うなぎキーボード タイピングの新境地」
2. 「コンパクト軽量 快適持ち運びうなぎキーボード」
3. 「あなたの速

2-2 チャットAI「ChatGPT」の始め方

ChatGPTは無料で利用できます。使える大規模言語モデルは「GPT-3.5」ですが十分に賢いAIです。しかも無制限に利用できるので、まずは気軽にアクセスしてみましょう。ライトユースであれば無料プランのままでも活用できます。本書の3章では、「GPT-3.5」でも動作するプロンプトを多数紹介しています。

しかし、「GPT-3.5」はChatGPTのほんのさわりでしかありません。ChatGPTの真骨頂は「GPT-4」言語モデルにあるからです。「GPT-3.5」よりはるかに賢く、プロンプトに正対した答えを返してくれます。「GPT-4」を利用するためには、有料の「ChatGPT Plus（プラス）」プランの契約が必要です。料金は月額20ドル、日本円に換算すると2800円（1ドル＝140円で換算）です（**表2-2-1**）。

表2-2-1　ChatGPTとChatGPT Plusの違い

	ChatGPT	ChatGPT Plus
LLM	GPT-3.5	GPT-3.5/GPT-4
パラメーター数	3550億	非公表（5000億～1兆）
最大トークン数	4K	非公表（32K）
利用制限	無制限	3時間あたり50メッセージ
プラグインの利用	非対応	対応
Custom instructions機能	対応	対応
Code interpreter機能	非対応	対応
利用料金	無料	月額20ドル

GPT-4以外にも便利な機能満載のPlusプラン

ChatGPT Plus加入のメリットはGPT-4以外にもあります。まず、プロンプトを入力した後のレスポンスが高速化します。無料版に多くの人が殺到して、GPT-3.5版の動作が遅くなったときにも問題なく利用できました。また「新機能への優先アクセス」ができます。設定画面でβ機能を有効にすると、無料プランではまだ使えない新機能が先に利用できます。一方、Custom（カスタム） instructions（インストラクション）機能のように当初はβ機能で登場し、今は無料版で使えるようになった機能もあります。

様々なWebサービスと連携する「プラグイン」、チャットでプログラムを作成して実行できる「Code（コード） interpreter（インタプリター）」、そしてリアルタイムにWebページを読み込める「Web（ウエブ） browsing（ブラウジング）」など、どれも強力無比で、ChatGPTの真価を発揮させるためには必須の機能となっています。

※本書執筆時点（2023年8月）では「Web browsing」は無効になっています。無効になった理由は、有料記事を閲覧できてしまうという問題が見つかったためです。再登場を期待したいところです。

言うことなしのPlusプランですが1つだけ制約はあります。GPT-4を利用できるのが3時間で50メッセージまでという利用制限です（2023年8月時点）。この数はちょっと集中して使っているとあっという間に使い切ってしまうレベルで、正直早く上限を増やしてほしいところです。

このように、もしあなたが仕事の効率化のためにChatGPTを活用したいなら、ChatGPT Plusへの加入を強くお勧めします。無料版でしばらく遊んで慣れたらなるべく早くPlus契約して有料版に切り替えてください。本書もChatGPT Plusの利用が前提となっている項目がたくさんあります。

オープンAIのアカウント作成

ChatGPTには無料版と有料版がありますが、どちらを利用する場合もオープンAIのアカウントを作る必要があります。アカウント取得の手順を次ページの図で詳しく解説しましたので参考にしてください（図2-2-2）。

アカウントはオープンAIのWebサイト（https://openai.com/）などから作成画面に飛べます。メールアドレスでも作れますし、既に持っているグーグルやマイクロソフト、アップルなどのアカウントを使ってログインするソーシャルログインも使えます。名前と生年月日を入力し、最後に、携帯電話番号を入力して、SMS（ショートメッセージ）で送られてきたコードで認証すれば準備完了です。

ちなみに、1つの携帯電話番号で認証できるのは1アカウントです。同じ電話番号で、幾つもオープンAIアカウントを作成することはできません。アカウントを作成してログインすると無料版のChatGPTが使えるようになります。

スマホアプリのインストールと設定

ChatGPTはスマホ用のアプリをリリースしています。iPhoneユーザーならApp Store、AndroidユーザーはGoogle Playからダウンロードして使えます。検索して探してみてください。

実は大量にChatGPTなどの名前を使ったり、紛らわしい名前やアイコンのアプリがあるので、間違えないようにしてください。危険な偽アプリの可能性もあります。ダウンロードする前にデベロッパーがオープンAIであることを確認しましょう。

スマホ版アプリでオープンAIのアカウントを作る場合は、「Sign up with email（電子メールでサインナップ）」をタップするかソーシャルログインを選択します（図2-2-3）。既にアカウントを持っている場合は、「Log in（ログイン）」をタップしてIDとパスワードを入力します。設定画面は右上の三点リーダーアイコンをタップし、「Settings（設定）」をタップすると開きます。

図2-2-2　オープンAIのアカウントを作りChatGPTにログインする手順

①オープンAIのサイトなどで「Try ChatGPT」や「Sign up」をクリック

OpenAI

Introducing ChatGPT

We've trained a model called ChatGPT which interacts in a conversational way. The dialogue format makes it possible for ChatGPT to answer followup questions, admit its mistakes, challenge incorrect premises, and reject inappropriate requests.

Try ChatGPT ↗　Read about ChatGPT Plus

https://openai.com/blog/chatgpt

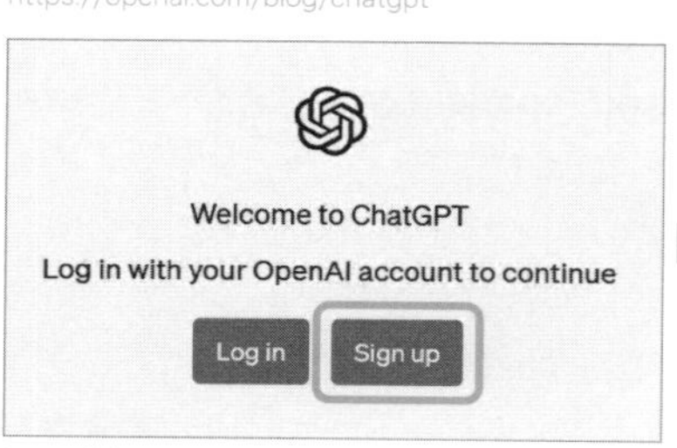

https://chat.openai.com/

②メールアドレス/パスワードを入力するか、ソーシャルログインする

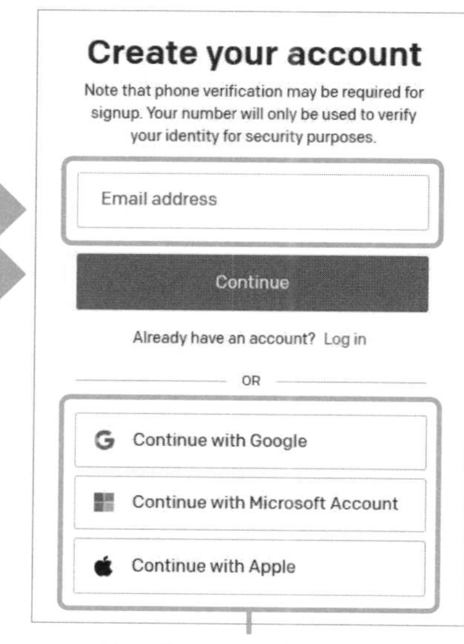

下3つがソーシャルログイン・ボタン

③メール認証待ちの画面

Verify your email

We sent an email to salestalk4yama@mac.com.
Click the link inside to get started.

Resend email

④届いたメールをクリックして認証

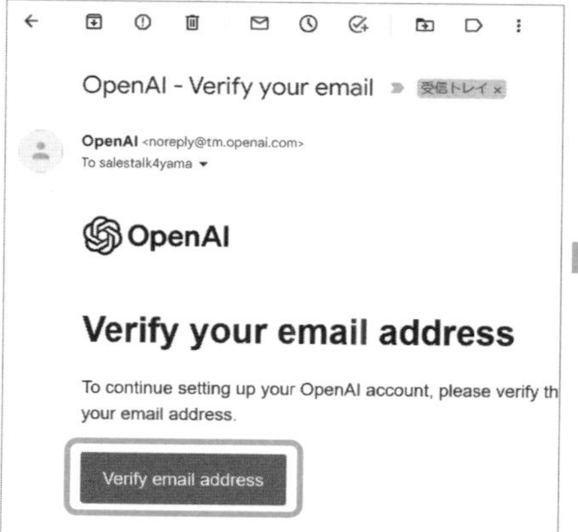

⑤氏名やニックネーム、生年月日を入力

⑥携帯電話番号を入力してSMS認証

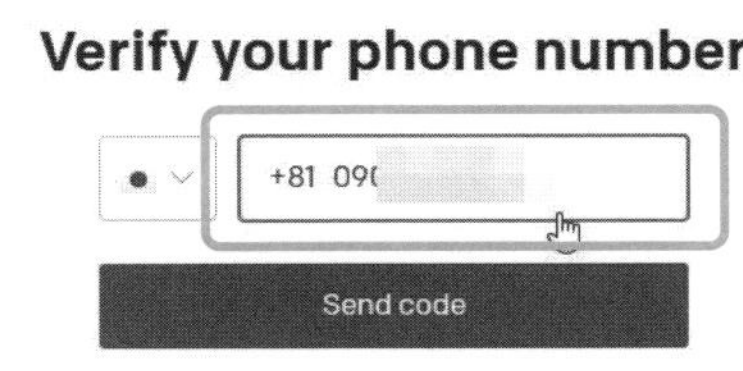

⑦ChatGPTに無事ログイン

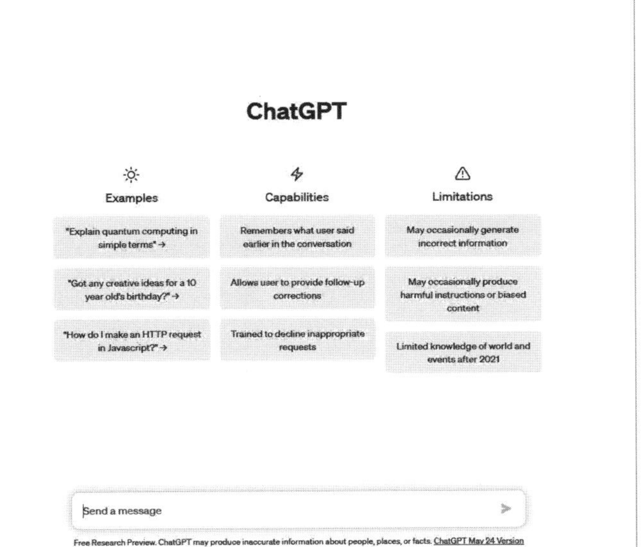

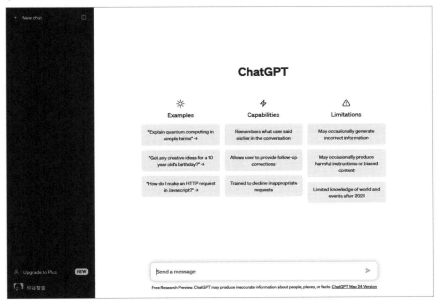

図2-2-3　ChatGPTのスマホアプリをインストールする手順（例はiOS版）

①AppStoreで「ChatGPT」を探してインストール

②アプリの起動画面

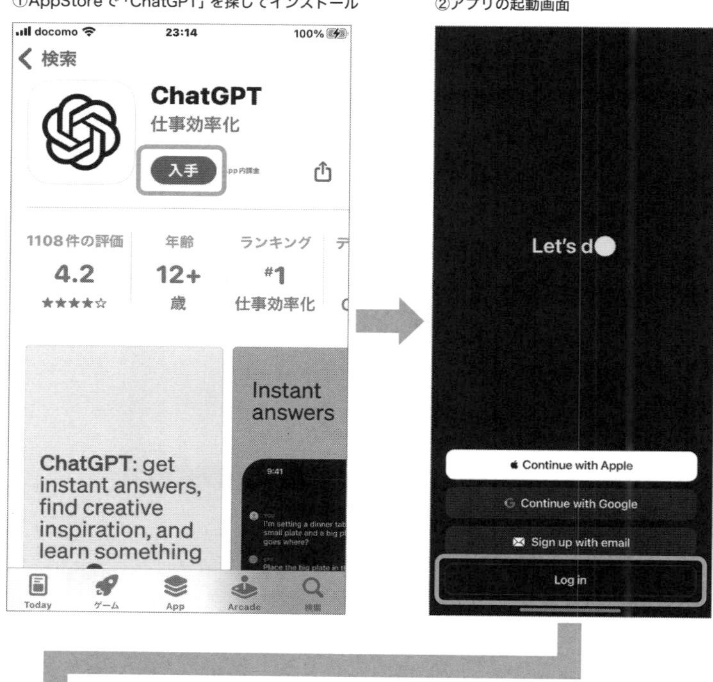

③ログイン画面

④「ChatGPT」のメイン画面。右上のメニューから設定が開く

⑤「ChatGPT」アプリの設定画面

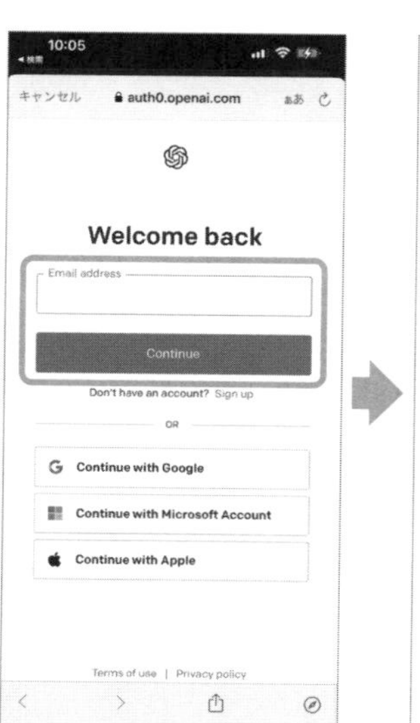

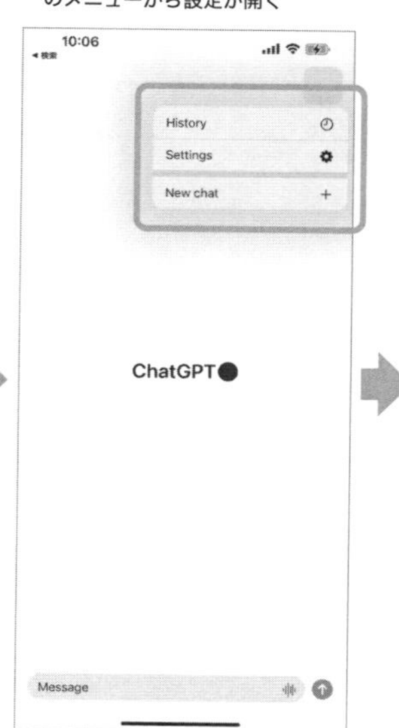

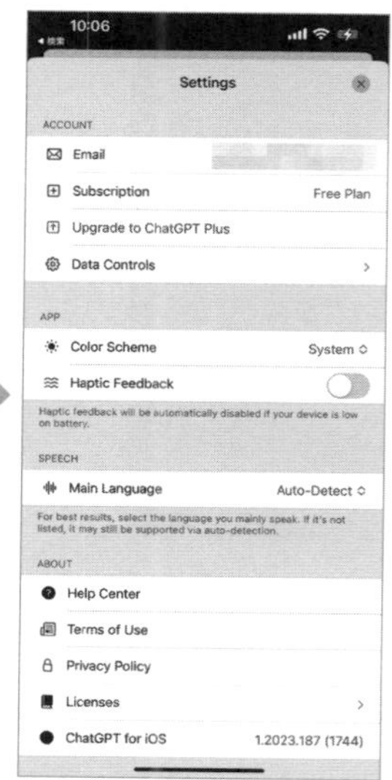

有料プラン「ChatGPT Plus」に加入

ChatGPT の有料プラン「ChatGPT Plus」に加入するには、「Upgrade to ChatGPT Plus（プラスにアップグレード）」をクリックし、「Upgrade plan（アップグレードプラン）」をクリックします。決済画面が表示されるので、カード情報や住所などを入力しましょう。今のところ、年払いによる割引などはありません。（図2-2-4）

図2-2-4　有料プラン「ChatGPT Plus」を契約する手順

①画面左下の「Upgrade to Plus」や「GPT-4」メニューをマウスオーバーすると表示される「Upgrade to ChatGPT Plus」をクリック

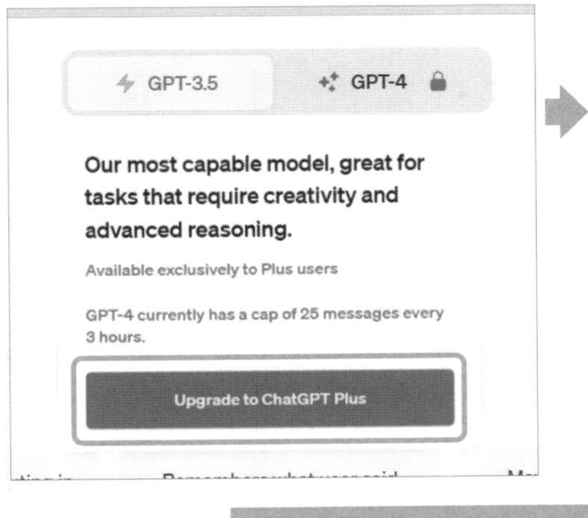

②「Upgrade to plan」をクリック

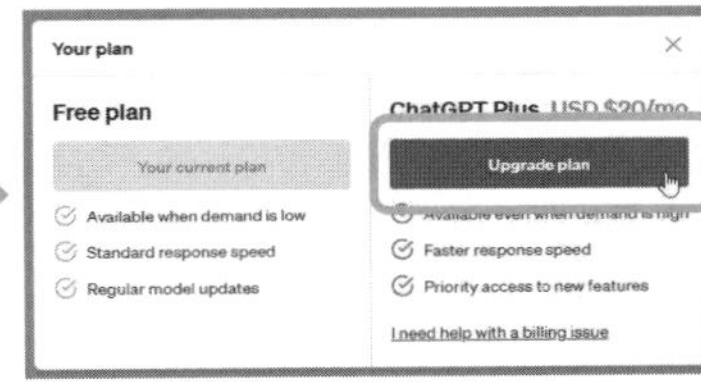

③クレジットカード情報を入力して「申し込む」をクリック

④「GPT-4」が開放される

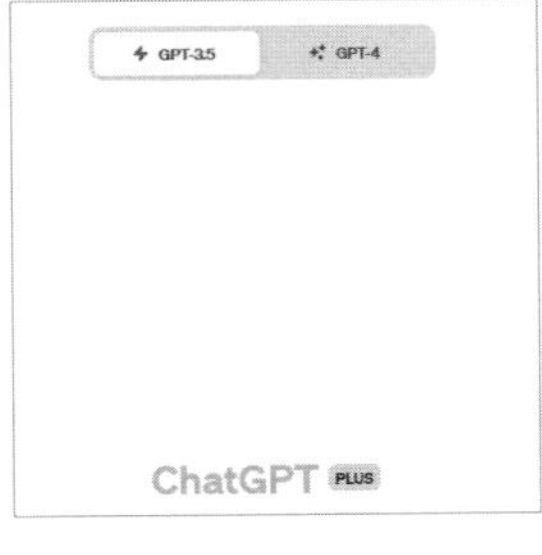

ChatGPTの基本的な使い方

ChatGPTのUIはシンプルです（図2-2-4）。「Send a message（メッセージを送る）」ボックスにプロンプトを入力し、飛行機アイコンをクリックするかEnterキーを押すとプロンプトが送信され、すぐにChatGPTが返答してくれます。他に知りたいこと、作業してもらいたいことがあれば、さらにプロンプトを重ねて入力していきます。重ねて入力する場合、ChatGPTはそれ以前の入力プロンプトや自分が出力したアウトプットを覚えていますので、話題を遡った会話も可能になります。

会話がかみ合わない、別の話題に移りたいといったときは、「New chat（新チャッ

図2-2-4　ChatGPTのUIと基本の使い方

①新しいチャットを開始
②サイドバーを閉じる
④GPTモデルを選ぶ
③メニューを開く
⑤プロンプトを入力

プロンプト入力前

ト)」をクリックして新たなチャットセッションを始めます。ChatGPT Plusプランに加入しているアカウントであれば、新しいチャットを開始すると、上部に「GPT-3.5」と「GPT-4」のモデルを切り替えるスイッチが登場しますので、どちらの言語モデルを使うか選んで切り替えます。

またユーザーアイコンの隣にある三点リーダーをクリックし、「Settings & Beta（設定とベータ）」をクリックして開いた画面で「Clear conversations（会話をクリア）」をクリックするとチャット履歴をクリアできます。

2-3 画像生成 AI「Midjourney」の始め方

画像生成AIの「Midjourney」はシリコンバレーの起業家デビッド・ホルツ氏が代表を務める独立運営の研究所米ミッドジャーニー（Midjourney）が開発するサービスです。単独のWebサービスではなく、チャットサービスの「Discord（ディスコード）」を使ってプロンプトを送り、生成された画像を受け取るという方式になっています（**図2-3-1**）。そのため利用にはDiscordのアカウントが必要になります。Discordのアカウントがない場合は、Midjourneyに最初にログインする際に作ることもできます。

Discordはもともとオンラインゲームのコミュニティーで発展してきたチャットサービスです。ユーザーは参加したいコミュニティーの「サーバー」にジョインする仕組みになっています。MidjourneyはDiscord内にサーバーを持っており、そこにジョインし、プロンプトを送ると、画像を生成して送り返す、という方式をとっているわけです。

図2-3-1　Midjourneyを使っている様子
Midjourney ではプロンプトをDiscordのチャットで送付する。すると生成した画像が送られてくる。

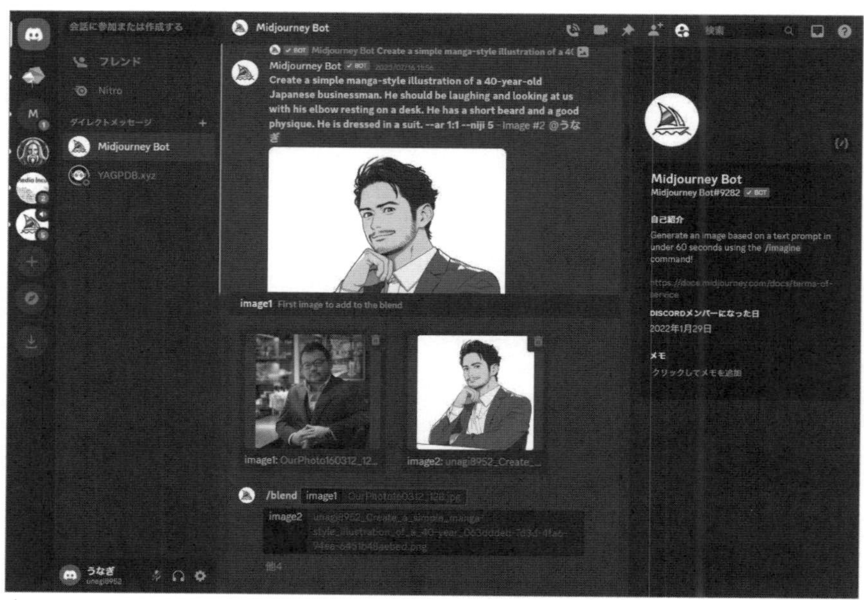

4種類の有料プランのどれかを選択

Midjourneyは4段階の有料プランのどれかを選んで使います（表2-3-2）。以前は無料プランがあったのですが、現在は停止されています。ただ、無料プランがあった当時も生成した画像が商用利用できないライセンスでした。ビジネスで利用するなら有料プランの契約は必須でしょう。

表2-3-2　Midjourneyには4段階の有料プランがあり、無料プランは廃止されている

	Basic Plan	Standard Plan	Pro Plan	Mega Plan
月払い料金	10ドル	30ドル	60ドル	120ドル
年払い料金	96ドル（月額8ドル相当）	288ドル（月額24ドル相当）	576ドル（月額48ドル相当）	1152ドル（月額96ドル相当）
Fastモードの利用時間	3.3時間/月	15時間/月	30時間/月	60時間/月
Relaxモードの利用時間	-	無制限	無制限	無制限
Fastモード追加1時間	4ドル	4ドル	4ドル	4ドル
DMでの画像生成	✓	✓	✓	✓
ステルスモード	—	—	✓	✓
最大同時実行ジョブ数	3ジョブ	3ジョブ	12Fastジョブ/3Relaxジョブ	12Fastジョブ/3Relaxジョブ
待機可能ジョブ数	10ジョブ	10ジョブ	10ジョブ	10ジョブ
商業利用	✓	✓	✓	✓

プランは4つ用意されています（図2-3-3）。ベーシックプランは月額8ドルからと安いのですが、生成できる画像数が月に200枚の制限があります。この制限はスタンダードプラン以上では取り払われ、無制限になります。

最初はベーシックプランで始め、慣れて本格的にMidjourneyを活用するようになったら、スタンダード以上の上位プランに切り替えるとよいでしょう。

プロプランは画像を高速生成できる時間がスタンダードプランの倍となる30時間利用でき、同時処理できるジョブが12個と多くなっています。

ステルス画像生成も可能になります。Midjourneyはチャンネルやダイレクトメール（DM）にプロンプトを送り、画像を返信してもらいますが、生成した画像は他のユーザーも見られます。もし、自分が生成した画像は人に見せたくない、というのであれば、プロプラン以上で利用できるステルス画像生成機能が必要になります。最上位のメガプランは高速生成時間がプロプランのさらに倍となっています。

図2-3-3　Midjourney有料プランは全部で4種類あるが仕事に使うなら「スタンダード」以上がお薦め

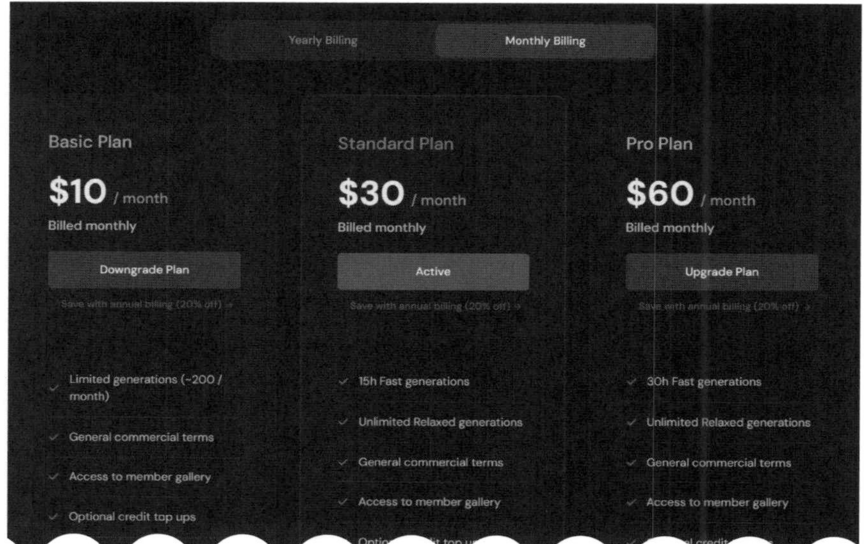

Discordのアカウント作成と登録、プランの選択まで

MidjourneyのWebサイト（https://www.midjourney.com/）にアクセスし、「Sign In」をクリックすると、Discordのログインページに飛びます。Discordアカウントを持っていなければ「登録」をクリックして作成できます。既にDiscordのアカウントを持っていてスマホのDiscordアプリを使っていれば、QRコードを読み取らせればサインインできます（図2-3-4）。

Discordのアカウントを新たに作る場合は、メールアドレスやニックネームを決めて入力します。本人確認のプロセスが終わればアカウントが取得できます。この際にメール認証を済ませておくのを忘れないようにしましょう。

無事にサインインすると、Midjourneyの「マイページ」が開きます。ここから有料プランの申し込みができます（図2-3-5）。プランの申し込みが終われば、ユーザーページに戻って中央の「Join the Discord to start creating!（ディスコードに参加して創作を始めよう！）」をクリックすると、DicordのMidjourneyページに飛びます。

図2-3-4　Discordのアカウントを作ってMidjourneyにサインインする手順

①「Midjourney」のサイトで「Sign In」をクリック

②Discordのログイン画面に飛ぶのでログインするか、新規アカウントを登録

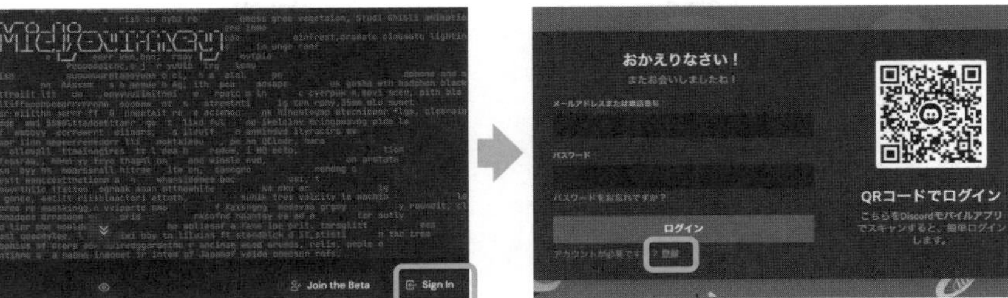

https://www.midjourney.com/

③Discordの新規アカウント作成プロセス。ユーザー情報を登録したらロボット除け認証、メール認証を経て登録が完了する

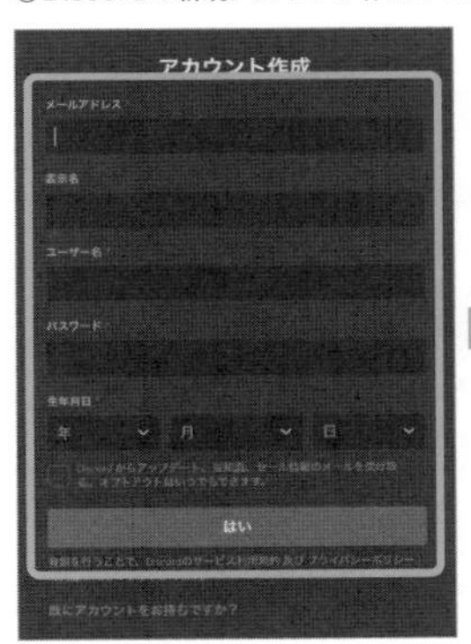

④Discordのアカウントを取得すると「Midjourney Bot」からアクセス要求が届く

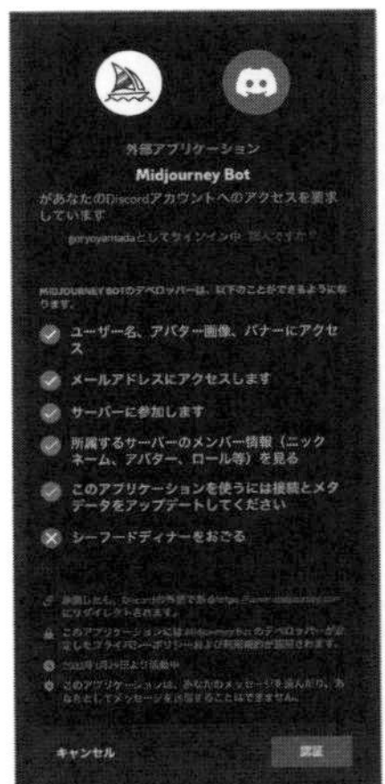

⑤「Midjourney」のマイページが開く。ここからも「有料プラン」各種を購入できる

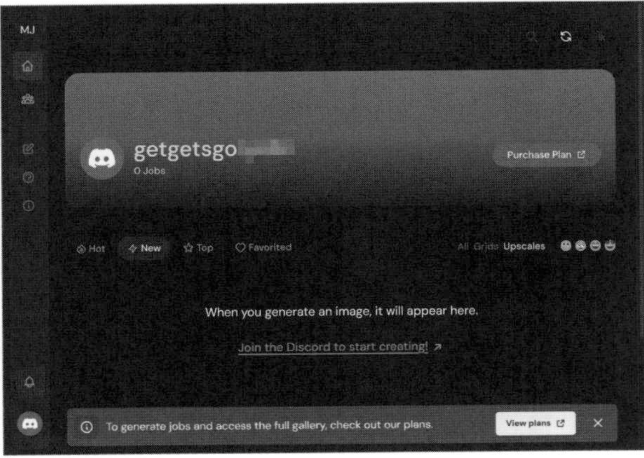

図2-3-5　Discordのアカウントがあった場合の有料プランへのアクセス手順

①Discord のMidjourneyサーバーで「newbies-」で始まるチャネルに移動し、「/subscribe」と入力

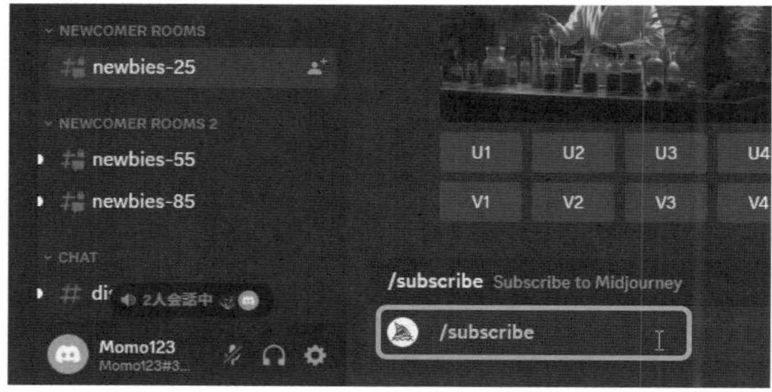

②返信の「Open subscription page」をクリック

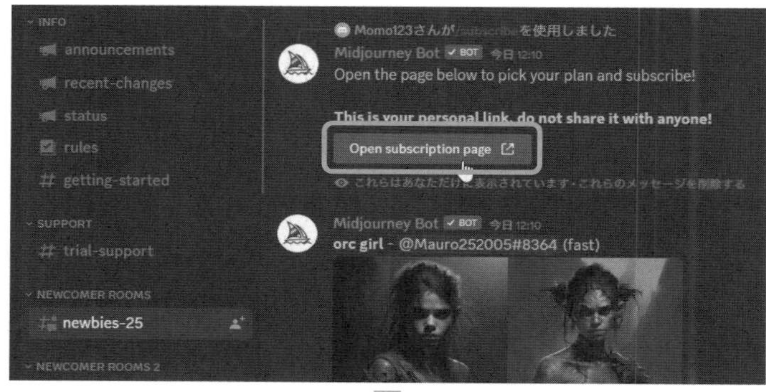

③有料プランの購入ページが開く

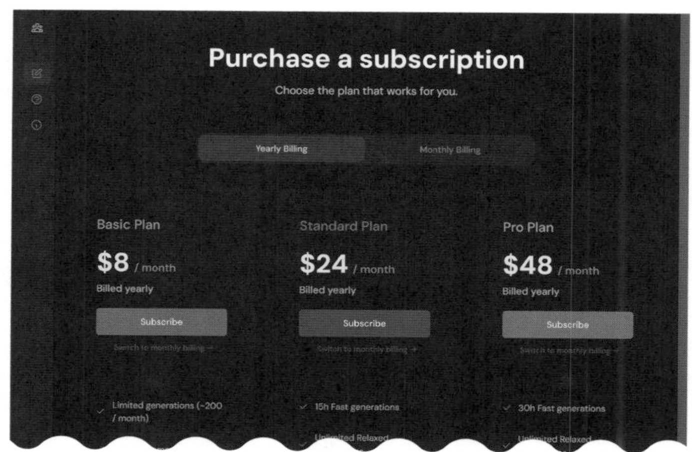

Midjourneyの基本的な使い方

Discordで Midjourneyサーバーの画面を開くと最初は戸惑うはずです。サイドバーに多数のルームがずらりと並び、何をやったらよいか皆目見当がつきません。そこで最初に開いたときは、チャットルーム「NEWCOMER ROOMS○（新人の部屋）」の中に幾つもあるルーム「newbies-○○」のどれかを、まずは開いて見るのをお勧めします。

こちらのルームでは主に初心者が画像を生成しているのですが、たくさんの人が利用しているのでチャットが飛ぶように流れていきます（図2-3-6）。これは！と思った画像があったら、プロンプトをコピペしてメモに残しておくと後々参考になるかもしれません。

もっと上達した人たちがどんな画像を作っているのか知りたいなら、「general-○○」チャンネルがお勧めです（図2-3-7）。さらに厳選されたハイクオリティーの作品は、Midjourneyのホームページから「Showcase（ショーケース）」をクリックし、「Community Showcase（コミュニティーのショーケース）」にアクセスするとよいで

図2-3-6　初心者向けルームの1つ「newbies-112」
初心者向けルームだが投稿が多いので飛ぶようなスピードで画像が流れていく。

しょう（図2-3-7）。お気に入りの画像の上にマウスポインタを乗せるとプロンプトがポップアップします。プロンプトをコピーして入力すれば、実際にどんな画像が生成されるのか確認できるので便利です。

図2-3-7 「Community Showcase」にアップロードされた作品
マウスオーバーするとその画像を生成したプロンプトが表示されるので、コピペすれば手元で試せる。

Midjourneyの基本的な設定方法

Midjourneyの設定は、「/settings」と入力すると開きます（図2-3-8）。上部のプルダウンメニューでは描画モデルを選択します。現在は、Midjourneyのバージョン1から5.2まで、niji（にじ） journey（ジャーニー）のバージョン4と5が選べます。Midjourneyモードはリアルな画像を生成するのに向いており、niji journeyは、2次元のアニメやイラストを生成できるモードです。

「Stylize（スタイライズ）」はlow（低）からvery high（超高）まで4段階で設定でき、低いほどプロ

図2-3-8 Midjourneyの設定
Discordのメッセージ画面に「/settings」と入力して返信で表示されたパネルを使う。

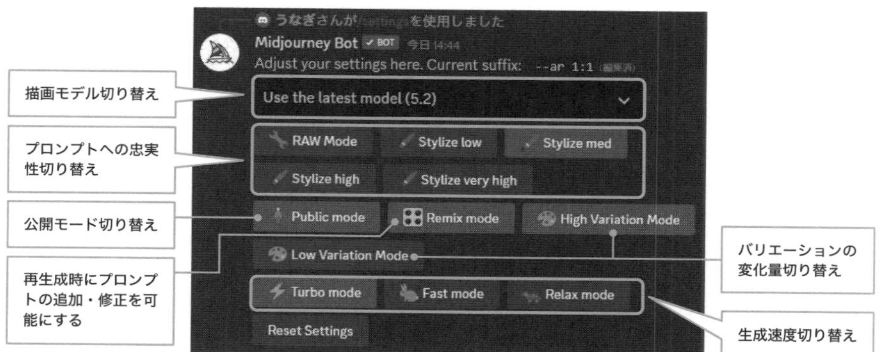

ンプトに忠実な画像が生成されます。高いと芸術性の高い画像になります。よりクリエーティブな画像が欲しいときは高く設定するとよいでしょう。

「Public mode（パブリックモード）」は画像が公開されるモードです。プロプラン以上であれば、オフにしてステルスモードにできます。「Remix（リミックス）」モードはオンにすると生成した画像のバリエーションを再度生成する際に、プロンプトの修正や追加ができる機能です。「Variation Mode（バリエーションモード）」はLow（低い）だと元と似た画像になり、High（高い）にすると大きく変化します。「Turbo mode（ターボモード）」「Fast mode（ファーストモード）」「Relax mode（リラックスモード）」は生成スピードの切り替えです。スタンダード以上で「Relax mode」にすれば、無制限に生成できます。

最初はダイレクトメッセージで画像生成がお勧め

ではあなたの画像はどこで作りましょうか？　もちろん、newbies-○○で作成してもよいのですが、有料プランに加入済みであればダイレクトメッセージ（DM）で画像を生成できます。他人に積極的に作品を見せたい、というのではないのならDMで生成することをお勧めします。（**図2-3-9**）。

ダイレクトメッセージから画像を生成する場合は、画面左上のDiscordロゴをク

図2-3-9　最初はDMで画像生成の練習をしよう
Midjourneyの有料プランに加入していればDMで画像生成ができる。他のユーザーの画像が流れないので落ち着いて作れる。

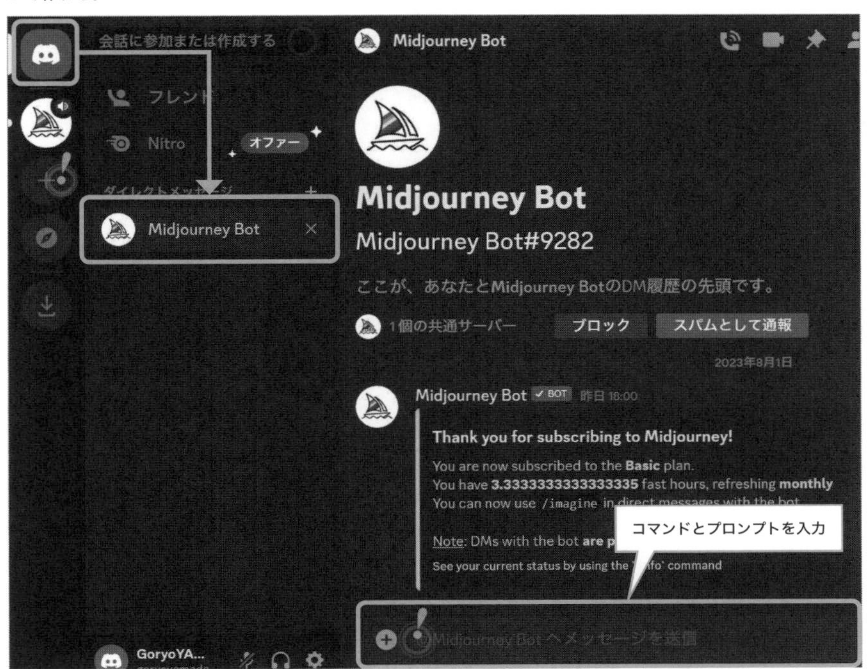

リックしてダイレクトメッセージモードで「Midjourney Bot」を開きます。ここにコマンドとプロンプトを入力すれば画像が生成されます。他の人のプロンプトや画像は表示されないので、集中して作業できます。

画像の生成は「/imagine」コマンドにプロンプトを入力します。縦横比を指定するなどのオプションはプロンプトの最後に「 --ar 1:1」のように入力します。プロンプトは具体的には以下のような感じになります（**Prompt2-3-10**）。

Prompt 2-3-10 マンガ調の男性の画像を生成するプロンプト

> Create a simple manga-style illustration of a 40-year-old Japanese businessman. He should be laughing and looking at us with his elbow resting on a desk. He has a short beard and a good physique. He is dressed in a suit.--ar 1:1 --niji 5

図2-3-11　Prompt 2-3-10を実際にDiscordのDMで送るところ

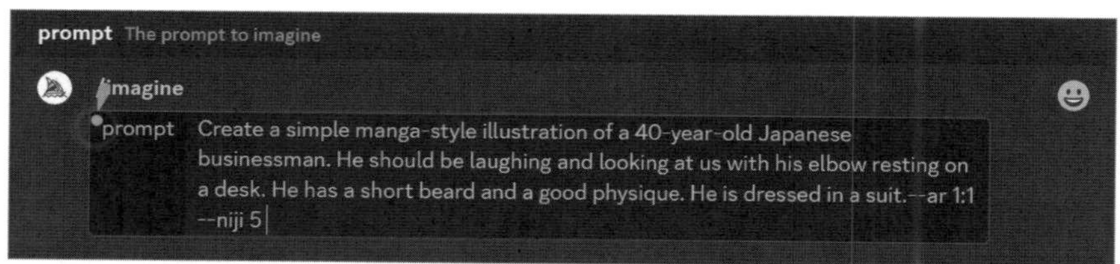

このように、Midjourneyのプロンプトは英語しか受け付けません（**図2-3-11**）。でも英語が苦手でもまったく問題ありません。プロンプトはChatGPTに作らせればよいからです。このあたりのテクニックは3章で詳しく解説します。

気に入った画像が生成されたらアップスケールして受け取れる

コマンドとプロンプトを入力してしばらく待つと、画像が4枚ずつ生成されます。どれかのバリエーションを再生成してほしいなら、「V1」～「V4」ボタンをクリックします。左上が「V1」、右上が「V2」、左下が「V3」、右下が「V4」に対応しています。何度か繰り返して気に入った画像が生成されたら、アップスケールして大きな画像をダウンロードしましょう。こんどは「U」ボタンを使います。対応はVボタンと同じです（**図2-3-12**）。

図2-3-12　プロンプトを入力すると4枚の画像が生成される
やり直して再生成する場合は「V」ボタン、採用する場合は「U」ボタンで高解像度化された画像が得られる。画像クリックでファイルが手元にダウンロードされる。

アップスケールした画像をさらに、ズームアウトすることも可能です。「Zoom Out」をクリックすると、カメラを引いた画像を生成してくれます。つまり、周囲の足りない部分を追加して生成してくれるのです（図2-3-13）。

図2-3-13　高解像度化した画像の画角を後から広げる「Zoom Out」ボタン
生成した画像をズームアウトして視野を広げた画像を生成できる。もともとのフレームの外の画像を再生成して作っている。ここでは「Zoom Out 2x」を使ってみた。

Column 1

表紙イラストをどうやって作ったか

本書の表紙カバーには表側に３点、裏側に１点の全部で４点のイラストを掲載しています（図C1-A）。実はこのイラスト、すべて画像生成AI Midjourneyを使って著者が自分で作りました。といっても、ChatGPTでプロンプトを生成したり、自分でプロンプトを考えたりして、Midjourneyで生成するという作業を、試行錯誤しつつ何度か繰り返して、出来のよいものをピックアップしただけです。ここではそのプロセスを解説しましょう。

図C1-A　表紙カバーに掲載したイラストはすべて著者がAIで作ったもの

ことの発端は執筆中の企画会議。表紙のデザインをどうするか？というディスカッションの中で、生成AIの活用法を紹介する本を書くのだから表紙に使うイラストもAIで作ったらどうかというアイデアをデザイナーが出してくれました。著者は絵を描くのはからっきしなのですが、

Midjourneyでは数えきれないくらいの画像を生成しています。読者に向けてのよいサンプルにもなるし、それなら「やりましょう」という話になりました。

実物よりカッコいい「著者近影」を作る

とはいえ、どんなイラストを描けばいいのでしょう。するとデザイナーが著者の顔がよいのでは？ と提案してくれました。この本は著者である私、柳谷のAI利用テクニックを紹介する内容だから、著者自身の近影が載っていると説得力が増すというのがその理由です。とはいえ、著者は見栄えにはあまり自信がないし、そのままを表紙に載せるのはちょっと恥ずかしいところ。

そう躊躇（ちゅうちょ）していると、担当編集が「柳谷さんの顔をちょっと若いイケメン風に美化したらどうか」と言い出しました。彼が言うには「スポーツ選手などが伝記マンガになると似顔絵がだいぶ美化されます。あの感じなら許されるのでは？」。なるほど、それなら大丈夫かもということで、以下のような手法で、著者の「イケメン似顔絵」を生成してみました。

イケメンイラストを生成し、著者の写真と合成

まずは、ベースとなる「イケメン」のイラストです。Midjourneyに絵を描かせるためのプロンプトをChatGPTで作ります。ポーズや服装だけでなく、年齢や顔の特徴、体格などを指定します。このときのパラメーターには、年齢は著者の実年齢よりちょっと若く、あとは著者自身の特徴を踏まえて指定しました（PromptC1-B）。

Prompt C1-B

画像生成AIに入れる詳細なプロンプトを以下の＃＃＃条件から、英語で考えてください。

＃＃＃条件
マンガ調のシンプルなイラスト。
40歳の日本人のビジネスマン
机の上に方ひじをのせてこちらを見ている
笑っている。
短い髭、体格はいい。
スーツを着ている。

Output C1-B

Create a simple manga-style illustration of a 40-year-old Japanese businessman. He should be laughing and looking at us with his elbow resting on a desk. He has a short beard and a good physique. He is dressed in a suit.

Column 1

出てきたプロンプトをそのままMidjourneyに入力します。その際、描画エンジンは二次元絵が得意な「Niji Model V5」を利用しました。

と、このように、実は一発でいい感じのイラストが生成されました（図C1-C）。著者にはぜんぜん似ていないワイルドな感じのイケメンですが、大柄、髭などの特徴は合っているのでヨシとしました。それ以上特に似ている必要はないからです。

次にイラストと著者のプロフィール写真を融合します（図C1-D）。このプロフィール写真は著者が経営する「原価バー」でのイベント用に撮ったもので、オリジナルは比較のために表紙カバー折り返しに載せています。

図C1-C　イケメンのイラストが生成されました

図C1-D　Midjourneyのブレンド機能で著者近影とイケメンのイラストを合成する

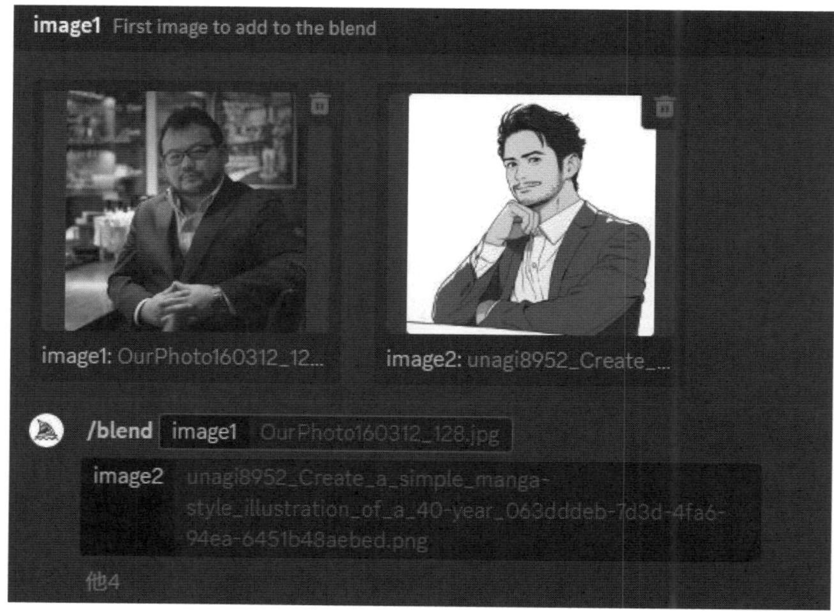

融合はMidjourneyのブレンド機能を使います。「/blend」と入力し、イラストと写真をドラッグ＆ドロップして登録します。同じプロンプトで10種類くらい作ったところでいい感じの合成画像が生成できたので、「U」ボタンをクリックしてアップスケーリングしました（図C1-E）。

ちなみに、裏表紙のとぼけたイラストは、同じく著者のプロフィール写真をMidjourneyにアップロードし、プロンプトに「cartoon（漫画）」とだけ入力して生成したものです。

実物の写真をベースにマンガっぽいイラストにしたり、少しイケメン風に加工したりするのは、いろいろな局面で使えそうです。例えば、SNSのプロフィール写真に使うとか、お店を経営して

図C1-E　注文通り、若返り＆イケメン化した著者画像を生成できました
かなり美化されてますが似てなくはない、ですよね？

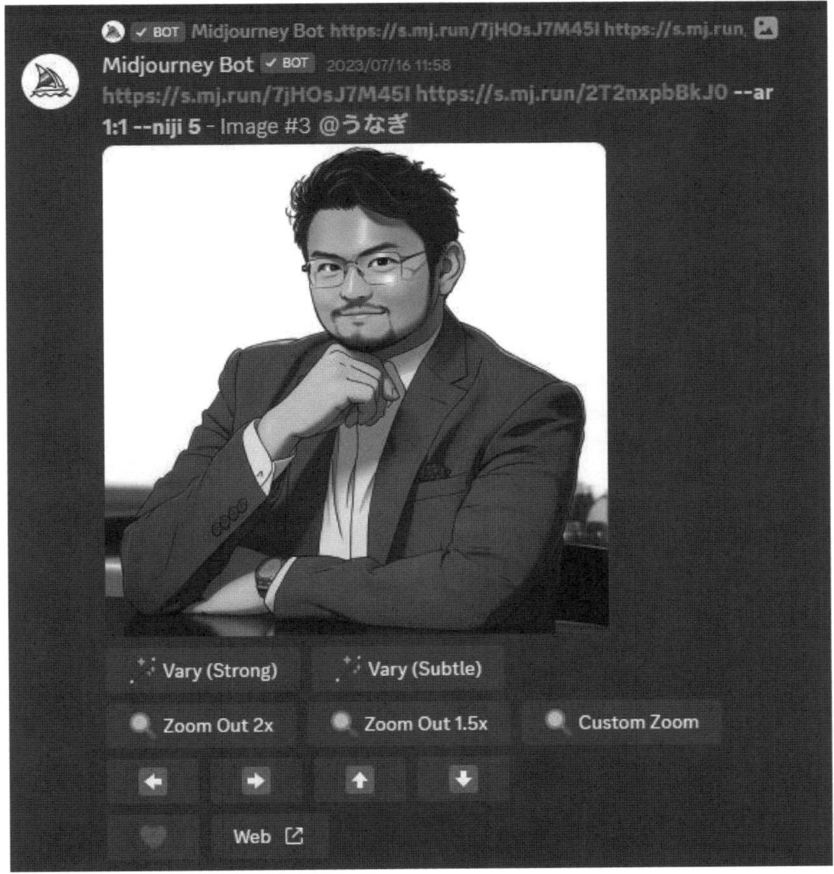

Column 1

いる人なら、チラシなどにマスコットっぽく店主の顔として載せる手もありますね。

うさ耳秘書のイラストなんて作ったことはなかったが……

イケメン化した著者近影がとてもうまくいったので、マスコット・ガールのイラストも作りましょうとデザイナーが言い出しました。ChatGPT を擬人化した「うさ耳秘書」を Midjourney で描き、文字を配置した空きスペースに縦長ポーズと横長ポーズで置きたいという注文でした。

私は Midjourney を主に仕事に使っているのでいつもはリアル志向の画像しか作っていません。ちょっとチャレンジングな要望でしたが、だからこそやってみる価値はあると思いました。今知っているだけの知識でどこまでできるか自体が、この本のテーマ「時短」にぴったりだからです。

何度か試行錯誤したところ、デザイナーが所望するイラストのプロンプトは、ChatGPT に生成させるより、自分でシンプルなプロンプトを作って試した方がイメージに近いものが出てくることが分かりました（図 C1-F）。

そこでまずは縦長ポーズを想定して「立ち姿」の絵を作りました。画像の縦横比を「--ar」オプションで設定して立ち姿にしています。

プロンプトは「ウサギ耳の女性が黒スーツを着て本を持っている様子」という文章をベースにトライ＆エラーで修正しました。

著者としては、ビジネスを手伝ってくれる秘書というコンセプトなのですが、何度出力しても子供の姿になってしまいます。

そこで、「adult woman（大人の女性）」や「30 y.o.（30 歳）」「Piercing eyes（鋭い眼光）」といったプロンプトを追加しました。さらに、表紙のデザイン的に耳が立っていると入りきらないので折れ耳にする、切り抜きやすくするために背景を白くするなどの調整を行い、完成しました。横型のイラストも同じように作成しています。

図C1-F　デザイナー所望のうさ耳秘書のイラストの生成プロンプトは自分で試行錯誤して作りました

3

第3章
入門編：使いこなしの基本技23

3章ではChatGPTやMidjourneyの入門編として基本技を紹介します。基本技だけでも仕事に使えば業務効率を大きくアップできます。無料版のChatGPTでまずは試してください。「やりたいこと」に対してシンプルなアプローチから凝ったプロンプト作成テクニックまで紹介しています。読みながら実際にChatGPTを使ってみましょう。
使い方のコツをつかんだら有料版で
GPT-4にもトライしてください。
結果の精度の違いに驚きます。

⚠ご注意⚠

本書でのChatGPTのOutput例は主に有料のChatGPT Plus契約で言語モデルにGPT-4を選択して得られた結果です。3章で紹介するChatGPTのプロンプトはGPT-3.5を使う無料版でもお使いになれるように作ってありますが、出力結果は本書の事例と大きく異なるケースがあります。

3-1 アイデアをリストアップする

►まとめ ① ChatGPTはリストアップが得意
② まずはシンプルに聞いてみる
③ 条件を入力して精度を高める

ChatGPT（チャットジーピーティー）はリストアップが得意です。どんなテーマでも、広く深い情報から、優等生のような回答を瞬時に生成してくれます。何かアイデアが欲しいとき、例えば、飲食店の店長が経営者から「コロナ禍で落ちた売り上げを埋める新規事業をなにか考えろ」と言われたとします。こんなときはあれこれ悩む前に、まずはChatGPTに聞いてみたらよいのです。

まずはシンプルに、「飲食店の新規事業アイデアを出してください」と聞いてみました（**Prompt3-1-1**）。

Prompt 3-1-1

飲食店の新規事業アイデアを出してください

Output 3-1-1

飲食店の新規事業アイデアをいくつかご提案いたします。

1. 「都市農園レストラン」：レストランの屋上や裏庭に小さな都市農園を設け、そこで育てた新鮮な野菜やハーブを使用した料理を提供します。お客様は農園を見学し、農作物の成長を目の当たりにすることができます。
2. 「完全カスタマイズ可能な料理店」：顧客が自分の食事を完全にカスタマイズできるレストランです。食材、調理法、ソース、サイドメニューなど、すべての部分を自分好みにカスタマイズできます。
3. 「AI シェフレストラン」：AI 技術を活用したレストランです。AI が食材の組み合わせや調理法を学習し、顧客の好みや健康状態に合わせた料理を提供します。

ChatGPTは、「都市農園レストラン」や「完全カスタマイズ可能な料理店」「AIシェフレストラン」といったアイデアを出してきました。それぞれは魅力的ですが、ちょっとバラエティーに富みすぎているし、事業投資もずいぶんかかりそうです。ChatGPTは優等生らしく定番の回答をする傾向にありますが、もっと現実的な提案がほしいところです。

このようにChatGPTはシンプルなプロンプトでも対応してくれますが、意図通りの回答はなかなか得られません。これを防ぐためにできる限り詳細な情報を入力した方が、意図する回答をしてくれる可能性が高まります。詳細情報をまるっと無視されることもあるのですがそんなときは微調整して再チャレンジすればよいのです。

著者はバーの経営者なので次はこんなふうに入力してみました（**Prompt3-1-2**）。

Prompt 3-1-2

我々はお酒のラインナップが豊富なダイニングバーです。新規事業を立ち上げようと思うのですが、アイデアをください

Output 3-1-2

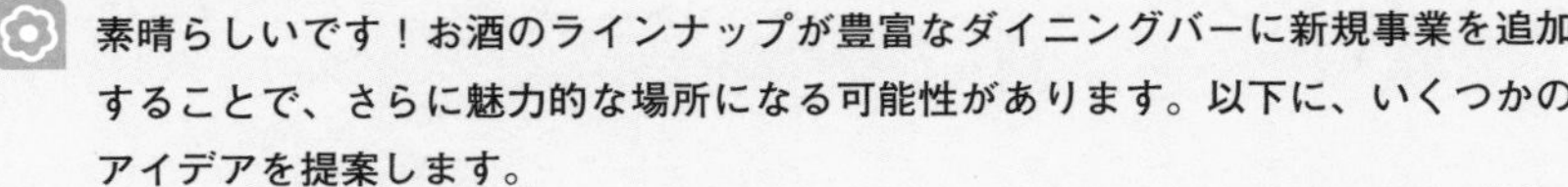

素晴らしいです！お酒のラインナップが豊富なダイニングバーに新規事業を追加することで、さらに魅力的な場所になる可能性があります。以下に、いくつかのアイデアを提案します。

1. バーテンダーワークショップ：お客様にバーテンダーの技術やカクテルの作り方を学ぶ機会を提供しましょう。定期的なワークショップを開催し、参加者に実践的なバーテンディングのスキルを身に付けさせることができます。また、カクテル作りのコンテストやテーマに沿った特別なイベントも開催することで、お客様に楽しい体験を提供できます。

2. プレミアム・ウイスキー／ワイン／日本酒テイスティング：お酒の愛好家や興味を持つ人々に対して、高品質なウイスキーやワイン、日本酒のテイスティングイベントを開催しましょう。専門知識を持ったスタッフやソムリエを招いて、お酒の種類や味わいの違いについて解説し、参加者に楽しい学びの機会を提供します。また、限定リリースや希少なボトルを取り揃えることで、コレクターやマニアの顧客層を引き付けることもできます。

3. カスタムカクテルのオーダー：お客様に、自分だけの特別なカクテルをオーダーできるサービスを提供しましょう。カスタムメニューを作成し、お客様の好みやリクエストに基づいてバーテンダーがオリジナルのカクテルを作り

すると今度は「バーテンダーワークショップ」や「プレミアム・ウイスキー/ワイン/日本酒テイスティング」「カスタムカクテルのオーダー」などを提案しました。

バー向けの特別なブレンドウイスキーなども提案してくれましたが、日本では酒税法違反となります。ChatGPTは細かい法律を理解していないので、たまにこのような回答が出力されます。そのため、人によるチェックが必要なのです。

足りなければ、「もっとアイデアを出してください」と頼めばよいでしょう。たとえ、100個お願いしても出力してくれますが、さすがに途中から似たような内容の羅

列になったり、繰り返しになったりとクオリティーが落ちます。

気に入ったアイデアがあったら、深掘りしましょう。そのアイデアを実現するための具体的なアイデアを出してもらうのです。そこで「具体的にはどんな事業になりますか？」と聞いてみます（Prompt3-1-3）。するとこんな回答が出てきました（Output3-1-3）。

Prompt 3-1-3

バーテンダーワークショップも新規事業としていいですね。具体的にどんな事業になりますか？

Output 3-1-3

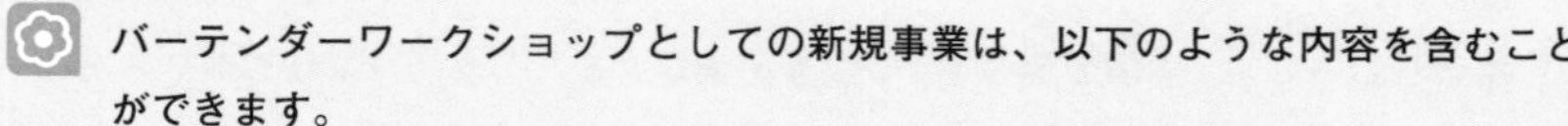

バーテンダーワークショップとしての新規事業は、以下のような内容を含むことができます。

バーテンダートレーニング：アマチュアバーテンダーや興味のある人々に対して、バーテンディングの基礎から応用までを学ぶトレーニングを提供します。カクテルの作り方やシェイクの技術、ガーニッシュのアレンジなど、実践的なスキルを身に付けることができます。

カクテルクラフトワークショップ：参加者が自分自身でカクテルを作り、独自のカクテルクラフトを学ぶワークショップを開催します。バーテンダーが参加者にカクテルのレシピやテクニックを教えながら、創造的なカクテル体験を提供します。

フレーバープロファイリングセッション：参加者によるフレーバープロファイリングセッションを行います。異なるアルコール飲料やボタニカルの風味や香りを学び、それらを組み合わせて新しいカクテルのレシピを開発します。

中略

以上のようなバーテンダーワークショップの事業は、興味を持つ人々がバーテンディングのスキルを学び、カクテルの世界を楽しむ機会を提供するものです。また、バーテンダー養成やカクテルクラフトの分野での専門家としての評価や信頼性を高めることも可能です。

バーテンダートレーニングやカクテルクラフトワークショップ、フレーバープロファイリングセッション、メニューデザインといった内容が提示されました。

コロナ禍の影響で、家飲みをする方が増えています。バーの新規事業として昼間に一般向けの内容にして開催すれば、意外とニーズがありそうです。

3-2 アイデア創出法を使ってみる

►まとめ ① アイデア創出のフレームワーク自体をまずリストさせる
② リストアップされたフレームワークを実行させる
③ 手法をリストし、その1つを実行させると出力精度が高まる

3-1では自然な質問でアイデアをリストアップしました。実は世の中にはアイデアを効率的に出すための方法論、フレームワークが幾つか提唱されています。効率的にアイデアを出すためにこうしたフレームワークを活用するのも手です。でもそう言われてもよく分からないですよね。大丈夫です。まずはそこからChatGPTに聞いてみましょう。プロンプトに以下のように入力します（Prompt3-2-1）。

Prompt 3-2-1

アイデアを出す際のフレームワークを教えてください

Output 3-2-1

アイデアを出す際に役立ついくつかのフレームワークを紹介します。これらの手法は創造性を刺激し、アイデアの発想を促進することができます。

1. マインドマップ：マインドマップは、アイデアを視覚化するための強力なツールです。中心のテーマや問題を書き込み、そこから放射状にアイデアを連想していきます。連想されたアイデアをさらに発展させることで、新たな洞察や解決策が生まれることがあります。

2. SWOT分析：SWOT分析は、アイデアの評価と強み・弱み・機会・脅威の特定に役立ちます。自分のアイデアやプロジェクトの内部要因（強みと弱み）と外部要因（機会と脅威）を分析し、アイデアの長所と短所を明確にするこ

中略

4. SCAMPER法：SCAMPER法は、既存のアイデアを改善したり変化させたりするためのヒントを提供します。以下のキーワードに基づいて質問をし、アイデアを刺激します。S（Substitute：置き換える）、C（Combine：組み合わせる）、A（Adapt：適応させる）、M（Modify：変更する）、P（Put to other uses：他の用途にする）、E（Eliminate：削除する）、R（Reverse/Rearrange：逆転させる / 再配置する）。

ここで出てきたフレームワークを指定して「○○法を使って、アイデアを出してください」と入れれば、指示通りに出力してくれます。アイデアを出す方向性がフレームワークで定まっているので、ふわっと聞くよりも具体的な出力を得られる可能性が高まります。

アイデアをそれぞれのフレームワークで考えさせることもできますが、回答が薄まります。フレームワークは1つずつ指定して考えさせましょう。今回は「SCAMPER(スキャンパー)法」を使ってもらいました。アイデアの発想法である「オズボーンのチェックリスト」を元にした7つの質問で構成されるフレームワークです(Prompt3-2-2)。現実的な回答を得るために、飲食店の情報を詳しく入力してみましょう。文章で書いてもいいのですが、###要素、というパラメーターで分けて箇条書きすると、分かりやすいですし、トライ&エラーも簡単になります。

Prompt 3-2-2

では、SCAMPER法を使って、以下の###要素を持つレストランバーが始める新規事業について、アイデアを出してください。

###要素
東京都港区にある席数100席のレストランバー
客単価は5000円
お酒のラインナップが充実している
従業員は10人
日商は50万円前後
ITに詳しいスタッフがいる、ウイスキーに詳しいスタッフがいる
新規事業にかけられる予算はまずは100万円、その後は結果を見ながら追加可能
###

Output 3-2-2

1. Substitute(置き換える)
- 高級食材や飲み物の代わりに、地元の農産物やクラフトビールを提供する。
- 伝統的なウイスキーの代わりに、地域のクラフトディスティラリーの製品を取り入れる。

中略

7. Reverse/Rearrange(逆転させる/再配置する)
- ウイスキーに詳しいスタッフをフロアで接客するだけでなく、定期的なウイスキートークショーを開催する。
- ITに詳しいスタッフを活用して、オンライン予約や顧客データ管理のシステムを構築する。

普通に質問するより格段に精度が上がっていることが分かります。様々な切り口から、これまでに出てこなかったアイデアが出てきています。入力した情報もうまく使っており、上々の出力と言えるでしょう。

イベントや企画は新規事業といえないので不要だ、というのであればそのようにプロンプトに書きましょう。SCAMPER法での結果もいいのですが、1分で出力できるのですから、片っ端からフレームワークを試してみましょう。

アナロジー思考を使って再度考えてもらったところ、「オンライン飲食体験の提供」や「企業向け飲食サービスの提供」、「ワインオーナーシッププログラムの提供」など、挑戦してみたくなるような提案をしてくれました。

ChatGPTは個人のバイアスがかかっていないので、抜け漏れなく様々な切り口のアイデアを出力できます。企画をゼロから考えるより、まずはChatGPTに考えさせてから、出力をたたき台として思考を飛躍させると大幅な時短になります。

3-3 箇条書きメモから素敵なツイートを作る

►まとめ ① 書きたい文章の箇条書きから文章自体を生成
② よい感じのプロンプトはテンプレートにする

書きたい内容は分かっているが、文章力に自信がないという人は多いはずです。心配ありません。そんなときはChatGPTに文章を作ってもらいましょう。要素をしっかりとインプットし、きちんと指示してあげれば驚くほどきちんとした文章を出力してくれます。

ここではSNSに流す飲食店の宣伝ツイートを作成してみましょう。スペシャルメニューの内容が決まり、集客のための内容にしたい。書くべき内容は箇条書きにできるけど、うまい言い回しが浮かばないという人にこそお薦めしたいAI活用法の1つです。コマンドと要素を分けてプロンプトを作りましょう。要素は必要事項だけ箇条書きでまとめれば十分です（**Prompt3-3-1**）。

Prompt 3-3-1

以下の＃＃＃内容を分かりやすく、楽しくまとめた、Twitterの投稿文を考えてください

＃＃＃内容　今日のスペシャルはガパオライス。450円。食べてください。オープンは18時から

Output 3-3-1

🍛今宵のごちそうアラート🔔✨たったの450円で、美味しさ満点のガパオライスが味わえる日が今日だよ！🕙18時の開店とともに、あなたのお腹を満たす旅へ誘ってるよ。一緒に食の冒険に出かけよう！🚀🌟#今日のスペシャル #ガパオライス

図3-3-1　実際のプロンプトと出力の様子

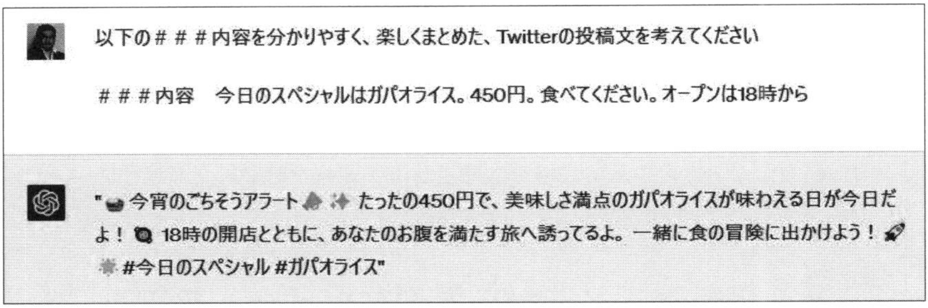

以下の＃＃＃内容を分かりやすく、楽しくまとめた、Twitterの投稿文を考えてください

＃＃＃内容　今日のスペシャルはガパオライス。450円。食べてください。オープンは18時から

"🍛今宵のごちそうアラート🔔✨たったの450円で、美味しさ満点のガパオライスが味わえる日が今日だよ！🕙18時の開店とともに、あなたのお腹を満たす旅へ誘ってるよ。一緒に食の冒険に出かけよう！🚀🌟#今日のスペシャル #ガパオライス"

このように、あっという間に絵文字も上手に使って楽しい感じに仕上げてくれます。著者には書けない文章で、手軽なうえに想像以上のクオリティーのツィート文です。正直、頼むのが癖になりそうです。また「＃＃＃内容」のところだけを変えれば、テンプレートとして日々の投稿時に活用できるようになります。

3-4 メモ書きを日報フォーマットに変換

▶まとめ
① 定型フォーマット化や時系列の整理はAIの得意分野
② 誤字脱字や敬語の間違いを入力時は気にしなくていい
③ 反省点も自動生成でき、振り返りにもなる

忙しい一日が終わったところで、日報を書くのはしんどい作業です。上から言われているので仕方なく書いているという人は多いのではないでしょうか。空いている部分を埋めるだけでも手間がかかり、なかなか内容のクオリティーアップには気が回りません。押し付けられたフォーマットを守るのもついついおっくうになりがちです。

一方上司は、部下がどんな仕事をしているのか把握しなければなりません。しかし、人によって書き方が異なると読むだけでも一苦労です。順番が整理されていな

かったり、きちんとした文章になっていなかったりすると、把握しきれません。このように部下も上司も負担が多い業務なのに、せっかく作成した日報の意味がなく、情報も活用されていないという課題があります。

ChatGPTで双方が楽になる

そんなときは、ChatGPTを活用しましょう。社員はChatGPTの質問に答える形で、1日に行った仕事を書きまくればいいだけ。順不同でも誤字脱字があっても構いません。敬語でなくてもOK。反省点は業務内容を鑑みてChatGPTが作成してくれますが、それを見ることで社員の振り返りにもつながります。自分だけでは気が付かなかった次のアクションプランにつながる可能性もあります（Prompt3-4-1）。

Prompt 3-4-1

以下のフォーマットに沿った日報を作成してください。

＃業務内容
業務内容を時系列でシンプルに列挙する

＃反省、連絡、相談、そのほか特記事項
反省点や相談事項など特に記載するものがあれば列挙する

日報の内容は「今日はどんな仕事をしましたか？　時間や業務内容、気になったことなどを何でも書いてください」と私に質問してください。その後、日報を作成してください。では、質問をどうぞ

Output 3-4-1

今日はどんな仕事をしましたか？時間や業務内容、気になったことなどを何でも書いてください。

Prompt 3-4-2

16時からB社に呼ばれました。部品の発注をもらいました。新製品の紹介をした方がいいかも。

13時からはA社に営業をかけました。パンフレットを渡しましたが、たぶん、いけそう。

午前中は社内で営業会議でした。目標までの進捗が遅れているのでペースアップしようとなりました。

17時に帰社しました。事務作業しました。

Output 3-4-2

＃業務内容
9：00 - 11：30：社内で営業会議を行いました。目標までの進捗が遅れていることが判明し、ペースアップすることが決定しました。
13：00 - 15：00：A社に営業活動を行いました。パンフレットを渡し、商談がうまく進んでいる可能性が高いです。
16：00 - 17：00：B社から呼び出され、部品の発注を受けました。また、新製品の紹介を検討することが提案されました。
17：00 - 18：00：帰社後は事務作業を行いました。
＃反省、連絡、相談、そのほか特記事項

営業会議での進捗の遅れは課題となっています。今後はより効果的な営業戦略を検討し、スケジュールを遵守するよう心掛けたいと思います。

A社への営業活動は順調に進んでいるようですが、具体的な結果や契約の見込みについては確認が必要です。

B社からの部品発注は重要な案件です。新製品の紹介について、費用対効果や顧客のニーズに基づいて検討し、適切な提案を行いたいと考えています。

以上が本日の業務内容と特記事項です。

ChatGPTはフォーマットに沿った日報を瞬時に作成できます。ばらばらに入力された業務内容も時系列に沿って並び、誤字脱字は修正され、きちんとした敬語を使った文章になっているので、上司の確認もスムーズに行えます。日報すべてが同じフォーマットで提出されるので、何らかの異常事態やトラブルにも気が付きやすくなります。

いろいろなプロンプトが考えられますが、今回は業務で使うことを考えて、こちらに質問してもらうスタイルで構築してみました。社員はこのプロンプトをコピー＆ペーストすることで、ChatGPTが質問してくるので、そこに回答するだけでOKです。

たまに、ChatGPTが指示に従わず、勝手に日報を妄想で書き始めることがありますが、その際はすぐに中断して、新しいチャットでやり直してください。

3-5 書くのが億劫な謝罪メールを用意

▶まとめ　① 気持ちが進まない仕事こそAIに代行させる
② 謝罪メールはポイントを整理して指定
③ あらかじめテンプレート化しておくと便利

ChatGPTはメールの代筆も得意です。普段、社内ではビジネスチャットでコミュニケーションしているのでメールの書き方をすぐに思い出せないという人もいるかもしれません。コロナ禍後に社会人になった人だと、そもそもビジネスメールの書き方を教わっていない、ということも多いのではないでしょうか。

さらに、メールは書けますが、書きたくない、ということもあるでしょう。例えば、謝罪メールです。こちらが悪いなら謝ればいいですが、ビジネスだと先方に原因があってもこちらから折れた方がよいケースもあります。それなのに、丁寧な文面を書く努力をしなければならないのは大きなストレスになります。

謝罪だからこそ詳細の入力とポイントの整理が重要

「送った製品が壊れていた件、謝罪メールを代わりに書いて」というプロンプトでもChatGPTは謝罪メールを書いてくれます。しかし、これだけの情報からメールを生成するため、ChatGPTは仰々しい文章で水増しします。結果として慇懃(いんぎん)無礼に見えてしまう謝罪メールが出来上がりがちで、そのまま送ると逆効果になるでしょう。

つまり、謝罪メールのようなデリケートな内容の文章を書かせるときは、必要な要件や内容をきちんと入力してAIに書かせることを指示するのが重要です。例えば謝るポイントを指示しないと、ChatGPTは何でもかんでも謝り倒して、しかも勝手に返金するとか言い出してしまうこともあります。

ここでは商品を購入した顧客から破損しているとクレームが来たケースを想定してみましょう。配送中に事故が起きたので、こちらに責任はありませんが、まずは謝るしかありません。そのうえで、対応を選んでもらいましょう（**Prompt3-5-1**）。

Prompt 3-5-1

以下の状況を踏まえて、顧客への謝罪メールを丁寧かつ簡潔に書いてください。慇懃無礼にならないようにしてください。手紙ではないので、敬具などは不要です。

購入してもらった商品が破損していた。配送業者に確認したら、ぶつけてしまったとのこと。すぐに再配送の手配をするか、返金の手配をするか選んでほしい。相手の名前は山田様。

Output 3-5-1

件名：商品の破損についてのお詫びと対応に関するご案内

山田様、私たちの製品をご購入いただき、誠にありがとうございます。お客様が大切に選ばれた商品が破損してしまったとのご連絡をいただき、まことに申し訳ございません。

調査の結果、配送業者による誤った取り扱いにより、お手元に届いた商品が破損したことが判明しました。このような状況でお客様にご迷惑をおかけしたことを心よりお詫び申し上げます。

お客様のご要望に応じ、以下の対応をご提案いたします。

中略

また、お手元に届いた商品の破損状態を確認するため、可能であれば写真を添付していただけると助かります。

再度、このような事態を招いてしまい、お客様にご迷惑をおかけしたことをお詫び申し上げます。お客様のご満足を最優先に考え、迅速かつ適切な対応をいたします。

ご不明な点やご質問がございましたら、お気軽にお知らせください。お客様の声を重んじ、今後のサービス向上に努めてまいります。

お手数をおかけいたしますが、何卒よろしくお願い申し上げます。

[貴社名]

このように、ほぼ問題のないメールの文面が出力されました。少しの修正で使えそうです。配送業者が原因という話も、角が立たないように書かれています。何も指示していないのに、商品の破損状態を確認するために写真を送るように言っているのがさすがです。ChatGPTはちょっと気が利きすぎると感じることもありますが、不要なら1文を削除すればいいだけです。ただし、「簡潔に」「慇懃(いんぎん)無礼にならないように」と指示している割には、若干謝りすぎな気もします。それも調整すればよいだけです。

もしあなたが頻繁に謝罪メールを書いているような業務についているなら、これについても自分なりのプロンプトテンプレートとして保存しておくと、謝罪する内容を入力するだけで文面を出力できます。

著者のテンプレートでは、「＃＃＃条件」にどんな構成とトーンでどのくらいのボリュームで書けばいいのかをあらかじめ入力してあります（図3-5-2）。

「＃＃＃内容」のところは一部空欄です。顧客名や注文番号を入力するので、あらかじめ「お名前：」「注文番号：」といった入力項目を用意してあります。こうすれば作成するときに抜け漏れをなくせます。メールを書くときに、「##内容」以下の空欄を埋めていけばプロンプトができあがるというわけです。

図3-5-2　著者は謝罪メールを簡単に書けるようにテンプレート化している

以下の###内容と###条件を読んで、メールの本文を書いてください。

###内容
お客様のお名前：山田
注文番号：01234
・商品が破損していた。配送業者がぶつけたから
・返金と再送のどちらかを選んで
・壊れた写真を送って

###条件
・丁寧だが簡潔に。慇懃無礼にならないように
・まず謝る。その後、現状報告、対策を書く
・500文字前後で書く。

3-6 気持ち通じる英文ビジネスメールを作成

►まとめ
① 日本語の箇条書きで要件を書いて英語のメールを出力
② 出力結果は必ず翻訳して確認
③ 指示を追加・変更するなどして気に入るまで修正

著者はウイスキーの販売会社を経営しており、スコットランドからウイスキーを樽ごと輸入することがあるのですが、コロナ禍だったからか、お国柄か、はたまた相手企業によるのか、なかなかスムーズにコミュニケーションが進まないことがあります。欲しい書類が来ないこともざらです。しかし、海外の取引先に強く出ると、さらなるトラブルが起きることもあります。

そこで、丁寧に催促したいのですが、どんなふうに書けばいいのか見当がつきません。もちろん日本語であればニュアンスも含めた催促文を書けるのですが、日本人の文化と雰囲気に合わせた文章を翻訳サイトで直訳した催促文を、現地の人がどう受け止めるかが分からないのです。

ChatGPTなら英語文化も熟知しているので、代筆をお願いしてみましょう。催促する機会は多くはないので、最初は長めのプロンプトを入力してみました(**Prompt3-6-1**)。

Prompt 3-6-1

以下の条件で催促メールを簡潔に書いてください。日本の税関はインボイスの扱いにうるさいのですいません。

相手：スコットランド、A distilleryのTomさん
言語：英語
文字数：100語
締め切り：6月10日
送付する日付：6月11日
催促する内容：来月輸出してもらうウイスキーのインボイス

Output 3-6-1

Subject: Urgent: Invoice Needed for Whisky Shipment

Dear Tom,

I am writing to kindly remind you about the invoice for our upcoming whiskey shipment next month. As you might be aware, the Japanese customs authorities are quite meticulous when it comes to handling invoices, which is why we aim to keep all documentation as detailed and accurate as possible.

Thank you,

[Your Name]

ChatGPTの出力は必ずチェックして使う

この英文出力をそのまま送るのではなく、まずは翻訳サイトでチェックしてみましょう。Google翻訳などでももちろん良いのですが、ここはAI翻訳で有名な「DeepL」(https://www.deepl.com/ja/) を使ってみました (図3-6-2)。

翻訳結果を見てみると、少し相手を責めるような表現が目につきます。簡潔でよいのですが表現がちょっと著者の感覚だと攻撃的だと感じました。そこでプロンプトを修正して書き直させます。今回は「相手を責めないで」

図3-6-2　AI翻訳サイト「DeepL」を使ってChatGPTの出力を翻訳してみる

とわざわざプロンプトに入れています(Prompt3-6-3)。

Prompt 3-6-3

以下の条件で催促メールを簡潔に書いてください。相手を責めるような文面にしないでください。日本の税関はインボイスの扱いにうるさいのですいません。

相手：スコットランド、A distilleryのTomさん
言語：英語
文字数：100語
締め切り：6月10日
送付する日付：6月11日
催促する内容：来月輸出してもらうウイスキーのインボイス

Output 3-6-3

Subject: Friendly Reminder - Whisky Export Invoice Submission

Dear Tom,

I hope this message finds you well. I wanted to gently remind you about the upcoming deadline for submitting the invoice for the whisky export. The deadline was June 10th, and as of today, June 11th, we have yet to receive the invoice.

We understand that unforeseen circumstances can occur, and we kindly request your assistance in submitting the invoice at your earliest convenience. Your prompt response would be greatly appreciated.

Please let us know if you require any further information or if there is anything we can do to assist you. We value our business relationship and look forward to a successful whisky export.

Thank you for your attention to this matter.

Best regards,

[Your Name]

[Your Company Name]

今度は丁寧な文面になりました。念のために翻訳してみると以下のような文章になります。

図3-6-4　Output 3-6-3の翻訳

親愛なるトムへ、

このメッセージがお元気であることを祈っています。ウイスキー輸出のインボイスの提出期限が迫っていることを、そっとお知らせしておきたいと思います。6月10日に締め切りましたが、本日6月11日現在、まだインボイスを受け取っていません。

不測の事態が発生することもあるかと思いますが、ご都合の良い時に請求書をご提出いただけますよう、ご協力をお願いいたします。迅速なご対応をお願いいたします。

また、何かご不明な点、お手伝いできることがございましたら、ご連絡ください。私たちは、私たちのビジネス関係を大切にし、ウイスキーの輸出が成功することを楽しみにしています。

この度は、ご清聴ありがとうございました。

よろしくお願いします、

ChatGPTの英文出力を別の手段で翻訳してみるこのプロセス、実はChatGPTなどのAIを仕事で使うときの重要なポイントです。自分が読めない英語、分からない海外文化向けのメールだとしても、最終的に自分でチェックし、自分の責任で修正する必要があります。プロンプトをきちんとしたから大丈夫なはず、出力をそのまま納品――今回であれば取引先に送信する、というのは絶対にNGです。問題ないことも多いでしょうが、いつかどこかで大きなトラブルを引き起こすのは間違いありません。特にメールには注意しましょう。

さて、条件を箇条書きで指定することで、簡潔な出力が得られました。「ウイスキー輸出のインボイスの提出期限が迫っていることを、そっとお知らせておきしたいと思います」、というくだりは面白いですね。確かに、責めている感じはしません。「ご都合の良い時」に提出してくれ、という割には「迅速なご対応」などふわっと圧迫しているのが、空気を読んでいる感じで効果的な文章になっていると感じます。

出力に違和感がある場合は、文字数を増やしてみたり、必要なエッセンスをプロンプトの条件に入れてみたりするとよいでしょう。例えば、「日本の税関はインボイスの扱いにうるさいのですみません」と入れると、催促の原因を他のせいにできます。

トムとは何年も取引していますが、ChatGPTに返事を書いてもらうようになって、相手の返答がすごくフランクになり、個人的な質問までしてくるようになりました。翻訳サイトを使っていたこれまでとは明らかに雰囲気が変わりました。とはいえ、またサンプルの到着が大幅に遅れているので催促メールを送らなければなりません……。

3-7 英語の長文資料を秒で要約する

►まとめ
① 英語の文書をそのまま入力しても日本語の要約が得られる
② 長い文書はトークン量の制限に気を付けて分割して入力する
③「はいとだけ答えてください」で回答を制限

ChatGPTに長い文章を要約させてみましょう。難解な論文や海外の英語ホワイトペーパーなど、自力で読み解くと手間がかかる文書の内容を簡単に把握できます。

著者は仕事がら、海外のサイバーセキュリティー情報を日々チェックしているのですが、例えば米連邦捜査局（FBI）が発行する「Internet Crime Report（インターネット犯罪リポート）」などは読むのはとても手間がかかります。

そこで、PDFからテキスト情報を抜き出して、ChatGPTに入力して要約させています（図3-7-1）。翻訳せず英語のまま入力しても、要約を日本語で得られて便利です。英語の要約が欲しければ、そのようにプロンプトで指定すればよいだけです。

英語の方がトークンの消費量の面で有利

英語のまま入力すると「トークン数」も減ります（p.131のColumn2参照）。ChatGPTはプロンプトに入力できるデータの量に制限があり、長い文章は一度に入力できません。この制限は「トークン」と呼ばれる単語数と文字数から算出される単位で決まっています。トークン数の上限は言語モデルで異なり、有料版のChatGPT Plusで使えるGPT-4は無料版のGPT-3.5の2倍のトークン数を扱えます。

トークン数制限の最大値はどんどん拡大されています。2023年6月、GPT-3.5のAPIが扱えるトークン数の最大値が従来の4倍の16K（1万6000）になりました。公式にはアナウンスされていないのですが、ChatGPTのGPT-3.5で扱えるトークン数も増えたようです。GPT-4もAPIからは32Kが扱えるので、ChatGPTのGPT-4で扱えるトークン数の最大値も増えている可能性があります。

トークン数は単語数と文字数で決まるため日本語は不利です。4Kの

図3-7-1　Acrobat ReaderなどのPDFビューワーでファイルを開き、「書き出し形式」から「テキスト（プレーン）」を選択してテキストファイルに内容を書き出します

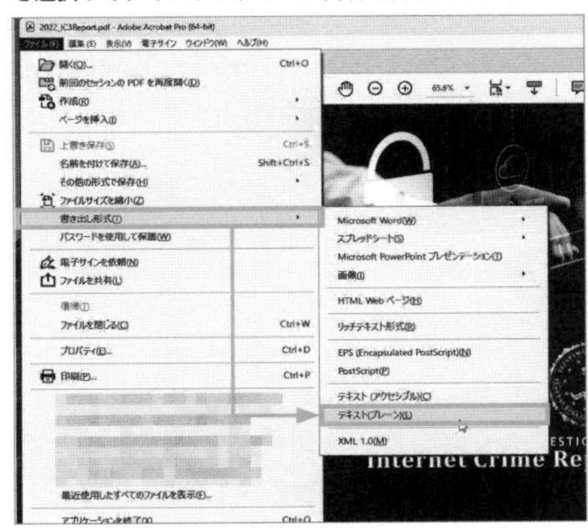

トークンは英語ドキュメントであれば5〜7ページ分、1万字くらいですが、日本語だと2000〜3000字が限界です。だから英語文書は英語のままの方が有利なのです。

覚えさせる → 要約させる

プロンプトは冒頭に「以下の情報を覚えて、はいとだけ答えてください」と入力します。回答形式を指示しないと勝手に復唱や要約を始めてしまうからです。プロンプトに続けて、先ほど書き出したテキストの内容をコピペします（Prompt3-7-1）。

Prompt 3-7-1

以下の情報を覚えて、はいとだけ答えてください

The Federal Bureau of Investigation (FBI) is the domestic intelligence and security service of the United States and its principal federal law enforcement agency. Operating under the jurisdiction of the United States Department of Justice, the FBI is also a member of the U.S.

Output 3-7-1

はい

トークン数制限により1回でインプットできない文章でも、何回かに分けて入力すれば、ChatGPTに覚えさせることができます。ChatGPTから返答プロンプトが来たら続けてテキストを覚えさせていけます。ただし、あまりにも多くの文章をインプットすると、先に入力した内容を忘れていくので注意が必要です（Prompt3-7-2）。

Prompt 3-7-2

以下の情報を覚えて、はいとだけ答えてください

Despite its domestic focus, the FBI also maintains a significant international footprint, operating 60 Legal Attache (LEGAT) offices and 15 sub-offices in U.S. embassies and consulates across the globe.

Output 3-7-2

はい

文章を覚えさせたら要約させましょう。英語で入力していますが、日本語で要約してもくれます。翻訳の手間も省けるのです。その際、「要約してください」だけだと短い出力になります。もう少し中身をしっかり理解したいなら、変な日本語です

が「詳細に要約してください」と入力するといいでしょう（Prompt3-7-3）。

Prompt 3-7-3

入力文全体を詳細に要約してください。

Output 3-7-3

以下の情報は、2020年から2022年までの間に報告されたインターネット犯罪に関するデータを示しています。報告された犯罪の種類や被害額、および州ごとの被害者数などが含まれています。具体的な情報は次のとおりです：

2020年から2022年までの間に報告された犯罪の種類には、先払い詐欺、ビジネスメール詐欺、ボットネット、信頼詐欺/ロマンス、クレジットカード/小切手詐欺、児童に対する犯罪、データ侵害、雇用関連の詐欺、恐喝、政府なりすまし、嫌がらせ/ストーキング、個人情報の盗難、投資詐欺、知的財産権/著作権と偽造品、

要約のトーンも指示できます。例えば「高校生に分かるように、」と指定すればかみ砕いた言い回しで要約します。「〇文字程度で」と文字数指定もできるのですが、あまり正確に守ってくれません。著者が試した限りでは、「普通に1000文字で、」とお願いしても、200文字くらいにしかならないことがほとんどでした。

さらにインプットした情報に対して、質問もできます。ChatGPTは最新の情報を網羅していませんが、2022年の投資詐欺被害について聞いてみると、文章内の情報を元にきちんと回答してくれました（Prompt3-7-4、3-7-5）。

Prompt 3-7-4

入力したデータについて質問です。投資詐欺の被害金額を教えてください

Output 3-7-4

投資詐欺の被害金額は以下の通りです：

2022年：$3,311,742,206
2021年：$1,455,943,193
2020年：$336,469,000

ただし、これらの金額はIC3（Internet Crime Complaint Center）に報告された被害金額を示しており、実際の被害総額とは異なる可能性があります。

Prompt 3-7-5

入力したデータについて質問です。BECの被害金額を教えてください。

Output 3-7-5

BEC（Business Email Compromise）の被害金額は以下の通りです：

2022年：$2,742,354,049
2021年：$2,395,953,296
2020年：$1,866,642,107

これらの金額はIC3（Internet Crime Complaint Center）に報告された被害金額を示していますが、実際の被害総額とは異なる可能性があります。

3-8 見出しやキャッチコピーを考える

►まとめ
① プロンプトはトライ＆エラーでいろいろ変えてみる
②「わがままな条件」をあえて入れると効果的
③ 概要や抜粋を事前に読み込ませて出力の精度を高める

見出しやキャッチコピーを作るのは手間がかかります。ぱっと最高のフレーズが降りてくればいいのですが、なかなかそうもいきません。著者も日々、難儀しており、本文を書くより面倒に感じるときもあります。まずは普通に入力してみましょう（**Prompt3-8-1**）。

Prompt 3-8-1

オリジナルカクテルを提供するイベントを開くので、キャッチーかつ簡潔なイベント名を日本語で10個考えてください。

Output 3-8-1

カクテル・エクストラバガンザ
ミックス・アンド・トリックス

あまり面白くないですね。もう少し目立った方がよいので、「もう少し趣向を凝らして」としました。すると、小規模店舗には大仰すぎるリストになったので、「もっと小規模イベントで盛り上がるイメージにして」と入力したら、「カクテルパーティー・アンリミテッド」のようにイマイチ。試しに「日本語を交えてもOK」と入力すると、いい感じの出力が得られたので、次のようにプロンプトを作り直します（**Prompt3-8-2**）。こうした試行錯誤がChatGPTでは重要です。

Prompt 3-8-2

オリジナルカクテルを提供するイベントを開くので、日本語でイベント名を10個考えてください。

＃＃＃条件
キャッチーかつ簡潔に書いてください
シェイク、という単語、内容は入れないでください
日本語を交えてOKです
サブタイトルは不要です
文字数は20～30文字

Output 3-8-2

1. 煌めく夜のカクテルフェスティバル
2. リキュール・エクスペリエンス・パラダイス
3. ミックスドリンク・クリエーション・ナイト
4. 一杯で旅する、世界フレーバー祭
5. 創造の泡・カクテル・インスパイア
6. ネオン夜景とオリジナルカクテル
7. 魔法のグラス、ユニークカクテル夜
8. バーカウンターからの冒険体験
9. フレーバーワンダーランド・カクテルパーティー
10. ミスティックフレーバー・カクテルミーティング

いい感じですね。イベント名として使えそうです。このように、見出しやキャッチコピーを作るときは、プロンプトをいろいろといじって、トライ&エラーを繰り返して作成する必要があります。

まずはたたき台を出させてから、いろいろなわがままプロンプトでブラッシュアップしていきましょう。同じセッションで会話しているなら、前提条件をいちいち入力しなくても大丈夫です。

ブログや記事、書籍のタイトルももちろんChatGPTにたたき台を作ってもらいましょう。条件を手入力してもいいのですが、もし、企画書や構成案、台割などがあるなら、ChatGPTに読み込ませ、そのうえでタイトルを考えてもらう手があります。

まずはプロンプトの最初で構成案を覚えるように指示し、はいと答えるようにします。覚えることだけ指示すると、勝手にリピートし始めてしまうからです。そのうえで、タイトル案を考えてもらいましょう（**Prompt3-8-3、3-8-4**）。

Prompt 3-8-3

記事を執筆します。以下の原稿を覚えてください。覚えたら、はい、とだけ答えてください。

～～構成案や原稿を貼り付け～～

Output 3-8-3

はい、覚えました。

PROMPT 3-8-4

この原稿の記事タイトルを10個考えてください。サブタイトルは不要で、タイトルに：やーを含めないでください。文字数は40文字前後でお願いします

Output 3-8-4

1. Web会議での音声トラブルを克服するためのヒント
2. ストレスなく聞こえる音声を実現するWeb会議対策
3. 解決策！Web会議の音声トラブルに立ち向かう方法
4. クリアな音声を保証するためのWeb会議のベストプラクティス
5. ハウリング現象を防ぐためのWeb会議の実践的な対処法
6. イヤホン選びが重要！高品質な音声を提供するWeb会議
7. ノイズキャンセル機能を活用して静かなWeb会議環境を実現
8. マイク選びのポイントと注意点：クリアな音声を追求するWeb会議
9. 音声トラブルにサヨナラ！効果的なWeb会議音声のトラブルシューティング
10. パフォーマンス重視！プロフェッショナルな音声品質のためのWeb会議戦略

試しに、以前執筆した原稿を読み込ませてタイトルを挙げてもらいました。Web会議のトラブルと解決方法を紹介する記事で、1、2、3、9、10番などは問題なさそうです。なお、実際に掲載されたタイトルは「声が聞こえない・謎のノイズ、Web会議にまつわる音のトラブルを一気に解決」でした。このあたり、人間のセンスの方にまだ軍配が上がる気はしますが、最終タイトルを決める前のたたき台としては十分役立ちます。ちなみに文字数ですが、普通に指定すると、短くなる傾向にあります。日本語の場合、出力してほしい文字数より10文字くらい多く指定すると狙った文字数になりやすいです。

キャッチコピーも考えてもらいましょう。プロンプトを指示し、商品の情報などを「＃＃＃内容」として記載します。見当違いのキャッチコピーが出てきたりした場合にトライ＆エラーがやりやすくなります（Prompt3-8-5）。

Prompt 3-8-5

あなたはプロのコピーライターです。売り上げが爆増するような商品のキャッチコピーを考えてください。商品の＃＃＃内容を参照し、さまざまなバリエーションのキャッチコピーを日本語で10個考えてください。

＃＃＃内容
海底熟成ウイスキー「Tourbillon」（トゥールビヨン）
10年熟成したスコッチウイスキーを日本の伊豆の海の底で1年間熟成
1文で書く
商品名は入れなくてもいい

Output 3-8-5

深海の秘密、一滴の至福
海と麦の恋、極上のウイスキーフュージョン
深淵の風味、魅惑の海底熟成ウイスキー
海の神秘と共に、喉元の至福
贅沢な時間、底知れぬ深海の一滴
海と熟成の饗宴、極上のウイスキーエクスペリエンス
ウイスキーラヴァーへ捧ぐ、深海からの贈り物
魅惑の海底で磨かれた、究極のウイスキー
海の奇跡を詰め込んだ、ウイスキーラヴァーのための至福
海底の宝石、ウイスキーの至高の輝き。贅沢な時間を刻む

文句なしのキャッチコピーです。著者では何時間かけても、「海と麦の恋」といったフレーズは思い浮かびません。たたき台を作らせるつもりでしたが、もうこの中からキャッチコピーを選んでポスターにできそうです。

3-9 新商品・サービスの説明資料を作る

►まとめ
① 要件をリストにまとめ、フォーマットを指定する
② ChatGPTがふるまう人格を指定する
③ 最終版は必ず人がチェックして仕上げる

皆さんの業務でも新商品や新サービスの説明を社内の営業スタッフや、取引先の代理店向けに1～2枚のドキュメントなどにまとめる作業があるはずです。この作業をChatGPTに手伝わせてみましょう。ここでは私が事業として営んでいる「原価

BAR」のプレスリリースを書く作業を例としてみます。

プレスリリースなどの商品説明用のドキュメントはある程度、基本構成が決まっています。タイトルから始まり、リード、本文、連絡先と続きます。この作業を楽にするためのテンプレートも出回っていますが、必要な情報をすべて詰め込み、破綻なくまとめる作業は意外に手間がかかって大変です。

そこで、情報を網羅したたたき台となるドキュメントをChatGPTに作らせます。情報を網羅したたたき台ができてしまえば、人がブラッシュアップして完成させるのは手間がかかりません。そもそもミスが許されないプレスリリースで公表前に必ず人の目でチェックする必要があります。

プレスリリース向けのプロンプトではChatGPTがふるまう人格として「プロのライター」を指定し、内容とフォーマットを指示する形で構成しました。営業スタッフ向けのドキュメントなら「プロのマーケッター」、取引先向けなら「プロの営業マン」などを指定するとよさそうです。

今回、最初に普通に頼んだら自社をこれでもかと褒めたたえる文章を書いてきてちょっとカッコ悪かったので、自画自賛を控えるような指示を追加しました。

内容には可能な限りの情報を入れましょう。次にリード、本文、概要、タイトルといったフォーマットを指定し、書き出しを指定したら完了です。通常日本企業のリリースは「会社名（ブランド名）は～」から始まるので、そのように指示した方が出力をコントロールできます（**Prompt3-9-1**）。

生成されたプレスリリースはお世辞にもそのまま出せるものではありません。しかし、内容に指定した情報はすべて織り込まれており、情報を整理して読ませる構成は問題なさそうです。

Prompt 3-9-1

あなたはプロフェッショナルのライターとして、以下の＃＃＃内容の報道関係者向けのプレスリリースを＃＃＃フォーマットに沿って作成してください。自画自賛するような文章は控え、事実のみをわかりやすく提示してください。

＃＃＃内容
社名：株式会社ハイテンション
住所：東京都港区芝5－23－6
店舗名：原価BAR

・1950年蒸留、55年熟成の「ザ・マッカラン」の並べ飲みイベントを7月1日に開催する
・商品の正式名称は「ゴードン＆マクファイル　スペイモルト フロム マッカラン1950-2006」
・仕入金額は140万8000円

・比較用に他のマッカランも用意
・人数：先着10名
・予約フォームは以下
https://～.form.kintoneapp.com/public/～～
・価格は30ml 69,760円、15ml 34,880円、10ml 23,260円

###フォーマット
■リード
今回のイベント概要をまとめる
■本文
イベントの内容を詳細に紹介する
■概要
イベントの日時や場所などを箇条書きする
■タイトル
本リリースをプレスに送信する際のタイトルを考えてください。
では、作成を開始してください。リードの書き出しは以下です。
原価BARは～

Output 3-9-1

■タイトル
"原価BARで歴史を噛み締める一夜：「ザ・マッカラン」1950年蒸留、55年熟成の貴重な一杯を体験"

■リード
原価BARは、1950年蒸留、55年熟成の「ゴードン＆マクファイル　スペイモルト フロム マッカラン1950-2006」の特別テイスティングイベントを7月1日に開催します。この限定イベントでは、先着10名の参加者に対し、この貴重なウイスキーを各種サイズで提供する予定です。

■本文
株式会社ハイテンションの運営する原価BARが、1950年蒸留、55年熟成の「ザ・マッカラン」の試飲イベントを開催します。その商品の正式名称は「ゴードン＆マクファイル　スペイモルト フロム マッカラン1950-2006」で、仕入れた価格は140万8000円です。

このイベントでは、この特別なウイスキーを30ml、15ml、または10mlという3つのサイズで提供します。価格はそれぞれ30mlで69,760円、15mlで34,880円、10mlで23,260円となります。

また、比較的味わい深さを感じるために、他のマッカランも準備しています。これにより、参加者は55年間熟成したこの一品がどれだけ特別なものであるかを実

感できます。

人数は先着10名と限定されています。予約は専用フォームから受け付けています。

■概要
イベント名：「ザ・マッカラン」1950年蒸留、55年熟成の特別テイスティング
開催日：2023年7月1日
場所：原価BAR（東京都港区芝5－23－6）
定員：先着10名
予約フォーム：https://～.form.kintoneapp.com/public/～～
商品：「ゴードン＆マクファイル　スペイモルト フロム マッカラン1950-2006」
価格：30ml 69,760円、15ml 34,880円、10ml 23,260円
以上、珍しいウイスキー体験を求める皆様の参加をお待ちしております。

「比較的味わい深さを感じるため」や「その商品の正式名称は」など、日本語がおかしい部分は幾つか見受けられますが、手直しレベルで対応できるでしょう。まだ、ここで終わりではありませんよ。ChatGPTを使って内容のブラッシュアップを試みます。続けて、次のプロンプトを入力しましょう（**Prompt3-9-2**）。

Prompt 3-9-2

このリリースを読んだ新聞記者やテレビのレポーターが、質問してくる内容を10個想定してください。

Output 3-9-2

- 「ゴードン＆マクファイル　スペイモルト フロム マッカラン1950-2006」の味わいや特性について具体的に教えていただけますか？
- この価格設定はどのように決められましたか？
- 他のマッカランと比較して、どのような違いがありますか？
- イベントの目的や背景について教えていただけますか？
- このイベントを開催することで、株式会社ハイテンションや原価BARが達成しようとしている目標は何ですか？
- 予約受付開始日や受付時間はいつからですか？
- 今回のイベントが好評だった場合、類似のイベントを今後も開催する予定はありますか？
- イベント当日、参加者に対するコロナウイルス感染症対策はどのように行いますか？

リリースに足りない情報が幾つも出てきました。お酒のテイスティングノートやイベントの背景、予約の受付開始日などは確かに書いた方がよいでしょう。コロナ対策の記載にもはっとさせられました。書いておくに越したことはありませんね。

これらの内容を再度「Prompt3-9-1」に入れ込んで、プレスリリースを再生成すれば、さらに完成度の高いたたき台ができます。これを何度か繰り返すと、満足度の高いたたき台になるはずです。そこまでできたら、内容を人の目で精査し、不自然な文章などを手直しすればプレスリリース完成です。

ただ、タイトルに関しては、「"原価BARで歴史を噛み締める一夜：「ザ・マッカラン」1950年蒸留、55年熟成の貴重な一杯を体験"」とはちょっと大仰です。タイトルだけ改良案をたくさん作ってもらいましょう（Prompt3-9-3）。

Prompt 3-9-3

このリリースのタイトルをあと10個出してください

Output 3-9-3

- "一滴に歴史を感じる：原価BARで55年熟成「ザ・マッカラン」体験イベント開催"
- "時間を超えたウイスキーの旅：原価BARで1950年蒸留「ザ・マッカラン」を堪能"
- "一晩だけの特別体験：原価BARで1950年蒸留「ザ・マッカラン」を味わう"
- "原価BARにて1950年蒸留、55年熟成「ザ・マッカラン」を尊味する機会"
- "古酒の極み：原価BARにて「ザ・マッカラン」1950年蒸留、55年熟成の特別試飲"

「古酒の極み」などはお酒ファンからクレームが来そうなので使えないのですが、その辺の判断はまだAIには無理でしょう。しかし、「"一晩だけの特別体験：原価BARで1950年蒸留「ザ・マッカラン」を味わう"」などはいい感じですね。

情報さえそろっていれば、プレスリリースを書く時間は大幅に削減できます。その分、記者が質問しそう＝本来入れるべき内容を充実させれば、プレスリリースを見た記者の反応も良くなるはずです。

社内や取引先向けのドキュメントなどでも考え方は同じです。あらかじめ来そうな質問をChatGPTに考えさせてブラッシュアップすることで、社内からの評価も高まるはずです。

3-10 メモと対話で出張報告を自動生成

►まとめ ① 形式と要件を指定してメモ書きを成形させる
② 不足した情報を勝手に書き加えないように指示する
③ 有料版GPT-4を使った方が結果は正確

出張報告書も日付や担当者名、交通費や接待費などの経費の他、どんな業務を行ったのか、などを入力する必要がある定型フォーマットの文書です。乗り換え検索サイトや領収書を見ながら経費を入力し、どんな業務を行ったのか思い出しながら書かなければなりません。そのうえで読みやすいレポートを書くのは至難の業と言えるでしょう。しかもレポート作成は特にお金を生み出す仕事でもありません。ここはChatGPTで省力化してサクッと提出し、空いた時間は他の仕事に注力しましょう。

「足りない情報」を勝手に補完させない

プロンプトは入力してもらった情報を元にフォーマットに合わせてレポートを出力するように作ります。その際、足りない内容があれば、ユーザーに追加で質問し、回答を入れ込めるようにしておくと手間が省けます。

気を付けたいのは足りない情報を勝手に補完するChatGPT特有の癖です。「情報が足りなければ、私に追加で質問してください。完成するまでこのステップを繰り返してください」といったプロンプトをしっかりと入れ込み、強調すると効果的です。

わざと、名前や日付を入れていないプロンプトを入力したところ、きちんと聞き返してくれました。ただし、「GPT-3.5」だと聞き返さずに勝手に報告書を書き始めてしまいます。経費も計算してくれません。やはり、仕事で複雑な処理を行う場合は「GPT-4」を利用した方が正確な出力が得られやすく、結果的に省力化できます。

必要な情報が集まると、レポートを作成してくれます。追加入力した情報が挿入され、業務内容や反省点もきちんとまとまっています（Prompt3-10-1）。

Prompt 3-10-1

以下の###業務内容をまとめて、###フォーマットに沿って出張報告書を作成してください。

情報が足りなければ、私に追加で質問してください。完成するまでこのステップを繰り返してください。

###フォーマット
・日付

出張日を表示。提示されていなければ追加質問してください。
・担当者名
担当者を表示。提示されていなければ追加質問してください。
・経費
業務内容に出てくる経費を合計してください。提示されていなければ追加質問してください。
・業務内容
活動の内容を時系列順に記載してください。
・所感、反省など特記事項を記載
業務内容に入らない所感や反省があれば記載してください。

＃＃＃業務内容
新大阪駅近くのA社に事例取材に行った。取材はライターさんの腕がよく、問題なく終了。質問があるというとのことだったので、自分だけ残ってサポート。
夜はA社の佐藤さんとライターさんと3人で飲みに行く。2次会はなし。インタビューの内容としては、製品Aをとても活用されており、今後は営業部だけでなく、全社展開したいとのこと。営業さんにフォローアップしてもらったほうがいいかも。
反省は手土産を前日に買ったのに、家に忘れたので、品川駅で自腹で購入したこと。

14:52着
ＪＲ新幹線のぞみ233号・新大阪行
交通費13,870円
11:06発
ＪＲ新幹線のぞみ14号・東京行
交通費13,870円
大阪マリオット都ホテル　67,210円
居酒屋ハイテンション　31,380円

Output 3-10-1

ご提供いただいた情報に基づいて、出張報告書を作成いたします。ただし、出張日と担当者名についての情報が不足しているため、それらについて質問させていただきます。

出張日は何日でしたか？

この出張を担当した者の名前は何ですか？

PROMPT 3-10-2

7月25日です

Output 3-10-2

ありがとうございます。しかし、まだ出張を担当した者の名前についての情報が不足しています。担当者の名前を教えていただけますか？

Prompt 3-10-3

柳谷智宣です。

Output 3-10-3

ありがとうございます。以下に出張報告書を作成します。

【出張報告書】

・日付：2023年7月25日

・担当者名：柳谷智宣

・経費：

- JR新幹線のぞみ233号・新大阪行：13,870円
- JR新幹線のぞみ14号・東京行：13,870円
- 大阪マリオット都ホテル：67,210円
- 居酒屋ハイテンション：31,380円

合計：126,330円

・業務内容：

- 新大阪駅近くのA社にて事例取材を行った。取材は問題なく終了し、追加で質問があるということでサポートを行った。
- 夜はA社の佐藤さんとライターさんと3人で飲みに行った。2次会はなし。インタビューの内容としては、製品Aをとても活用されており、今後は営業部だけでなく、全社展開したいとのこと。営業さんにフォローアップしてもらったほうがいいかもとの意見。

・所感、反省など特記事項：

- 取材はライターさんの腕がよく、順調に進行。また、飲み会を通じてインタビューの内容について深く理解を得られた。
- 反省点としては、事前に用意した手土産を家に忘れ、再度品川駅で自腹で購入した点。次回からは確認作業を怠らないよう注意が必要。

経費の算出も正確、ただし提出前に自分で必ずチェック

うれしい誤算だったのは、きちんと経費を抽出したうえ、計算までしてくれたこと。ダメ元だったのですが、このときは計算結果も間違っていませんでした。本来、ChatGPTは数値の計算が苦手なのですが、GPT-4は確実に進化しているようです。

反省点としては、「今後は営業部だけでなく、全社展開したいとのこと」という報

告の次を「〜ほうがいいかも」と語尾まできちんと書かなかったために、誰がそう思ったのかを勘違いさせました。とは言え、この程度はすぐ修正できるので問題ないでしょう。繰り返しになりますが、ChatGPTの出力を会社などの第三者に提出する場合は、必ず自分でチェックしてください。

3-11 文章をリライトして文体を整える

▶まとめ
① 語尾を変更する場合は、語尾を具体的に指定する
② 文章の校正や言い回しの修正にも使える
③ 文章量が多い場合は分割して覚えさせる

著者は最近、書きあげた原稿を、ChatGPTでリライトさせることがよくあります。例えば、「だ・である調」で書くべき原稿を「です・ます調」で書いてしまった場合、「以下の文章の語尾を、「〜だ」「〜である」のような文体でリライトしてください」といったプロンプトで一気に変更できます。

「だ・である調」という指示は理解してくれないので、具体的に語尾を指示する必要があります。長い文章の場合はp.75の**3-6節**のように、先に覚えさせて後から様々な修正を加える方法が使えます（**Prompt3-11-1**）。

Prompt 3-11-1

以下の文章を覚えて、はいとだけ答えてください

　著者は最近、書きあげた原稿を、ChatGPTでリライトさせることがよくあります。例えば、だ・である調で書くべき原稿をです・ます調で書いてしまった場合、「以下の文章の語尾を、「〜だ」「〜である」のような文体でリライトしてくだ

Output 3-11-1

はい

Prompt 3-11-2

覚えた文章を「〜だ」「〜である」のような文体でリライトしてください

Output 3-11-2

以下の文章を「〜だ」「〜である」調にリライトしました：

「私は最近、完了した原稿を、ChatGPTで書き換えることが多い。例えば、だ・である調で書くべき原稿をです・ます調で書いた場合、"以下の文章の語尾を、「〜だ」「〜である」のような文体でリライトしてくれ"といった指示で一気に変更できるのだ。

文章を校正するのにも使えます。「覚えた文章に、文法的におかしい箇所があればリライトしてください」とすればいいわけです。丁寧語に自信がないなら「ビジネスで使える丁寧な文章にリライトしてください」とお願いすればいいのです。無料の校正者を雇っているのと同じで、無意識のミスなどを見つけてくれるので、文章のクオリティーが簡単に高まります（Prompt3-11-3、3-11-4）。

Prompt 3-11-3

覚えた文章に、文法的におかしい箇所があればリライトしてください

Output 3-11-3

覚えている文章はすでに文法的に正しいと思われますが、もう少し流暢さを追求するとすれば、以下のように改善できるかもしれません：

「私が最近よく行っているのは、完成した原稿をChatGPTでリライトさせるという作業だ。例えば、だ・である調で書くべき原稿を、間違ってです・ます調で書いてしまったとき、"以下の文章の語尾を、「〜だ」「〜である」のような文体でリライトしてください"と指示を出せば、一瞬でスタイルを変えることが可能だ。

Prompt 3-11-4

覚えた文章を、ビジネスで使える丁寧な文章にリライトしてください

OUTPUT 3-11-4

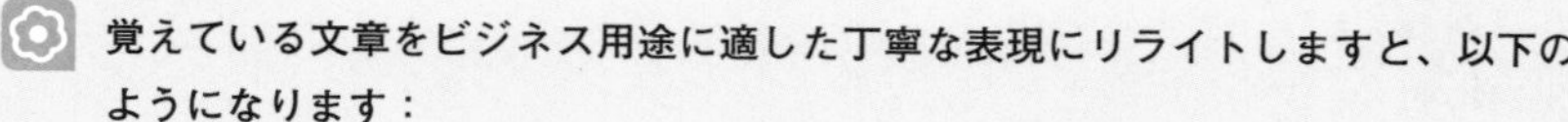
覚えている文章をビジネス用途に適した丁寧な表現にリライトしますと、以下のようになります：

「最近、私が頻繁に行っておりますのは、完成した原稿をChatGPTによってリライトさせることでございます。例えば、だ・である調で表現するべき原稿を誤ってです・ます調で書いてしまった場合、"以下の文章の語尾を、「〜だ」「〜である」のような文体でリライトしてください"という指示を出すことで、即座に表現ス

ここまでくると、書いた原稿をAIが膨らませて文章量を増やしてくれると楽なのですが、やはり書いていないことを膨らませるのには限界があります。例えば、「イ

ンプットした文章を2倍の文字数でリライトして」と言ってもほとんど文字数が増えません。文章を膨らませたい場合は、追加する要素を、箇条書きでプロンプトに入れるとよいでしょう。

3-12 プロのテクニックで質問案を作る

▶まとめ
① 質問リストのたたき台を作らせると仕事を効率化できる
② 質問相手の情報を盛り込むと精度が高まる
③ 著名なインタビュアーの特徴を使ってブラッシュアップ
④ ChatGPTに何かを答えさせると、その情報に関するその後の出力の精度が高まる

著者はライターなのでいろいろな人を取材します。取材の際にはどんなことを聞くか事前に考えて、リストや質問案としてまとめておくことが重要です。これはライターの仕事の要と言うべき作業ですが、それだけに時間がかかるのも事実です。そこでこの質問案を考える作業をChatGPTに手伝ってもらいましょう。なお、このテクニックは、部下と面談したり、アルバイト候補を面接するときなど、「人に何かを尋ねる」とき全般に応用できます。

最低限の骨子や相手の情報を与えることで、サクッとそれなりの数の質問を出してくれます。これをそのまま使うという話ではもちろんありません。ChatGPTが作った質問リストから良さげなものを取捨選択して、さらにブラッシュアップしたり、独自の質問を追加したりするわけですが、それでもたたき台を作ってくれる分、かなり仕事を効率化できます。

試しに、直球でプロンプトを投げてみましょう（**Prompt3-12-1**）。

Prompt 3-12-1

IT社長にプロダクトのインタビューをするので、質問案を10個考えてください

Output 3-12-1

もちろんです。以下にIT社長へのプロダクトインタビューのための10個の質問を用意しました。

1. このプロダクトの主な目的やビジョンは何ですか？それを開発するに至った背景を教えてください。

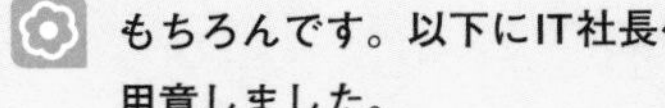

10. このプロダクトを使用することで得られる最も重要なビジネス上の利点は何ですか？顧客が期待できる効果を具体的に教えてください。

単純な取材ならこれでも問題なさそうな質問案がそろいました。もう少し多めに出させて取捨選択する必要もなさそうです。とはいえ、これは初級編です。

次は、取材対象の会社やプロダクトについての基本知識をインプットしたうえで、質問案を考えてもらいましょう（Prompt3-12-2）。

Prompt 3-12-2

以下の＃＃＃企業の情報を読み、Vivaldi Technologies のCEOにプロダクトのインタビューする質問案を10個考えてください。

＃＃＃企業の情報
Vivaldi（ヴィヴァルディ）は、Vivaldi Technologies社によって開発されているプロプライエタリのウェブブラウザーである。2016年に安定版が初公開された。

プロンプトの後に、その企業のホームページやウィキペディアから概要をコピーし、貼り付けます。これだけで、その企業に特化した質問案を出してくれます。今回は「Vivaldi（ビバルディ）」ブラウザーのウィキペディアから、開発企業のVivaldi Technologies情報をコピー＆ペーストしました。

Output 3-12-2

Vivaldi TechnologiesのCEOへのプロダクトインタビューの質問案を以下に示します：

1. Vivaldi ブラウザは、オペラユーザーのニーズに対応するために開発されましたが、どのような機能や特徴が他のブラウザと異なるのでしょうか？

中略

4. Vivaldi ブラウザは、ユーザーにカスタマイズ性を重視していますが、そのカスタマイズオプションにはどのようなものがありますか？
5. レンダリングエンジンとして Blink を使用している Vivaldi ブラウザの開発において、他のオプションを検討した経緯はありますか？将来的には独自のレンダリングエンジンを開発する可能性はありますか？

中略

10. Vivaldi ブラウザが達成したい将来のビジョンや目標は何ですか？ Vivaldi ブラウザが提供する体験や価値をさらに進化させるためにどのような取り組みを行っていますか？

実は著者は実際にVivaldi社のCEO（最高経営責任者）に何度か取材した経験があります。そのときを思い出すとChatGPTが考えたこれらの質問と似た質問を自分で考えて投げかけていました。あらためてChatGPTの精度は素晴らしい感じました。

ただ、この出力だけでは質問内容しか分かりません。そこで実際に質問する際にはどういう問いかけがよいのか、ChatGPTに聞いてみましょう（**Prompt3-12-3**）。

Prompt 3-12-3

4番を聞きたいと思います。実際の質問文を考えてください

Output 3-12-3

Vivaldiブラウザはユーザーにカスタマイズ性を重視していますが、具体的にはどのようなカスタマイズオプションが提供されていますか？また、ユーザーがブラウザをカスタマイズすることでどのような利点を享受できるのでしょうか？

ここまででもまったく問題ありません。でもそれでは面白くないので、もうワンランク上のインタビュー案を作ってみます。インタビューが上手な人の質問テクニックをまねるのです。まずはそこから聞いてみましょう（**Prompt3-12-4**）。

Prompt 3-12-4

インタビューが上手な著名人を5人リストアップしてください。

Output 3-12-4

1. オプラ・ウィンフリー（Oprah Winfrey）- 彼女は長年にわたり自身のトーク番組で数多くのインタビューを行ってきました。彼女の明晰さ、共感力、そして質問の洞察力が彼女を優れたインタビュアーにしています。

中略

5. リン・バーバー（Lynn Barber）- 彼女はイギリスのジャーナリストで、鋭い洞察力と率直な質問で知られています。彼女は長年にわたり著名な人物へのインタビューを行っており、そのインタビューのスタイルは多くの人に影響を与えました。

人物の説明からまねしたい人を選び、質問の特徴を聞きます。その後、その特徴を踏まえて、インタビュー案を作ってもらいます。一度、質問の特徴を聞いているのは、その方が出力の精度が上がるからです。これはChatGPTの回答精度を高めるテクニックの1つです。今回はリストアップされた中からデヴィッド・アッテンボロー氏とテリー・グロス氏を選んで、ChatGPTに質問案を作らせてみました。インタビューワーによる違いを見てみましょう（Prompt3-12-5、Output3-12-7）。

Prompt 3-12-5

デヴィッド・アッテンボロー氏の質問の特徴を教えて

Output 3-12-5

デヴィッド・アッテンボローは、自然や野生動物、地球環境についての長年の経験と深い知識を生かして、視聴者に魅力的な視点を提供します。彼のインタビューには次のような特徴があります：

1. 深い洞察力と知識：デヴィッド・アッテンボロー氏は、自然界に関する広範で深い知識を持っています。彼の質問は、科学的な事実や生物学的なプロセスについての理解に基づいており、その洞察力は非常に深いです。

Prompt 3-12-6

そのデヴィッド・アッテンボロー氏がビル・ゲイツ氏にインタビューする際の質問案を10個考えてください。

Output 3-12-6

デヴィッド・アッテンボローがビル・ゲイツにインタビューする場合、以下のような質問が考えられます。ここではアッテンボローの自然と環境に対する情熱と、ゲイツのテクノロジーとグローバルヘルスに対する広範な知識を活かす形の質問をリストアップしてみます。

1. 環境問題や気候変動について、ビルさんは積極的な取り組みを行ってきました。技術が環境問題の解決にどのような役割を果たすと考えていますか？また、私たちが個人として環境への貢献をするためにできることはありますか？

2. ビルさんは、世界中で教育の改善に取り組むための財団を設立しました。教

中略

6. ビルさんは、COVID-19パンデミックに関する研究や対策に多くの資金を提供しました。パンデミックからの教訓として、今後の健康保健システムの改

今度はテリー・グロス氏のインタビュー術を真似してみましょう。同じようなプロセスで聞いてみた結果がこちらです（Output3-12-7）。

Output 3-12-7

テリー・グロスのインタビューは包括的で、人間性に焦点を当てた質問が特徴で

中略

4. ビルさんは、慈善活動に多くの時間とリソースを注いでいます。その動機や慈善事業への取り組みについて教えてください。

5. テクノロジーの急速な進歩によって、世界は大きく変わりました。これまでの変化の中で、ビルさんが最も興奮した瞬間は何でしたか？

7. テクノロジーの発展は世界に大きな影響を与えていますが、同時に課題や懸念も引き起こしています。ビルさんが最も深刻だと考えるテクノロジーの課題は何ですか？

9. ビルさんは、持続可能なエネルギーに関する取り組みにも積極的に関与しています。エネルギー分野における最も重要な変革は何だと思いますか？

いかがですか？　デヴィッド・アッテンボロー氏は、「The Blue Planet（ザ ブルー プラネット）」など自然界のドキュメンタリーシリーズで知られる英国の司会者で、環境問題に取り組んでいます。一方、テリー・グロス氏はアメリカのジャーナリストで、長寿番組「Fresh Air（フラッシュ エアー）」のホストとして、優れた洞察力とリサーチ能力でゲストの内面に迫る質問をすることで知られています。きちんと特徴を押さえたうえで、質問を作ってくれていることが分かります。

3-13 心を揺さぶる志望動機を考える

▶まとめ
① 心揺さぶる文章を書かせるには情報のインプットが大事
② 志望企業の業務内容などは募集要項やWebサイトからコピペ
③ テンプレートを作り、入力を調整しながらトライ＆エラー

履歴書を書く機会はあまり頻繁にないので、志望動機の書き方を忘れてしまったという人もいるのではないでしょうか。もちろん、イチからChatGPTに志望動機を書かせるのはけしからんという意見は理解できます。しかし、ある程度考えている内容はあるものの、そこまできちんと言語化できてない、という人は多いのではないでしょうか。

まずはやってみましょう。「履歴書に書く志望動機の文章を考えてください。私

はITスキルを活かして大きな仕事がしたいので応募しました。人とのコミュニケーションとITが得意です。基本情報技術者、応用情報技術者の資格を取得し、高3の時、数学オリンピック国内大会で優秀賞を取りました」と入力すると、一見、いい感じの出力が得られました（Prompt & Output3-13-1）。

Prompt & Output 3-13-1

履歴書に書く志望動機の文章を考えてください。私はITスキルを活かして大きな仕事がしたいので応募しました。人とのコミュニケーションとITが得意です。基本情報技術者、応用情報技術者の資格を取得し、高3の時、数学オリンピック国内大会で優秀賞を取りました

以下、志望動機の文章例です：

私の最大の志望動機は、自身のITスキルを存分に活かし、大規模なプロジェクトに携わることにより、社会に対する具体的な貢献を実現したいという強い意志があります。人とのコミュニケーション能力とIT技術力を兼ね備えているため、幅広い役割を担いながら、効率的かつ効果的なソリューションを提供することができると確信しています。

私は基本情報技術者と応用情報技術者の資格を保有しており、その知識とスキルを生かして業務を遂行することができます。また、高校3年生の時に数学オリンピック国内大会で優秀賞を受賞した経験もあります。これは私の論理的思考能力と問題解決能力を証明するもので、IT業界でのキャリアを通じてこれらの能力を活用したいと考えています。

貴社のビジョンに強く共感し、自身のスキルと経験を活かして貢献できると確信しております。どうぞよろしくお願い申し上げます。

しかし、面接官の目線でよく読むと、志望動機は自信満々なものの、ふわっとした内容しか語っていません。面接官の心を揺さぶるなら、もうちょっと熱いアピールが必要でしょう。そのためには会社や募集の内容について理解している必要があります。

実際に履歴書を出すなら、当然自分でも理解しなければなりませんが、今回はそこからChatGPTに任せる方法を紹介します。まずは、会社の情報をホームページやウィキペディアの情報からコピーして入力します。次に、募集要項をコピーします。

プロンプトの文字数が多くなりそうなら、参考文献や住所など明らかに不要な情報を削除して調整しましょう。それでも情報量が多いなら、一度全文をChatGPTに入れて要約してもらい、その結果を流用する手もあります。

その後、志望動機や自分の強み、印象的なエピソードなどを入力しましょう。めったに書くことのない志望動機ですが、ChatGPTに出力させる際は右ページのようにテンプレート化しておきましょう（Prompt3-13-2）。

ChatGPTは恐るべきことに、日本の履歴書に書く志望動機のスタイルも網羅して

おり、いい感じの内容が生成されます。しかし、実際に自分の人生を左右する履歴書に記載するにはクオリティーが足りないことが多いのです。そのため、プロンプトを調整し、何回も出力させる必要があるため、テンプレートを利用すると手間が省けるのです。

出力させてみて、不要なくだりがあるなら、プロンプトから外しましょう。何度かトライ&エラーを続けていれば、たたき台に十分な志望動機が得られることでしょう。

もし、出力が面白くないと感じたなら、「熱い感じで」や「熱意が伝わるように」などと指示すると、心を揺さぶる文章が出力されるようになります。日本人としてはやりすぎに見えることもありますが、うまく調整すれば、十分実用できる文章が得られるでしょう。

Prompt 3-13-2

転職する際に書く履歴書の志望動機を書いてください。

＃＃＃1:応募する会社の情報
※会社のホームページやウィキペディアから概要をコピー&ペースト

＃＃＃2:募集している職種
※同じく、募集要項をコピー&ペーストします。

＃＃＃3:志望動機
ITスキルを活かしたい。大きな仕事がしたい。

＃＃＃4:自分の強み、弱み
人とのコミュニケーションが得意。ITが得意。
基本情報技術者、応用情報技術者の資格を持っている。

＃＃＃5:盛り込みたいエピソード
高3の時、数学オリンピック　国内大会の本選に出て優秀賞を取った

＃＃＃上記の1〜5の情報を参考に、履歴書に書く際の志望動機を簡潔に500字で書いてください。熱い感じで、熱意が伝わるように書いてください。冒頭は、「これまでの〇〇という経験を生かして〇〇したいと考えています」からスタートしてください。「志望動機を述べる」のような記述は不要です。会社の説明も不要です。

Output 3-13-2

これまでのITスキルと数学への深い理解を生かして、柳谷株式会社のWEBディレクターとして大規模なプロジェクトに取り組みたいと考えています。私の強みは人とのコミュニケーションとITです。基本情報技術者、応用情報技術者の資格を保有し、高校3年生の時には数学オリンピック国内大会で優秀賞を受賞した経

験から、複雑な問題解決に対する自信と持続的な努力を学びました。

また、柳谷株式会社が誇る技術力と製品開発力には、常に敬意を抱いてきました。それらは日本の技術力を世界に示す象徴と言えます。特に、同社が持つ幅広い産業領域での強みと日本一の特許数は、革新的な技術とサービスが絶えず生まれている証だと感じています。

自社サイトのディレクター、マーケターとしての役割を果たす中で、私は技術力を活かして革新的なデジタルマーケティング戦略を展開することを目指します。その結果、社内外への情報発信をより効率的で洗練されたものにし、柳谷株式会社の価値と影響力を一層高めることに貢献したいと考えています。

私の経験と能力が、柳谷株式会社の更なる発展に寄与できると信じています。大きな挑戦には熱意と情熱が必要です。私はその熱意をもって、柳谷株式会社とともに新たな挑戦を果たす準備が整っています。

3-14 採用面接をロールプレイする

►まとめ
① ChatGPTに面接官の役割を与えて練習台にする
② 応募する企業の情報などをあらかじめ覚えさせる
③ 質問の数を限定すると実践的になる

普通の人なら面接は緊張します。久しぶりに面接を受けるなら不安になるのが当たり前です。そんなときはChatGPTで対策しましょう。ChatGPTに面接時に出そうな質問を考えてもらいあらかじめ準備するのです（Prompt3-14-1）。

Prompt 3-14-1

出版社へ記者志望の方が応募してきました。面接の質問を10個リストアップしてください。

Output 3-14-1

記者志望の方に対する面接の質問は、その方の記者としてのスキル、興味、経験、そして情熱を評価することを目的としています。以下に、そのような質問を10個リストアップします。

1. 「なぜ当出版社で記者として働きたいと思ったのですか？」
2. 「取材を行う際にどのような戦略を立てますか？」
3. 「過去に取り組んだ記事やプロジェクトで、最も誇りに思っているものは何ですか？その理由も教えてください。」

このような直球のプロンプトでも、それなりにリアリティーのある質問が出てきます。しかしこれなら、検索サイトで「面接でよく聞かれる質問」と検索するほうが手軽にたくさん、しかも有効性が高い質問リストが見つかりそうです。

ChatGPTを使うなら、ChatGPTに面接官になってもらいましょう。質問例のリストを見て、一人で考え込むより、実際にチャットでやりとりしながら回答することで、面接の場数が踏めます。回答できない質問や、回答に時間がかかる質問の傾向をあらかじめ把握できれば、対策もできるはずです。質問に対して、短時間で反応する訓練にもなるでしょう。

プロンプトには工夫が必要です。連続していろいろな質問をしてもらい、必要に応じて、突っ込んだ質問もしてもらう必要があるからです。そのためには、まず面接官というロール（役割）を演じてもらうように指示し、会社について最低限の情報を追加します。

その後、回答に対して追加で質問するようにします。このままでもいいのですが、ChatGPTがさまつな内容にとらわれてしまわないように、繰り返しは2回までと指示します。また、質問を1つずつするように指定する必要があります。これは複数の質問を一気に提示してきて、それぞれに回答するように言って来たりするのを防ぐためです（**Prompt3-14-2**）。

複数の質問を提示してきたり、ピントの外れた質問を連発したりするなど、うまく動作しなくなったら、「New chat」をクリックして、再度プロンプトを入力しましょう。ChatGPTは新たなチャットを開始することで、また新しい考え方で返答してくることがあります。

Prompt 3-14-2

あなたは凄腕の面接官です。出版社へ記者志望の方が応募してきました。雇うかどうか判断するために、いろいろな質問をしてください。私の回答に対して、必要に応じて深掘する質問をしてください。深掘は2回までで、その後は別の質問をしてください。また、必ず、質問は一つずつお願いします。

Output 3-14-2

ありがとうございます。では、記者志望の方ですね。まず最初の質問です。

なぜ記者になりたいと思われたのですか？

Prompt 3-14-3

文章が得意だからです

（以下、志望理由を入力）

Output 3-14-3

なるほど、アプリの開発者に対して取材して記事を書いた経験があるのですね。それについて深掘りさせていただきます。

アプリ開発者に対する取材では、どのようなポイントを重視していますか？具体的には、どのような質問や情報を得るために努力していますか？

Prompt 3-14-4

開発のきっかけ、その後の経緯、苦労したエピソード、結果、展望などを聞きます

Output 3-14-4

理解しました。アプリ開発者に対しては、開発のきっかけや経緯、苦労したエピソード、結果、展望などを聞くことが重要だということですね。

次の質問です。

過去に取材したアプリ開発者の中で、特に印象に残ったエピソードはありますか？それは何故印象に残ったのでしょうか？

繰り返しの質問に答えることで、面接の練習になりますし、自分を見つめなおすきっかけにもなります。誰かに見られているわけでもないので、本音を入力するとよいでしょう。ChatGPTは優しく受け止めてくれます。

やり取りの練習だけでなく、自分の回答がどう評価されるのか知りたいなら、プロンプトを調整します。回答を評価したうえ、質問の意図を教えてもらうようにしましょう（**Prompt3-13-5**）。ただし、先にお伝えしておきますが、ChatGPTは言葉の意味を理解しているわけではありません。なんとなくで判断しているので、うのみにするとリスクがあることは覚えておいてください。

Prompt 3-14-5

あなたは株式会社山田カンパニーの面接官です。優秀な人材を得るための質問を10個考えてください。その結果は出力しないでください。

その質問を1つずつ、私に問いかけてください。私が答えたら、その回答が求める回答かどうか教えてください。

その後、次の質問をしてください。以上のステップを繰り返してください。

Output 3-14-5

なぜ山田カンパニーに興味を持ち、応募しましたか？

Prompt 3-14-6

御社の理念に共感し、私のスキルで貢献できると考えたからです

Output 3-14-6

回答ありがとうございます。その回答は求める回答の一つです。御社の理念に共感し、自身のスキルを活かして貢献できると感じたとのことで、それはとても素晴らしい意欲です。次の質問です。

過去の職務経験で、どのような成果を上げましたか？

例えば、「どんな成果を上げたか？」という質問に対して「遅刻をしなかった」と回答したところ、具体的な成果や業績について例や数字などを交えるように、と指摘してくれるなど、いい感じです。

最後に、面接の合否まで判定してもらうプロンプトを紹介しましょう。また、ChatGPTに質問させる際に、終わりが見えないとつらいので、進捗状況を指示するプロンプトも入れておきます（**Prompt3-14-7**）。

Prompt 3-14-7

あなたは凄腕の面接官です。出版社へ記者志望の方が応募してきました。雇うかどうか判断するために、いろいろな質問をしてください。私の回答に対して、深掘する質問をしてください。最後の質問が終わったら、私を採用するかどうか判断して、その理由も教えてください。まずは最初の質問をどうぞ

＃＃＃条件
質問は5回
質問するたびに1/5問目、2/5問目のように進捗も教えてください。

Output 3-14-7

1/5問目：出版社への応募理由について教えてください。なぜ記者としての職に興味を持ち、なぜ当社を選んで応募したのでしょうか？

PROMPT 3-14-8

記事を書きたいから

Output 3-14-8

了解しました。記事を書くことに興味をお持ちなのですね。具体的にはどのような記事を書きたいと思っていますか？また、当社を選んで応募した理由も教えていただけますか？

Output 3-14-9

採用の判断を行います。

私たちはコミュニケーションが重要な要素である出版社です。応募者の方は記事執筆においては一定の成果を上げており、給料や会社の安定性を重視されています。しかし、コミュニケーションが苦手な点が懸念材料です。

面接での回答や対応を総合的に考慮し、残念ながら今回は採用の判断を見送らせていただきます。コミュニケーション能力を向上させるために、コミュニケーショントレーニングや関連スキルの磨きに取り組まれることをお勧めします。

あらあら。残念ながら不採用になってしまいました。とはいえ、このようなトレーニングで改善点を気軽に見つけられるのがChatGPTのよいところでもあります。

3-15 いま欲しいエクセルの関数を探す

►まとめ
① 「エクセルでやりたいこと」から関数を調べさせる
② 出力された関数はコピー＆ペーストしてすぐ使える
③ エクセルのヘルプより親切で使いやすい

表計算ソフトのエクセル（Microsoft Excel）は非常に多機能かつ便利なソフトでビジネスには欠かせません。エクセルの魅力の1つはたくさんの便利な関数なのは間違いないのですが、なかなか覚えきれるものではありません。ネットで検索するとエクセルの関数の使い方をまとめた様々なWebページが見つかりますが、目当ての関数に関する情報を探すのにはなかなか手間がかかります。エクセル自体のヘルプ機能もぴったりの質問をしないとうまく結果が表示されません。検索はそもそも、「どの関数を使えばいいか」が分かっていないと答えを見つけにくいのです。

使いたい関数がよく分からなくてもChatGPTは答えをくれる

ChatGPTが凄いのは、既存の表の構造を説明して関数で処理したい目的を書けば、すぐに適切な関数を教えてくれるところです。しかも、関数とその使い方の説明だけでなく、実際に利用できる関数を作ってくれます。

ここでは店舗の売上金額をまとめたエクセルの表に、目標金額を達成していたらクリア、そうでないなら未達成と表示させる関数を追加してもらいましょう。この程度であれば、シンプルに聞いてしまうだけでOKです（**Prompt3-15-1**）。

Prompt 3-15-1

Excelの関数を教えてください。A列に日付、B列に売上金額が入っている表があります。売上金額が10万円以上であれば「クリア」、10万円未満であれば「未達成」と表示したい

Output 3-15-1

そのような条件を満たすために、ExcelのIF関数を使うことができます。

A列に日付、B列に売上金額が記録されているとのことなので、C列に次のような関数を追加してみてください。

この式は、セルB1の金額が10万円以上の場合に「クリア」を返し、それ以外の場合には「未達成」を返します。セルB1から始まり、必要な範囲までこの関数をコピー＆ペーストすれば、各行に対して期待する結果が得られます。

具体的な手順は次の通りです：

1. C1セルをクリックします。
2. 上記の式`=IF(B1>=100000,"クリア","未達成")`を入力します。
3. エンターキーを押して、式を実行します。
4. C1セルを再度クリックし、右下の角を掴んで下にドラッグすることで、式を下のセルにコピーします。

この操作を行うと、それぞれの売上金額に対して「クリア」か「未達成」かが表示されるようになります。

欲しい関数の説明がどんぴしゃで出てきました。ChatGPTの出力に黒い領域が追加され、そこに関数が表示されます。プログラムや関数などを表示する際に現れるボックスです。このボックスの中身は、右上の「Copy code（コードをコピー）」ボタンをクリックするとコピーできるます。親切にも、コピーした関数を使うための具体的な操作手順まで教えてくれて楽ちんです。

使いたい関数が分かっているなら使い方を聞く

エクセルの関数を触るのが初めてというのであれば「エクセルの関数って何？」や「Excel関数の便利な使い方を教えて」などとプロンプト入力しましょう。基本から教えてくれます。

使いたい関数がある場合は、「○○関数の使い方を教えてください」とプロンプト入力するのが早道です。もちろんエクセルの関数ダイアログでも「VLOOKUP」関数を調べると説明が出てはきます。しかしあなたが初心者だと、とてもその程度の説明では使い方を理解できないだろうと思います。

そんな初心者であってもChatGPTなら問題ありません。文章で説明した後、構文をボックスで表示してコピペできるようにするなど、分かりやすく教えてくれます。指示はしていないのに具体例まで出てきます。おかげで実際にどのようにソフトを操作をすればよいのかが分かります。

ここでは「VLOOKUP（ブイルックアップ）」関数を使って、製品名と単価を入力してある商品マスターから、売り上げデータを管理する表に、製品名と単価を参照入力させる作業をChatGPTに聞きました（**Prompt3-15-2**）。商品マスターがあるのに、売り上げの表に手入力するのは二度手間ですし、転記ミスをしてしまう可能性があるからです。

Prompt 3-15-2

VLOOKUP関数の使い方を教えてください

Output 3-15-2

VLOOKUP関数はExcelの非常に便利な関数で、ある表から特定の情報を検索して取得することができます。

VLOOKUP関数の基本的な構造は次のようになります：

```excel
=VLOOKUP(lookup_value, table_array, col_index_num, [range_lookup])
```

ここで各パラメータの意味は以下の通りです：

1. `lookup_value`：検索したい値。これは検索テーブルの最初の列に存在する値でなければなりません。
2. `table_array`：検索したい範囲またはテーブル。
3. `col_index_num`：`lookup_value`に対応する値を取得する列の番号。1から始まります（検索列が1）。
4. `range_lookup`：これはオプションで、TRUEかFALSEを指定します。TRUEの場合（または指定しない場合）、VLOOKUPは「近似」一致を返します。FALSEの場合、VLOOKUPは「完全」一致を返します。

例えば、A列に製品ID、B列に製品名、C列に価格が記録された表があるとしましょう。ある製品IDに対応する製品名を取得したい場合、次のようなVLOOKUP関数を使うことができます：

上記の式では、D1セルに指定した製品IDをA:Cの範囲で検索し、対応する製品名（2番目の列の値）を返します。FALSEは完全一致を指定しています。

手持ちのエクセル表に教えられた通り関数を入力します。ここではタブ「sheet1」に商品マスターの表を入力してあります（図3-5-3）。sheet2に入れた注文実績の表の注文番号からVLOOKUP関数で製品名と単価を自動入力しています（図3-5-4）。

図3-15-3　sheet1に番号と商品名、単価を一覧した商品マスター表が入力済

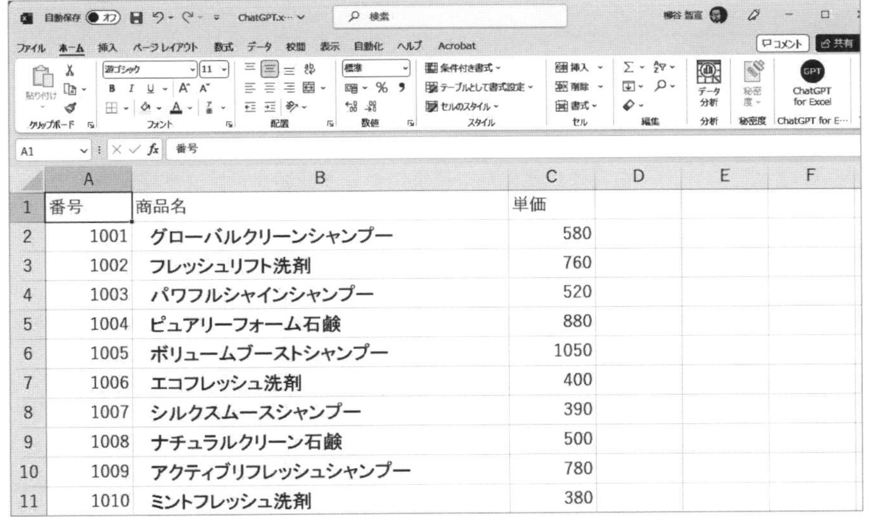

番号	商品名	単価
1001	グローバルクリーンシャンプー	580
1002	フレッシュリフト洗剤	760
1003	パワフルシャインシャンプー	520
1004	ピュアリーフォーム石鹸	880
1005	ボリュームブーストシャンプー	1050
1006	エコフレッシュ洗剤	400
1007	シルクスムースシャンプー	390
1008	ナチュラルクリーン石鹸	500
1009	アクティブリフレッシュシャンプー	780
1010	ミントフレッシュ洗剤	380

図3-15-4　sheet1に入力された日付と注文製品番号のリストに、VLOOKUP関数を使って製品名と単価を自動入力する

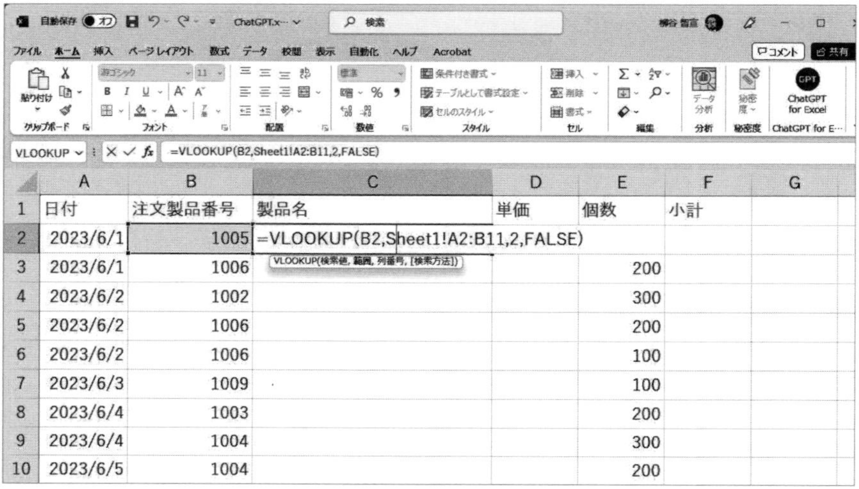

VLOOKUP　=VLOOKUP(B2,Sheet1!A2:B11,2,FALSE)

	A	B	C	D	E	F	G
1	日付	注文製品番号	製品名	単価	個数	小計	
2	2023/6/1	1005	=VLOOKUP(B2,Sheet1!A2:B11,2,FALSE)				
3	2023/6/1	1006			200		
4	2023/6/2	1002			300		
5	2023/6/2	1006			200		
6	2023/6/2	1006			100		
7	2023/6/3	1009			100		
8	2023/6/4	1003			200		
9	2023/6/4	1004			300		
10	2023/6/5	1004			200		

VLOOKUP(検索値, 範囲, 列番号, [検索方法])

3-16 エクセルのグラフをイメージぴたりに

►まとめ
① データの種類と見たい結果に対して適切なグラフを提案させる
② エクセルの操作手順も教えてくれる
③ 他のソフトに関しても同じ要領でヘルプを探せる

他にもエクセルの活用に関していろいろな質問が可能です。例えば、売り上げをまとめた一覧表を元に、販売状況を分析するケースを考えましょう。普通ならどんなグラフにするのか、どうやってグラフにするかは自分で決める必要があります。円グラフに棒グラフ、散布図、ヒストグラム、さらには複数グラフの組み合わせなど、何を使えばいいのでしょうか？　ChatGPTに表の内容と、自分が何を見たいのかを聞いてみましょう（**Prompt3-16-1**）。

Prompt 3-16-1

以下の列がある表をグラフにします。利益をわかりやすく把握したいのですが、どんなグラフにすればよいですか？

＃＃＃列
販売日、番号、取引先、商品番号、商品名、販売価格、個数、原価、売上金額、粗利

Output 3-16-1

利益をわかりやすく把握するためには、時系列に沿って利益の変化を視覚化することが重要です。そのため、販売日を横軸に、粗利（売上金額から原価を引いた値）を縦軸にとる折れ線グラフが適しています。

以下の手順に従ってグラフを作成できます。

1. 販売日を横軸に、粗利を縦軸にする折れ線グラフの軸を用意します。
2. 列データから各販売日ごとの粗利を計算します。粗利は「売上金額 - 原価」という式で求められます。
3. 販売日を時系列順に並べます。
4. 各販売日における粗利をグラフ上にプロットします。各データポイントを折れ線で結びます。
5. 必要に応じて、軸の目盛りやグラフのタイトル、凡例（利益に関連する要素を示す）、グリッド線などを追加してグラフを見やすくします。

このような折れ線グラフを作成することで、販売日ごとの利益の推移を一目で把握できます。

図3-16-2　ChatGPTの言う通りにしてグラフを作ってみた

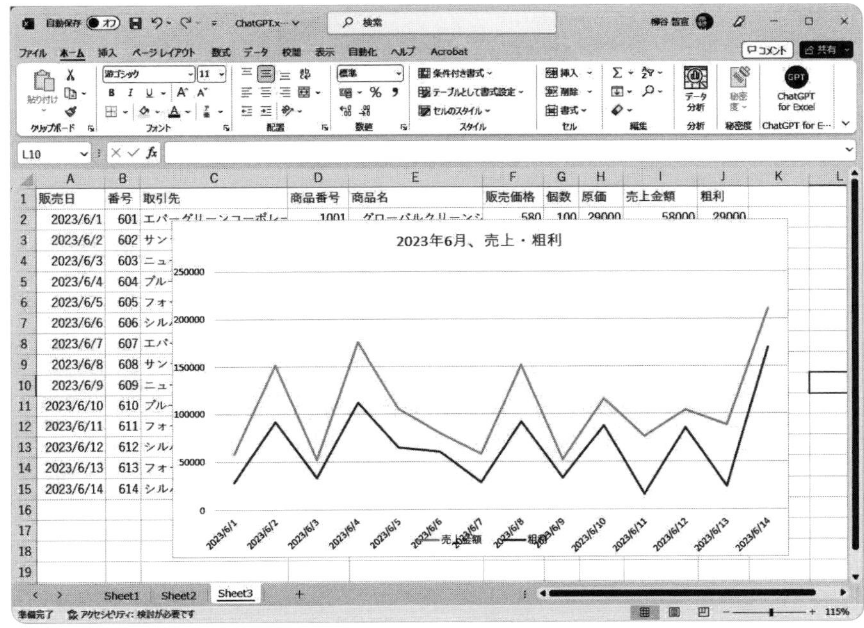

3-17 エクセルで集計データを整形

►まとめ ① ChatGPTに出力させたリストを整形したい
② エクセルでのデータ整形操作自体をChatGPTに説明させる
③ 関数部分はそのままコピペ可能で便利

ChatGPTの出力を自分で整形させることもできます。調査のためのChatGPTに10人分の架空の人物の名前をダミーデータと出力させたところ、そのデータは「桜井 蒼空（さくらい そら）」のような形式になっていました。これをエクセルに貼り付けたうえ、姓名をそれぞれ分離させる整形作業をどうすればよいか、ChatGPTに聞いてみましょう（**Prompt3-17-1**）。

Prompt 3-17-1

ExcelのA2セルに「桜井 蒼空（さくらい そら）」といった人物名が入っています。このデータをB2セルに漢字の名字、C2セルに漢字の名前、D2セルにふりがなの名字、E2セルにふりがなの名前を抽出する関数を教えてください。

Output 3-17-1

以下の関数を使用して、ExcelのA2セルに入力された人物名から漢字の名字、漢字の名前、ふりがなの名字、ふりがなの名前を抽出できます。

B2セル（漢字の名字）には次の式を入力します：

```
=LEFT(A2, FIND(" ", A2) - 1)
```

C2セル（漢字の名前）には次の式を入力します：

```
=MID(A2, FIND(" ", A2) + 1, FIND("(", A2) - FIND(" ", A2) - 1)
```

D2セル（ふりがなの苗字）には次の式を入力します：

```
=MID(A2, FIND("(", A2) + 1, FIND(" ", A2, FIND("(", A2)) -
FIND("(", A2) - 1)
```

E2セル（ふりがなの名前）には次の式を入力します：

```
=MID(A2, FIND(" ", A2, FIND("(", A2)) + 1, FIND("(", A2) -
FIND(" ", A2, FIND("(", A2)) - 1)
```

空白（スペース）や全角のかっこ（「（」と「）」）を検索して文字列を抽出しています。注意点として人物名の形式が一定であることが前提です（図3-17-2）。

図3-17-2　ChatGPTに聞いた通りの方法で、姓名とふりがなが1つになった文字列をエクセル上で分離した。

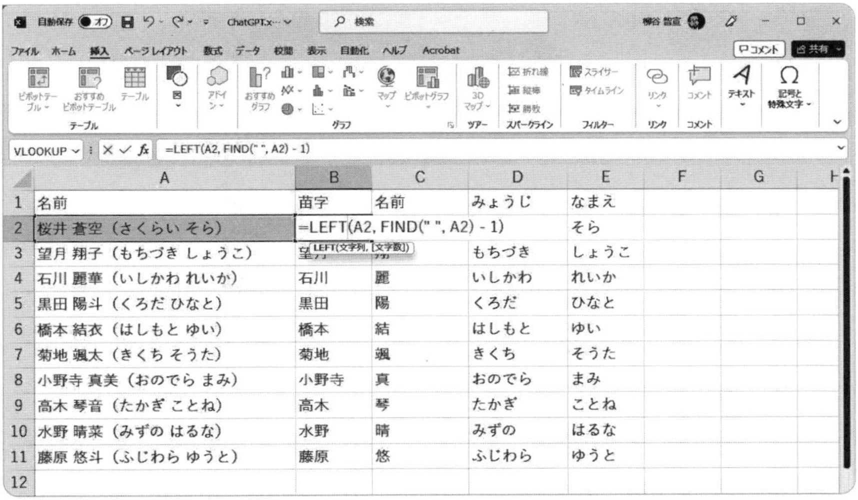

=LEFT(A2, FIND(" ", A2) - 1)

	A	B	C	D	E	F	G
1	名前	苗字	名前	みょうじ	なまえ		
2	桜井 蒼空（さくらい そら）	=LEFT(A2, FIND(" ", A2) - 1)			そら		
3	望月 翔子（もちづき しょうこ）	望月	翔	もちづき	しょうこ		
4	石川 麗華（いしかわ れいか）	石川	麗	いしかわ	れいか		
5	黒田 陽斗（くろだ ひなと）	黒田	陽	くろだ	ひなと		
6	橋本 結衣（はしもと ゆい）	橋本	結	はしもと	ゆい		
7	菊地 颯太（きくち そうた）	菊地	颯	きくち	そうた		
8	小野寺 真美（おのでら まみ）	小野寺	真	おのでら	まみ		
9	高木 琴音（たかぎ ことね）	高木	琴	たかぎ	ことね		
10	水野 晴菜（みずの はるな）	水野	晴	みずの	はるな		
11	藤原 悠斗（ふじわら ゆうと）	藤原	悠	ふじわら	ゆうと		
12							

3-18 壁打ち問答で事業計画を練り上げる

►ポイント
① シンプルな問いかけから始めてよい
② 改善策や改良点を考えさせ、それをプロンプトに入力する
③ 最終的には事業計画書やプレゼン・スライドのたたき台まで作れる

これまで見てきたようにChatGPTは分析もアイデア出しもしてくれます。要約もできますし、むちゃ振りにも対応しますし、議事録も作成してくれます。

実は、ビジネスの相談相手にもピッタリなのです。中小企業の経営者なら、一度このプロンプトを使うと、はまってしまうこと請け合いです。今回は海底熟成ウイスキー「トゥールビヨン」の製造・販売事業を拡大するための計画づくりを、ChatGPTに手伝わせます。トゥールビヨンはスコットランドから輸入したウイスキーを瓶ごと海底に長期間放置し、熟成させてから販売するという事業で、著者が2018年から実際に手掛けています。

まずはシンプルな事業分析から

まずはシンプルに事業の分析をしてもらいます。人間相手なら、きちんとしたプレゼン資料が必要になるのに、ChatGPTであれば超シンプルな1文だけでOKです。ChatGPTも情報を持っていない内容なのに、強みと弱みを3つずつあげてくれました（Prompt3-18-1）。

Prompt 3-18-1

海底で熟成したウイスキーを通信販売しようと思います。この事業の強み弱み、などを分析して下さい。

Output 3-18-1

強み：

ユニークな商品：海底で熟成したウイスキーはその独特のプロセスから一般的なウイスキーよりもユニークな特徴や風味を持っている可能性があります。これは、商品の差別化とブランドイメージの強化に寄与します。

物語性とロマンチックさ：～略

高品質と独自の熟成環境：～略

弱み：

プロダクションと物流の課題：海底でウイスキーを熟成させるためには、専用の施設や設備が必要です。また、熟成期間中は商品が海底にあるため、出荷や在庫管理などの物流上の課題も生じます。これにより、生産量や販売効率に制約が生じる可能性があります。

高コスト：海底で熟成するためには、特殊な設備や技術が必要です。これらの要素は高コストにつながる可能性があります。また、商品を保護するための適切なパッケージングや輸送手段も必要です。これらのコストは、製品価格に反映されるため、競合他社と比較して高価になる可能性があります。

限定的な需要:海底で熟成したウイスキーは、一部のウイスキーファンやコレクターに向けたニッチな商品です。一般の消費者にとっては、価格や理解度の面でハードルが高いかもしれません。そのため、需要が限定的である可能性があります。

「ユニークな特徴や風味」、そして「ロマンチック」というキーワードはばっちりの内容です。「ChataGPT、キミは我々の商品開発会議に参加していたのか？」と思ったほどで、ちょっと背筋が凍りました。

弱みは耳が痛いですね。プロダクションと物流の課題はその通りです。また確かに高コストなので、商品価格も上がります。高付加価値商品として販売していますが、幸いなことにファーストロットは完売しました。しかし今後販売数を増やしていこうと考える場合、3番目に指摘された「限定的な需要」という弱みが刺さります。確かに、現状で海底熟成ウイスキーという市場自体はありません。価格も安くはないですから需要も限定的でしょう。

ということで、弱み3について解決したいと質問してみましょう（Prompt3-18-2）。

Prompt 3-18-2

弱み1、すでに海底に設備を設置済みです。弱み2、高付加価値の高価格商品と位置付けています。今のところ、競合他社はいません。弱み3は確かにそうですね。どうすれば解決できますか？

Output 3-18-2

弱み3である需要の限定性を解決するために、以下のアプローチを検討することができます。

ターゲット市場の拡大：ウイスキーの愛好者やコレクターに加えて、一般の消費者層にも商品をアピールする方法を模索しましょう。例えば、商品の物語性やロマンチックな要素を強調したマーケティングキャンペーンを展開することで、広い層に対して魅力的な製品として認知させることができます。

教育と情報の提供：～略
プレミアム体験の提供：～略
コラボレーションやパートナーシップの構築：～略

出力にはマーケティングキャンペーンやWebサイトでの教育、プレミアムイベントへの招待、コラボレーションといったお金がかかりそうな施策が並びました。「一般の消費者向け」の「マーケティングキャンペーン」はなるほど理にかなってはいますが、そこまでの規模のマーケティング予算は当社にありません。ChatGPTに予算の指定をしていませんからこういう回答が出るのは仕方ありません。気持ちを切り替えてもう少し小さいスタートを希望します（Prompt3-18-3）。

Prompt 3-18-3

どれもコストが大きい施策ですね。中小企業なのでもう少し、小さくスタートできませんか？

Output 3-18-3

確かに、上記の施策はいくつかコストがかかるものも含まれています。中小企業としては、小さくスタートしてコストを抑えながら需要を拡大することが重要です。以下に、より小規模な施策を提案します。

マイクロターゲティング:高付加価値の商品であるため、まずは特定のウイスキーファンやコレクターに焦点を絞ったマーケティングを行いましょう。ウイスキー愛好者向けのイベントやウイスキークラブへの参加、関連するオンラインコミュニティへの積極的な参加など、ターゲット市場に直接アプローチすることで、関心を集めることができます。

ソーシャルメディアを活用：～略
オンラインストアの開設：～略
サンプリングやテイスティングイベント：～略

現実的な施策提案が出てきました。プロンプト構築スキルとかではなく、人間としてのコミュニケーション能力の方が重要になりそうです（Prompt3-18-4）。

Prompt 3-18-4

オンラインストアは開設済みです。SNSも開設しましたが、どうやってブランドの知名度を上げますか？　インフルエンサーはコストの面で利用できません。

Output 3-18-4

インフルエンサーマーケティングを利用できない場合でも、以下の方法を活用してブランドの知名度を上げることができます。

高品質なコンテンツの提供：魅力的なコンテンツを作成し、定期的に更新してください。ウイスキーの知識や熟成プロセスに関する情報、製品のストーリーや背景、独自の味わいに焦点を当てた記事やビデオなど、消費者が興味を持つ可能性の高い情報を提供しましょう。

インタラクションとエンゲージメント：～略
ハッシュタグの活用：～略
ウイスキーコミュニティへの参加：～略
オンライン広告の活用：～略
コンテストやプロモーションの実施：～略

こうした会話を繰り返し、気になるところを深掘りし、元の話題に戻ってアイデアを出し直したりして、自由に壁打ちをしましょう。何の文句も言わず、即レスポンスでブレストに付き合ってくれます。一通り情報が出たと思ったら、議事録にまとめてもらうといいでしょう。事業計画書を作ってくれます（Prompt3-18-5）。

Prompt 3-18-5

ここまでの内容をまとめた事業計画書を作成してください。

Output 3-18-5

1. ビジネスの概要：
 - 海底で熟成したウイスキーの通信販売事業を展開する。
 - 高品質で独自の味わいを提供するウイスキーを製造・販売する。
 - オンラインストアおよびSNSを活用して販売とブランドの知名度向上を図る。

2. 目標市場：
 - ウイスキーファンやコレクターを主なターゲットにする。
 - 独自の商品コンセプトや物語性に魅了される消費者を対象にする。

3. 強み：
 - ユニークな商品：海底で熟成させたウイスキーの提供。
 - 物語性とロマンチックさ：ブランドのストーリーテリングとマーケティング。
 - 高品質と独自の熟成環境：海底の安定した環境と特殊な影響。

4. 弱み：
 - プロダクションと物流の課題：物流管理と在庫管理の最適化。
 - 高コスト：コスト削減策の検討と効率的な生産プロセスの確立。
 - 限定的な需要：ターゲット市場の拡大と需要の喚起策。

5. マーケティング戦略：
 - ソーシャルメディアを活用した情報発信とエンゲージメントの促進。
 - 高品質なコンテンツの提供とウイスキーコミュニティへの参加。
 - オンライン広告の活用とターゲット市場へのリーチ。

6. 販売戦略：
 - オンラインストアを中心に販売を行う。
 - ウイスキーフェスティバルやテイスティングイベントへの参加。
 - コンテストやプロモーションの実施。

7. コスト管理：
 - 初期の小規模スタートでのコスト最適化。
 - 生産プロセスの効率化と物流管理の最適化。
 - コスト効果の高いマーケティング手法の選択。

8. 成長戦略：
 - 需要の拡大と競争力強化を目指す。
 - ターゲット市場の拡大と新たな需要層の開拓。
 - 徐々に事業を拡大し、ブランドの認知度を向上させる。

最期に事業計画書を基に投資家向けプレゼン資料のたたき台を作ってもらいました。これをたたき台を使えば、プレゼン資料も簡単に作れますね（Prompt3-18-6）。

Prompt 3-18-6

ここまでの内容で、投資家に対するプレゼン資料を作ってください。1億円の出資を求めています。

Output 3-18-6

スライド1：カバーページ
タイトル：海底で熟成したウイスキーの通信販売事業における投資機会
会社名またはブランドロゴ
日付

スライド2：イントロダクション
ご挨拶と感謝のメッセージ
投資家の皆様への導入

スライド3：ビジネスの概要
海底で熟成したウイスキーの通信販売事業に特化した会社
ユニークな商品と競争力の強み
目標市場とターゲット顧客の紹介

スライド4：市場の潜在性
ウイスキー市場の成長トレンドと需要の拡大
高品質な特殊な熟成プロセスが需要を喚起する理由
ターゲット市場のニーズと潜在的な顧客層の説明

スライド5：強みと競争力
物語性とロマンチックさ: ブランドのストーリーテリングとマーケティング
高品質と独自の熟成環境: 海底の安定した環境と特殊な影響
競合他社がまだ存在しないこと

スライド6：マーケティング戦略
ソーシャルメディアとオンラインストアを活用した販売戦略
高品質なコンテンツの提供と顧客エンゲージメントの重要性
オンライン広告とターゲット市場へのリーチ

スライド7：販売戦略
オンラインストアを中心とした販売手段
ウイスキーフェスティバルやテイスティングイベントへの参加
コンテストやプロモーションの実施

スライド8：ビジネスモデルと収益見通し
商品価格設定とマージンの説明
販売予測と成長見込み
収益の見通しと投資回収の計画

スライド9: 資金調達の目的と使途
資金調達の目的と投資家への期待
資金の主な使途と投資効果の具体的な説明

スライド10: 投資要件とリターン
投資金額と所有権の割合
リターンの見通しと投資のリスクとリターンのバランス

スライド11: 経営チームの紹介
経営陣と主要メンバーの紹介
業界経験と専門知識のハイライト

スライド12: まとめとアクション呼びかけ
ビジネスの概要と魅力の再確認
投資への参加を呼びかけ
質疑応答の時間を設ける旨を伝える

3-19 AIでプロンプトをブラッシュアップ

► まとめ
① プロンプト自体を改良させるプロンプトを設定
② 繰り返し改善できるように設定する
③ 元の情報が少なければ数回で改善は止まる

ChatGPT使いこなしのポイントはプロンプトの作り方にあります。「プロンプトエンジニアリング」などと呼ぶこともありますが、それほど複雑ではありません。これまで解説してきたように、役割やふるまい、事前情報をインプットしてから問いかけ、答えに対して質問や解決策の提示を求めていくことを繰り返すことで、精度を高めていけます。

実はこの手順自体を、ChatGPTに適用すると、プロンプトをブラッシュアップして効率的にしていくこともできます。ここでは例として、「ワインの飲み方についてのブログを書く」ことを目的にプロンプトを作っていきましょう。

まずはそのまま入力してみます（Prompt3-19-1）。

Prompt 3-19-1

ワインの飲み方についてブログを書いてください。

Output 3-19-1

タイトル: ワインの飲み方の基本ガイド

イントロダクション:

ワインは、その美味しさや香り、豊かな歴史から世界中で愛されるお酒です。しかし、ワインの飲み方にはいくつかのルールやテクニックがあります。このブログ記事では、ワインを最大限に楽しむための基本的な飲み方のガイドを紹介します。

イントロからはじまり、ワインの選び方から、食事との相性まで6セクションのガイドを書いてくれました。文字数は全部で990文字です。セクションが少し説明っぽかったので、「それぞれのセクションの本文も書いてください」と追加で指示し、本文も書いてもらいました。すると、合計で1806文字のブログが完成しました。

間違えやすいポイントですが、ワインの香りのことを「匂い」ではなく、「香り」と書いているのが流石です。このままでも問題のないレベルですが、ChatGPTにプロンプトをブラッシュアップしてもらいましょう。

指定したプロンプトをより詳細な出力を得られるようにブラッシュアップするように指示し、プロンプトそのものには回答をしないようにします（Prompt3-19-2）。

Prompt 3-19-2

以下に示す＃＃＃プロンプトを分析し、より詳細な回答を得られるように改善したプロンプトを作成して出力してください。プロンプトに回答する必要はありません。

＃＃＃プロンプト
ワインの飲み方についてブログを書いてください。

Output 3-19-2

＃＃＃プロンプトの改善版

ワインの飲み方について、専門的な知識を持ったブロガーが、詳細なガイドやヒントを提供してください。ワインの種類や選び方、適切なサービング温度、グラスの選び方、デキャンタージュの方法、飲み順の提案、フードペアリングのアイデアなど、読者がワインを最大限に楽しむための情報を提供してください。また、

ワインの保存方法や購入の際の注意点、ワインに関連する基本的な用語の説明なども役立つでしょう。あなたの知識と経験を活かして、ワイン愛好家や初心者に向けた魅力的なブログ記事を執筆してください。

ものすごく詳細なプロンプトですね。このままChatGPTに入力してブログを書かせてみたらセクションは7つに増え、文字数も1309文字となりました(**Prompt3-19-3**)。タイトルは「ワインの飲み方の基本ガイド」から「ワインの飲み方ガイド：知識とテクニックでワインを最大限に楽しむ方法」といい感じにキャッチーになっています。

最初のシンプルなプロンプトでは、ワインやグラスの選び方、冷やし方、注ぎ方、香りと味わいの楽しみ方、食事の相性といった内容でしたが、ChatGPTにブラッシュアップさせた最終形のプロンプトでは、デキャンタージュや保存方法、用語の説明などもされていました。

さらに「それぞれのセクションの本文も書いてください」とお願いしたところ、なんと4826文字もの大作が出力されました。一通り読みましたが、教科書的な内容で問題はなさそうです。生成する文字数が多いので何度もストップしましたが、そのたびに「Continue Generating」をクリックすれば続きを生成します。

ブログの文字量としては十分です。この作業を10回も繰り返せば、単行本の文章量でも生成してくれそうですね。

Prompt 3-19-3

ワインの飲み方について、専門的な知識を持ったブロガーが、詳細なガイドやヒントを提供してください。ワインの種類や選び方、適切なサービング温度、グラスの選び方、デキャンタージュの方法、飲み順の提案、フードペアリングのアイ

Output 3-19-3

【タイトル】ワインの飲み方ガイド：知識とテクニックでワインを最大限に楽しむ方法

【イントロ】
ワインの世界は広大で魅力的ですが、初心者にとっては少し overwhelming（圧倒的）なものかもしれません。

中略

【セクション1: ワインの種類と選び方】

ワインの世界には数多くの種類がありますが、代表的な赤ワイン、白ワイン、ロゼワイン、スパークリングワインに焦点を当てましょう。

第3章 入門編：使いこなしの基本技23

赤ワインは一般的に豊かな果実味やタンニンを持ち、肉料理や濃い味わいのチーズとの相性が良いです。代表的な品種にはカベルネ・ソーヴィニヨン、メルロー、ピノ・ノワールなどがあります。

白ワインは軽やかでフレッシュな味わいが特徴であり、魚料理やサラダ、白身肉

改善されたプロンプトを再び同じ処理にかければ、もっと改善されると思いますか？　その通りです。数回であればブラッシュアップされる可能性があります。

自分で出力をコピー&ペーストしてもいいのですが、これもChatGPTのプロンプトで対応できます。出力した後に、続行するかどうかを尋ねるように指示し、さらに改善が必要なら、同じ処理を繰り返すように命令できるのです（Prompt3-19-4）。

なお、ユーザーは何も情報を追加していないのですから、2〜3回でクオリティーの向上は頭打ちになることが多いでしょう。無駄に繰り返しても、意味はないので注意が必要です。

Prompt 3-19-4

以下に示す###プロンプトを分析し、より詳細な回答を得られるように改善したプロンプトを作成して出力してください。プロンプトに回答する必要はありません。

###プロンプト
ワインの飲み方についてブログを書いてください。

出力後、私にさらに改善するか、終わるか聞いてください。「改善」と私が答えたら、出力したプロンプトを改善してください。

OUTPUT 3-19-4

改善したプロンプト：

「ワインの飲み方について、あなたがワインを楽しむ上で大切にしている要素やアプローチについてブログを書いてください。

中略

読者があなたのブログからワインを楽しむためのヒントやインスピレーションを得られることを期待しています。」

改善しますか、または終わりですか？

PROMPT 3-19-5

改善

Output 3-19-5

改善したプロンプト：

「ワインの飲み方について、あなたが最も心地良いと感じるワイン体験についてブログを書いてください。その特別なワイン体験がどのような要素や要因によって生まれたのか、詳しく教えていただけますか？例えば、そのワインの味わいや香りについて感じる印象や感動、ワインとの出会いや選び方に関するエピソード、そのワインを楽しむ際に特に大切にしているポイントなどをお話しいただけると

中略

次に進みますか、それとも終了ですか？

3-20 AIのアドバイスで物語を書く

► まとめ
① プロンプト自体をChatGPTに改善させながら進める
② プロンプトの改良案とその案の改善アドバイスを同時に出力
③ 1回目の出力をそのまま2回目の入力にして改善サイクルを回す

3-19節（p.119）で見たようにChatGPT自体にプロンプトを生成させたり、改良したりする手法は様々な応用が効きます。本来的には入力するプロンプトを考えることこそ人間の仕事です。思考の飛躍が試される生成AIの面白い部分でもあります。

しかし一方でChatGPTにこの作業を任せると、自分であまり考えなくても生成物ができるという不思議な体験ができます。とっぴなアイデアは生まれませんが、及第点を狙う優等生的なプロンプトを生み出してくれます。

基本は簡単。作りたいプロンプトのテーマや目的を入力し「より深い情報が得られるようなプロンプトを考えてください」と書けばいいのです。これだけでも、そこそこの改良が得られますが、さらに良くするためにはどうすればいいのかのアドバイスももらいます。こうすれば裏技というか、ChatGPT使いなら王道の手が使えます。こちらへのアドバイスをそのままChatGPTに突き返すのです。こうすると、プロンプト改良の精度をさらに上げていけます。

ChatGPTに小説を書かせる

業務からはちょっと離れますが、ChatGPTの可能性を感じるプラクティスとして、「物語」を書いてみることにします。

ここでは「ボーイミーツガールタイプの小説を書いてください」というプロンプトを出発点にしてみました（**Prompt3-20-1**）。本来、これだけでは情報がなさすぎてどうしようもないはずですが、ChatGPTはある程度形にしたプロンプトを作り、さらにアドバイスをくれます。これをもう一度入力し、改良してもらったうえで、さらにアドバイスをもらっていきます。

Prompt 3-20-1

あなたはプロのプロンプト作成職人です。

私が考えたChatGPTに入力するための＃＃＃プロンプトを、職人としてより深い情報が得られるように改良してください。その際、＃＃＃修正点として、変更を加えた情報を箇条書きで教えてください。その後、ChatGPTに入力すべき改良したプロンプトを教えてください。最後に、さらにいいプロンプトにするために、追加するべき内容を教えてください。

＃＃＃プロンプト
ボーイミーツガールタイプの小説を書いてください。

Output 3-20-1

＃＃＃修正点
「ボーイミーツガール」の小説の範囲が非常に広いため、その具体的な設定や背景を定めます。例えば、ストーリーが進行する時間や場所、キャラクターの特性などが詳細に描写されるほうがより良い小説になります。

登場人物の名前や性格、過去の経験など、キャラクターの背景情報を追加します。

中略

＃＃＃改良したプロンプト
未来の都市を舞台にしたボーイミーツガールタイプの小説を書いてください。主人公はジェイクという名前の青年で、彼は思慮深く、科学に深い興味を持ってい

中略

＃＃＃追加するべき内容
ジェイクとエマが最初に出会ったVRギャラリーについての詳細な描写を追加してください。その場所が彼らにどのような影響を与え、なぜそれが彼らの関係を

1回目の改良したプロンプトとアドバイスをまるまる2回目に入れ、さらに改良されたプロンプトとアドバイスをまるまる3回目に入れてみたところ、987文字の改良プロンプトが得られました。なぜか、アドバイスがなくなりました。必要がなくなったと判断したのでしょうか。もちろん、アドバイスが抜けていると指摘すれば、普

通に追加してくれます。

今回はここで終了し、新たなチャットを開始し、生成されたプロンプトだけを入力してみました。あっという間に2084文字、5章立ての小説が生成されました。「ボーイミーツガールタイプの小説を書いてください」だけの入力を出発点にChatGPTによる繰り返しのプロンプト改良で生成された小説を、ChatGPTに要約してもらったあらすじが以下です（Output3-20-2）。

OUTPUT 3-20-2

未来の都市を舞台に、ジェイクとエマという二人の若者の出会いと成長を描いた物語です。ジェイクは科学に興味を持ち、エマはアートに情熱を燃やしています。彼らが出会ったのはVRギャラリーで、そこでお互いの興味を共有し、関係を深めていきます。ジェイクは理論の証明に挫折、エマは社会の制約や批判に直面しますが、その困難を通じて成長し、互いに影響を与え合います。ジェイクは科学的な思考を超えたエマの創造的な視点を取り入れ、エマもジェイクの論理的なアプローチを学びます。彼らの関係は恋愛に発展し、お互いを受け入れながら、幸せな未来を築いでいきます。

いかがでしょうか。VRギャラリーというのが今っぽくていいですね。科学者と芸術家が困難を乗り越え、お互いの思考を取り入れて成長し、ハッピーエンドなんて最高です。性別は逆ですが、映画「コンタクト」のジョディ・フォスターとマシュー・マコノヒーをほうふつとさせますね。もちろん、この文字数なので、あらすじだけという感じですし、会話もありませんが、普通に読みたくなるストーリーです。これを下敷きにすれば著者にも小説が書けそうです。

長編小説は難しいがブログやまとめ原稿くらいなら……

もちろん、1章分の出力だけをプロンプトに入れて引き伸ばしたり、登場人物のセリフを考えてもらったりは可能です。ですが今のところトークン数の制限で、書籍1冊分を丸ごと処理させることはできません。分割して処理することは可能ですが、物語中で矛盾が発生したり、繰り返しの内容になったりするため、クオリティーは上がりません。手軽に価値のある出力が無料で手間をかけずに得られる、とは思わない方がよいでしょう。

とはいえ、ビジネス的な内容や世の中に知見が多い情報について今回のプロンプトを適用すると、ブログ1本分くらいの原稿は書けてしまいます。試しに「ビジネスパーソンの時間管理術」というプロンプトをブラッシュアップしてみました。またもや、3回目でアドバイスがなくなったので、改良プロンプトを入力したところ、新入社員向け、起業家向け、中小企業の経営者向けに、それぞれ3つずつの時間管理術を挙げて、詳細な説明も付いた文章ができあがりました。目新しい内容はありませんが、確かに実行すべき内容をしっかりピックアップしています。利用すべきツール名もありました。皆さんも興味のあるトピックを入れて3回ブラッシュアップしてみてください。ChatGPTの真の実力を垣間見られるでしょう。

3-21 イベント告知用イメージ画像を作る

►まとめ
① イメージ画像程度ならMidjourneyで十分
② 有料契約で商用利用権を確保
③ プロンプトはChatGPTに作らせる

社内向けのプレゼン資料や小規模なイベントの告知や集客のためにチラシやポスターを作るときに困るのが「イメージ画像」です。著者も経営する「原価BAR」のイベントの告知のために宣伝ブログを書いたりしますが、そのときに使うイメージ画像にいつも困っています。プロに制作を依頼する金銭的な余裕があればよいのですが、小さなイベントの告知だったりすると予算も限られます。

最近はネットに無料で使えるデザインサービスもあるので、素人でもそこそこのデザインのポスターやチラシは作れます。しかし、問題は画像です。自分で撮るのはクオリティーが心配ですし、肖像権も面倒なところです。フリー素材サイトを利用する手もありますが、ネットでよく見る画像を使うのも避けたいかもしれません。

画像生成AI「Midjourney」はこうした問題を解決します。イメージカットのレベルでよければ、十分使える画像がすぐに生成できます。有料プランの契約で生成画像の商用利用も可能になります。

Midjourneyのプロンプトは ChatGPTに作らせる

Midjourneyも ChatGPTと同じく、単語を並べたプロンプトから映像を生成します。とはいえ、慣れていないとなかなか狙ったような映像が出てきません。そこで、MidjourneyのプロンプトをChatGPTに考えさせます。ここでは写真のようなイメージ画像をMidjourneyで作るためにChatGPTにプロンプトを作らせます。欲しいのは若い日本人のビジネスパーソンのイメージです(Prompt3-21-1)。

Prompt 3-21-1

画像生成AIに入力するプロンプトを###条件を元にして詳細に描写し、英語で出力してください。

###条件

若い日本人のビジネスパーソン
自信ありげに笑っている
ビジネス街
高画質、写真

Output 3-21-1

Please generate a high-quality, photo-realistic image of a young Japanese business professional confidently smiling in a bustling business district. The individual should be dressed in a stylish, professional attire, such as a well-

出力された文章をMidjourneyに入力してイメージ画像を生成しましょう。幾つか表示される中から欲しいものを選びます。イメージに合う画像が出るまで条件を追加してプロンプト生成し直すトライ＆エラーが大事です（**Prompt&Output3-21-2**）。

Prompt & Output 3-21-2

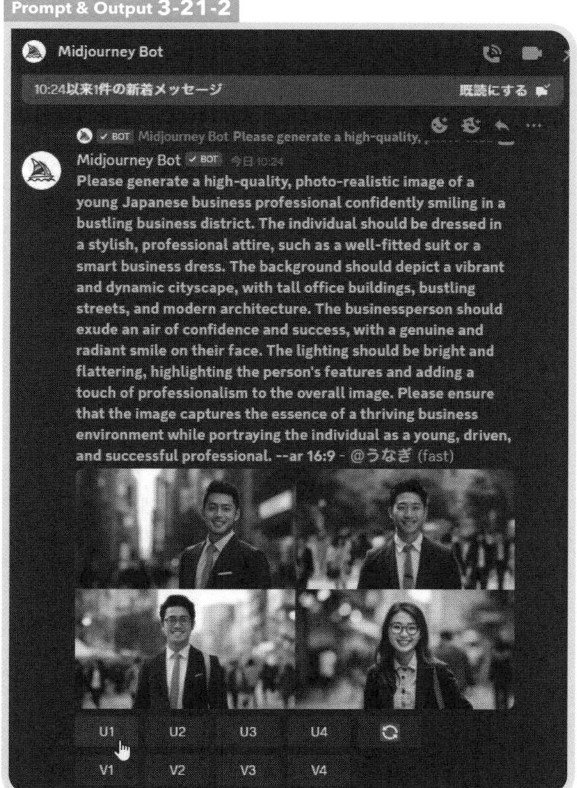

図3-21-3　出来上がった画像をデザインツールのテンプレートに差し込むだけで告知バナーができました

3-22 プレゼンを彩るイラストを用意

►まとめ
① Niji Journeyならイラストも作れる
② 画風をプロンプトに織り込む
③ 複雑な概念をイラスト化するのは難しい

Midjourneyは写真のような画像以外も生成できます。「Niji（にじ） Journey（ジャーニー）」描画モデルを使えば手書きふうからCGっぽい絵まで様々なタイプのイラストが描けます。プレゼンで使うちょっとしたイラストがオリジナルだとカッコいいですよね。

内容の指示に加えて、「illustration」や「diagram」、「a simple and flat design」といった単語を並べるとイメージ通りに仕上がりやすくなります。実はそれ以外にも様々な使いこなしのコツがあるのですが、最初のうちはChatGPTにプロンプトの作成をお願いする方が簡単です。

テンプレートを使い回して効率化

文章だけのChatGPTと違って、画像生成AIでは狙い通りの結果がなかなか得られません。結果が得られるまでプロンプトを何度も作り直すことになるので、テンプレートを使い回しましょう。ここでは、セキュリティーブログに挿入するイメージとして、サイバー犯罪者のイメージイラストを作ってみました（**Prompt3-22-1**）。

Prompt 3-22-1

画像生成AIに入力するプロンプトを＃＃＃条件を元にして簡潔描写し、英語で出力してください。

＃＃＃条件
説明イラスト、図解
見やすいシンプルなフラットデザイン
サイバー犯罪者がPCを操作している
コミカルに

Output 3-22-1

Generate a clear and visually appealing illustration or diagram, using a simple and flat design, that comically depicts a cybercriminal operating a PC. The focus should be on portraying the cybercriminal in a lighthearted and humorous manner. Please ensure that the design is easy to understand, utilizing playful

まずは素直に「サイバー犯罪者がPCを操作している」とそのまま入力しましょう。実は最初の出力がずいぶんとグロテスクなイメージになってしまったので、「コミカルに」というワードを足して調整してみました。Midjourneyはこんな感じのイラストを出力しました（図3-22-2）。どれもまぁまぁ使えそうです。

ただし、複雑な要素を入れるとハードルが高くなります。例えば、セキュリティー技術の「ファイアウォール」を解説するイラストを作ろうとして、「Firewall」という言葉を入れると、防火壁というイメージから炎が入りがちです。「幸せな家族」と入れると、4人家族と指示しても5〜6人が出力されてしまうのは困ったところです。

図3-22-2　サイバー犯罪者の危険性をイメージするイラストができました

3-23 ゆるキャラマスコットをサクッと

►まとめ ① マスコットキャラなどもNiji Journeyは得意
② キャラの概念やイメージをプロンプトに盛り込む

Niji Journey描画モデルは店舗などで使うイラストやマスコットのゆるキャラのようなものも作れます。ゆるキャラなら、「キャラクターコンセプト」や「○○をモチーフとしたゆるキャラ」などと入力すればよさそうです（Prompt3-23-1）。

Prompt 3-23-1

画像生成AIに入力するプロンプトを###条件を元にして簡潔描写し、英語で出力してください。

###条件
説明イラスト、図解
見やすいシンプルなフラットデザイン
キャラクターコンセプト
人参をモチーフとしたゆるキャラ

Output 3-23-1

"Generate a clear and visually appealing illustration or diagram, using a simple and flat design, that depicts a character concept inspired by carrots as a cute mascot. The character should have a friendly and approachable appearance, with the carrot motif prominently featured. Please ensure that the design is easy

図3-23-2 シンプルですが、いい感じのゆるキャラデザインができました

Column 2

ChatGPT 上級者はプロンプトを英語で入出力

ChatGPT は日本語に対応しており、日本語だけで利用できます。本書でも基本、日本語でプロンプトを書いています。しかし実は ChatGPT を日本語で利用したいときでも、プロンプトを英語で書いた方がよいケースがしばしばあります。

ChatGPT はトークンという単位で、テキストを分割して処理し、文章の構造を理解しています。例えば、「Why are there seven colors of the rainbow?」なら 8 単語と「？」と文章の終わりを示すトークンで、10 トークンとなります。このトークンの消費量が英語より日本語の方が圧倒的に多いという問題があります。

図C2-A 「blue」と「青い」ではトークン数が大きく異なる。オープンAIの「Tokenizer」で比較

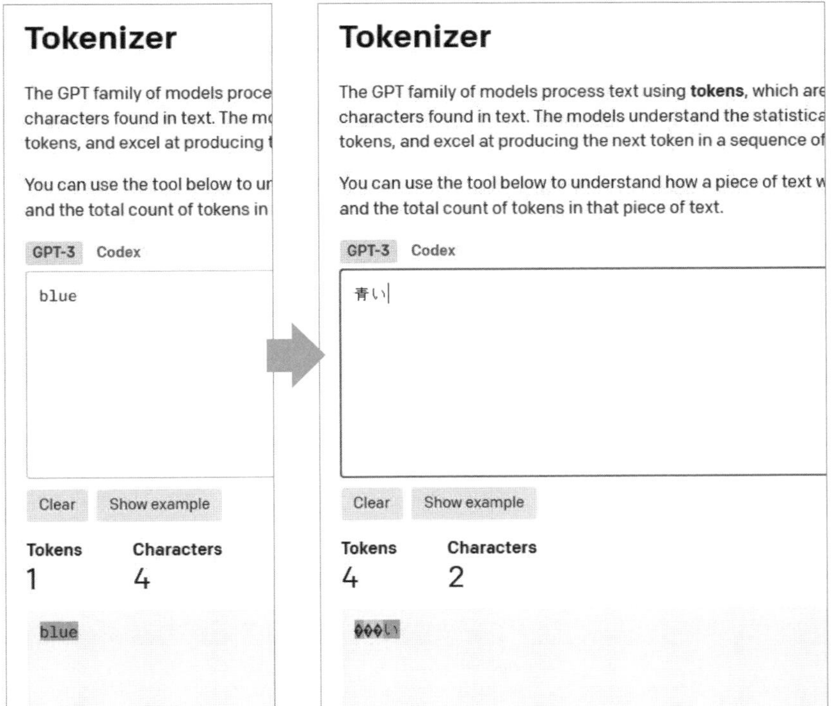

トークンへの変換効率は言語によって異なります。文字列ごとのトークン数はオープン AI が公開している算出サイト「Tokenizer（トークナイザー）」（https://platform.openai.com/tokenizer）で調べられます（図 C2-A）。実際にやってみると、例えば、「blue」は 1 トークンです。しかし、日本語で「青い」

Column 2

だと 4 トークンになってしまうのです。4 文字以下の英単語はだいたい 1 トークンですが、日本語は 1 文字カウントなうえ、1 文字当たり 1 ～ 1 トークンも消費するのです。先ほどの英文を日本語訳した「虹の色が七色な理由を教えてください。」ですが、なんと 29 トークンと英文の約 3 倍にもなってしまいます（図 C2-B）。

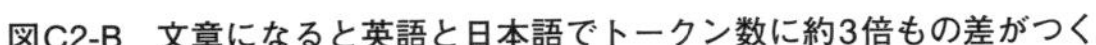

図C2-B　文章になると英語と日本語でトークン数に約3倍もの差がつく

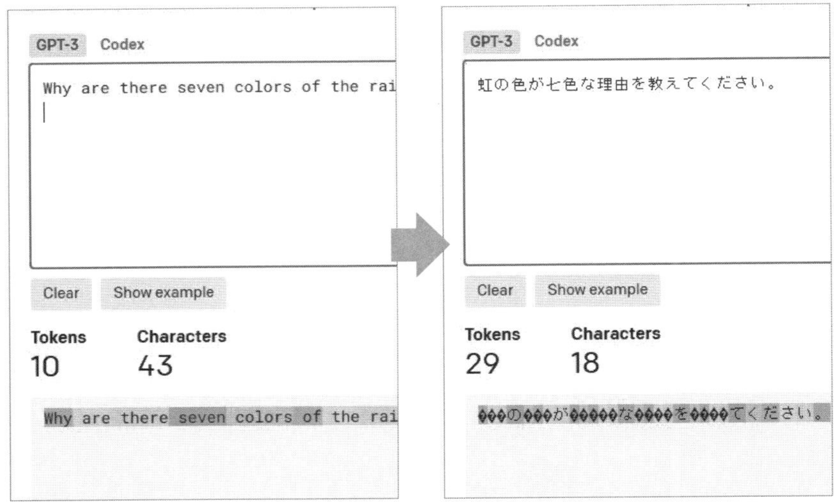

Web 版の ChatGPT や有料の ChatGPT Plus は使い放題ですが、ChatGPT の API は従量課金制です。その料金はやり取りしたトークン数で決まります。入力したプロンプトだけでなく、出力したトークンも対象になります。日本語で使いまくっていると英語と比べて約 3 倍の料金が発生してしまうというわけです。

ChatGPT の API を使っていないなら影響がないか、というとそうでもないのです。もともと、GPT-3.5 を API で使う際のトークン制限は 1 リクエストごとに 4K（4000）トークンでした。ChatGPT でも同じくらいだったようでこれが意外と少なかったのです。日本語だと 3000 文字に満たないことも多く、エラーが頻発していました。大量のトークンを入力で使うと、出力の精度が落ちたり、回答が途中で止まったりも起こりがちでした。

API 経由のトークン数制限は 2023 年 6 月に GPT-3.5 で 4 倍の 16K、GPT-4 では 32K に拡大されましたが、日本語で使う場合はそれでも十分とは言いがたい、また ChatGPT から使った場合の制限は公表されていないので、不安が残ります。

ではどうすればよいのでしょうか？　効率の良い英語をプロンプトに使えばよいのです。

プロンプトはAI翻訳サイトを使って作る

英語が苦手という人も安心してください。今は無料で使える翻訳サイトでもAIの導入でクオリティーがとても向上しました。中でも、「DeepL 翻訳ツール」（https://www.deepl.com/translator）は翻訳精度が高く、人気を集めています。

実際にテストしてみました。過去に執筆した記事2本分8065文字の原稿を要約させようとしたところ、長すぎるとエラーになりました（図C2-C）。そこで、「DeepL 翻訳ツール」で翻訳してみました。なんと1万9337文字になったのですがChatGPTに入力し、要約させると問題なく処理してくれました。日本語で出力させられるので入力のみ翻訳すればいいのです（図C2-D）。

図C2-C　日本語で8065文字の原稿を読み込ませたところ、エラーになった

The message you submitted was too long, please reload the conversation and submit something shorter.

図C2-D　英語に翻訳した19337文字の原稿を読み込ませたところ問題なく要約してくれる。著者はこのような場合、翻訳サイトとChatGPTの2つの画面をタイリングして並べて表示できるVivaldiブラウザーを使っている。

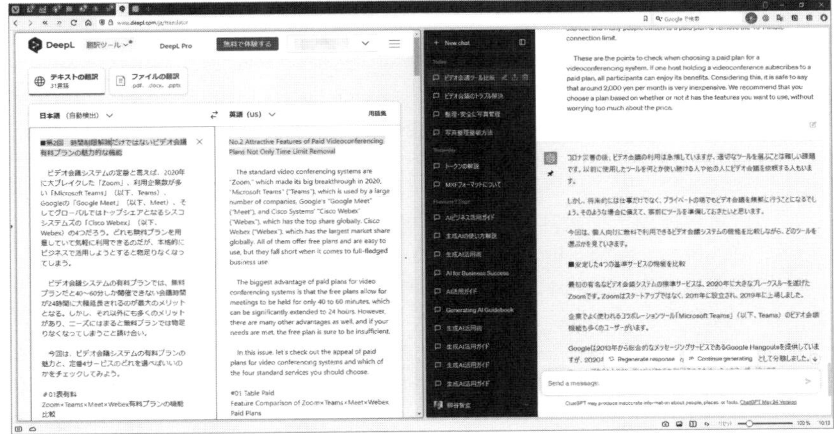

ちなみに、翻訳サイトも無料プランのままだと翻訳できる文字数に制限があることがあります。「DeepL 翻訳ツール」も無料プランだと最大5000文字までとなっています。長文を翻訳する際はテキストを分割して翻訳し、後で結合するとよいでしょう。

Column 2

回答の精度も英語入力の方が高い

さらに、実はトークン数に余裕のある文字数の時でも、プロンプトを英語で入力する方が回答の精度がおおむね高くなります。例えば、「ランチェスター理論について、高校生にわかるように教えてください」という文章を日本語で入力すると、570文字の出力が得られました。しかし、英語で「Please tell me about Lanchester theory in a way that a high school student can understand.」と入力すると2258文字の解説で出力されます。これを「DeepL翻訳ツール」で日本語に翻訳すると962文字でした（図C2-E）。つまり、英語の方がざっくり2倍近い情報が出力されるのです。必ずしも文字数が情報の精度の差と決まっているわけではありませんが、約2倍となると見逃せません。

図C2-E 「ランチェスター理論について、高校生に分かるように教えてください」を英語で聞く
2258文字で答えてくれた。これを翻訳すると日本語のときの答えの約2倍にあたる962文字になった

Model: Default (GPT-3.5)

Please tell me about Lanchester theory in a way that a high school student can understand.

Sure! Lanchester theory is a mathematical model that helps us understand how two sides in a conflict interact and how their strengths affect the outcome of a battle or war. It was developed by Frederick W. Lanchester, a British engineer, during World War I.

The basic idea behind Lanchester theory is that the outcome of a battle depends on two main factors: the size of the opposing forces and their relative effectiveness in combat. In other words, it's not just about how many soldiers or weapons you have, but also how well they can fight

以上の通り、可能であれば、プロンプトは英語で入力するとよい結果が得られます。著者もプロンプトが英語でも問題ない用途では、翻訳ツールの助けを借りつつ、英語プロンプトを使うようにしています。著者が愛用している「Vivaldi」ブラウザー（https://vivaldi.com/ja/）であれば、「DeepL翻訳ツール」とChatGPTの2つのタブをタイリング表示で1画面に並べて使えるので便利です。

第4章
活用編：もっと便利な応用技12

4章では有料の「ChatGPT Plus」とAPI連携を前提に、β機能や他のWebサービス、アプリなどとも組み合わせた活用法をご紹介します。ITツールを使うスキルが必要になり、別サービスの利用料が発生するものもあります。しかしその分、できることはパワフルです。ChatGPTを軸に応用が利く技を集めました。興味をそそられた項目があれば、ぜひチャレンジしてください。驚くこと請け合いです。

⚠ ご注意 ⚠

4章で紹介する事例の多くは無料版ChatGPTでは利用できません。お手元でお試しになる際には、有料のChatGPT Plus契約や従量制のOpenAI API契約を適宜お願いします。

4-1 APIキーとPlaygroundでGPT-4使い放題

キーワード：APIキー・API連携・OpenAI Playground

►まとめ
① 有料のAPI でGPTを外部サービスと連携可能
② 従量制だが、課金制限を設定できて安心
③ GPT-4の時間当たりメッセージ数制限から解放される

ChatGPTはWeb版でチャットAIとして利用するだけでなく、API（エーピーアイ）（アプリケーション・プログラミング・インタフェース）と呼ばれるGPTと外部のサービスと連携する有料の機能を備えています。ChatGPT Plusの契約とは関係なく、オープンAIと別途契約して従量制の利用料金を別途支払う必要があります。

API利用は従量制、だがそこまで高価ではない

料金はGPTのグレードや一度に使える最大のトークンサイズで異なり、GPT-3.5 turbo 4Kならインプット1000トークンごとに0.0015ドル（0.21円、1ドル＝140円換算、以下同）、アウトプット1000トークンごとに0.002ドル（0.28円）となります。GPT-4 8Kだと、インプットが0.03ドル（4.2円）/1Kトークン、アウトプットが0.06ドル（8.4円）/1000（1K）トークンです（原稿執筆時2023年8月時点、**表4-1-1**）。

表4-1-1　GPTシリーズのAPI利用料金（2023年8月時点）

言語モデル	コンテクストサイズ上限	入力1000トークン	出力1000トークン
GPT-4	8K	0.03ドル	0.06ドル
	32K	0.06ドル	0.12ドル
GPT-3.5 Turbo	4K	0.0015ドル	0.002ドル
	16K	0.003ドル	0.004ドル

従量制なので使えば使うほど課金されますが、通常の使い方であればそこまで高額になりません。著者はAPI契約をしてGPT-4をガンガン使っていますが月々の支払は5000円程度です。また従量制なので使わなければ課金はされません。

実はオープンAIのアカウントを作成すると、5ドル(700円)分のAPI利用量の残高をもらえますので、当面はそれで使えます。登録後3カ月が経過するか、クレジットカードを登録した時点で無料分は消えてしまうので、カード登録は5ドルを使い切ってからで十分です。その際に課金額がリミットを超えるとメール通知を受けたり、利用を停止したりする設定ができ、青天井では課金されないので安心してください。

APIを取得したらなくさないようにする

では、APIを利用するための手順を説明してきましょう。

ChatGPT利用のためにオープンAIのアカウント登録が終わっていたら、APIキーを生成できます（図4-1-2）。オープンAIのホームページ（https://platform.openai.com/）にログインしたら、自分のアイコンをクリックし、「View API keys（APIキーを見る）」をクリックします。「Create new secret key（キーの新規作成）」ボタンをクリックすると、ダイアログが開くので、API名を適当に付けて「Create secret key（キーの作成）」ボタンをクリックします。すると、49文字の文字列からなるAPIキーが生成されます。これをコピーしたら「Done（完了）」をクリックします。

図4-1-2　オープンAIのAPIキーを取得する手順

①オープンAIのホームページ（https://platform.openai.com/）にログインし、右上のアイコンから「View API keys」メニューをクリック

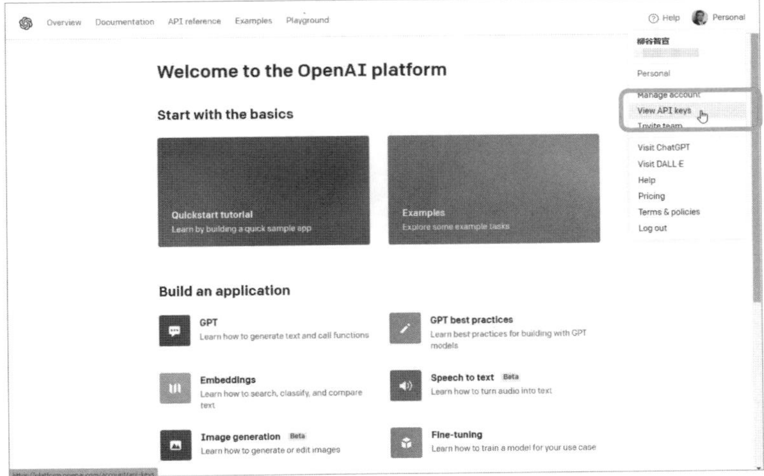

②API keysのページが開くので「Create new secret key」ボタンをクリックし、適切な名前を付けて「Create secret key」ボタンをクリックし、APIキーが生成されたらコピーして「Done」をクリック。

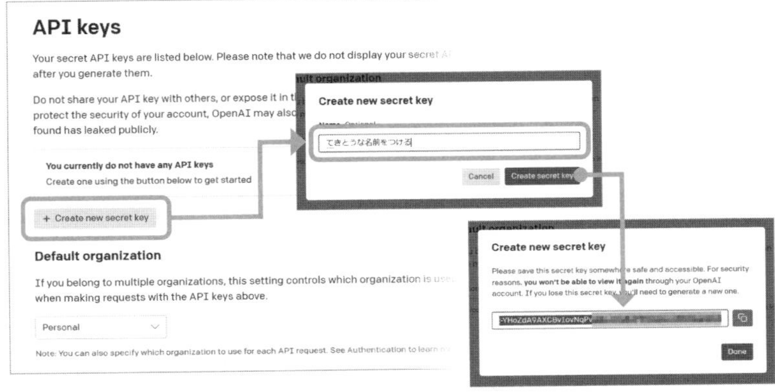

このAPIキーは大切に保存してください。分からなくなった場合は、削除し、再発行します。その際は、設定済みの連携は無効化されてしまいます。また、このAPIキーは絶対に第三者に教えないでください。このキーはあなたのオープンAIアカウントにアクセスするための鍵なのです。他の人がキーを不正利用すると、あなたに料金の請求が来てしまうので注意してください。

利用制限額を設定しておこう

無料分の5ドルを使い切るか、アカウント登録から３カ月経過して無料分が消えてしまったらカード登録をしましょう。その際には「思わず使いすぎた」ということがないように一緒に利用限度額などを設定しておきましょう。

クレジットカードの登録は以下の通りです（図4-1-3）。View API Keysのページの左側カラムのメニューから「Billing（課金）」を選び、まず「Payment methods（支払方法）」でクレジットカードを登録します。「Add payment method（支払方法を追加）」をクリックし、カード番号や名前、住所などを入力すればOKです。

図4-1-3　最初にクレジットカードを登録する

①左側カラムのメニューから「Billing」を選び、「Set up paid account」もしくは「Payment methods」ボタンをクリックして、クレジットカードを登録する。

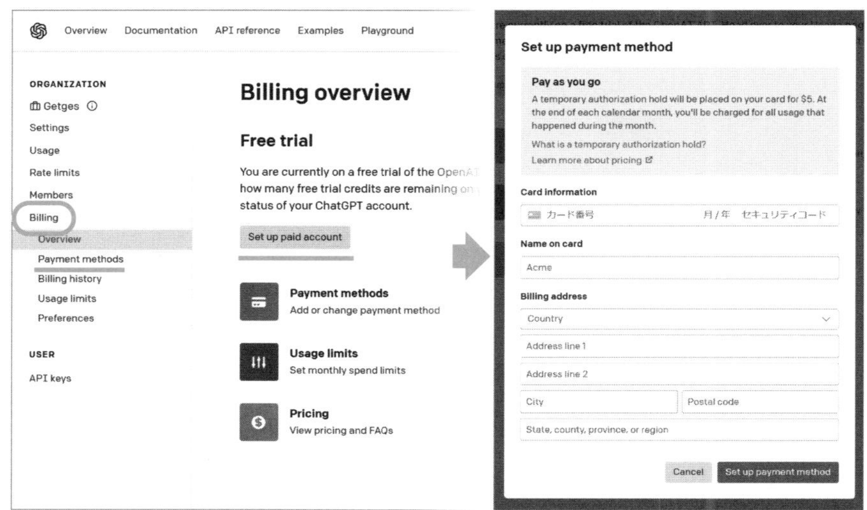

続いて、毎月の利用限度も設定しておきます（図4-1-4）。「Billing」→「Usage limits（使用制限）」を開き、「Hard limit（ハードリミット）」のところに金額を入力します。利用料金が設定金額に達すると、それ以降のリクエストは拒否されるようになります。ただし、一気に大量のリクエストが来た場合は、オーバーしてしまう可能性もあります。心配であれば、やや低めに設定しておくとよいでしょう。「Soft limit（ソフトリミット）」に設定した金額に到達すると、通知メールが送られてきます。これも使いすぎを事前に把握できるので設定しておきましょう。

図4-1-4　利用限度額を設定できる「Usage limits」

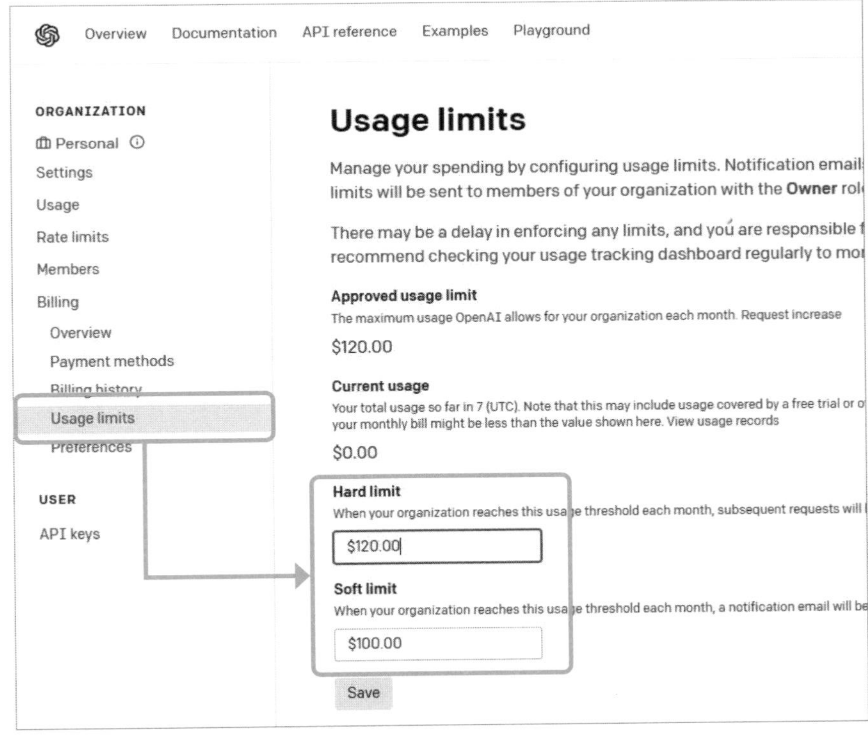

ChatAPIと同じ機能をAPI経由で利用する

APIキーを利用すると「OpenAI（オープンエーアイ） Playground（プレイグラウンド）」（以下、Playground）が使えるようになります（**図4-1-5**）。これはChatGPTとほぼ同じ機能をAPI経由のWebサービスとしてオープンAIが提供しているものです。

図4-1-5 「OpenAI Playground」の画面

図4-1-6 「OpenAI Playground」の設定項目の意味

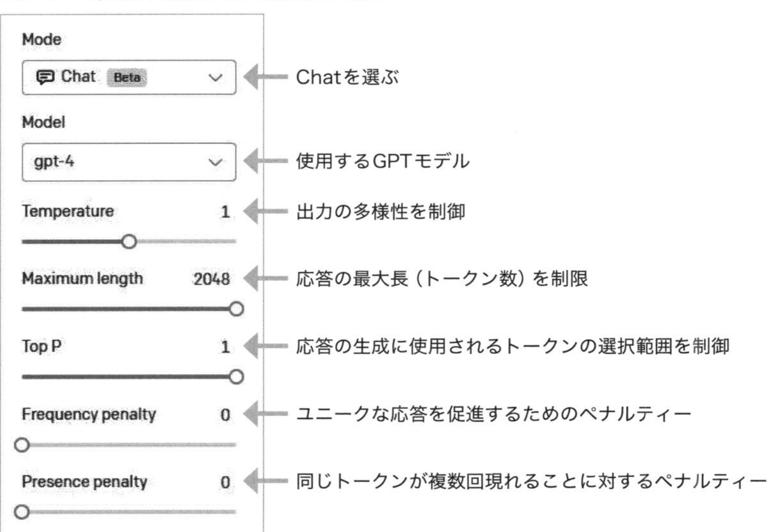

利用するには「OpenAI Playground」（**https://platform.openai.com/playground**）にログインします。いろいろな入力フォームや設定項目がありますが、「Mode（モード）」で「Chat（チャット）」を選択。「Model（モデル）」で「gpt-4」を選択し、「USER（ユーザー）」欄にプロンプトを入れ、「Submit（送信）」をクリックすれば、ChatGPTのように使えます。

設定は基本的にそのままで大丈夫です（**図4-1-6**）。「Maximum length（最大長）」だけは最大にしておきましょう。これはやり取りするテキストの長さのことで、大きくすればその分大きなトークンを扱えるようになります。

「Temperature（温度）」の数値を増やしたり、「Top P」を減らしたりすると、より多様性のある出力が得られます。逆に「Temperature」の数値を低くしたり、「Top P」を1に近づけたりすると、確度の高い出力になります。

「SYSTEM（システム）」には、前提条件やロール、出力形式の指示などを入れます（**図4-1-7**）。ChatGPTに実装済みの「Custom instructions」とほぼ同じ機能です。同じ情報はプロンプトに入れても機能しますから、同じ前提で繰り返しのチャットをする場合でなければ、特に入力しなくてもOKです。

図4-1-7　Playgroundでは「SYSTEM」のボックスに前提条件やロール、出力形式などの指示を入力します

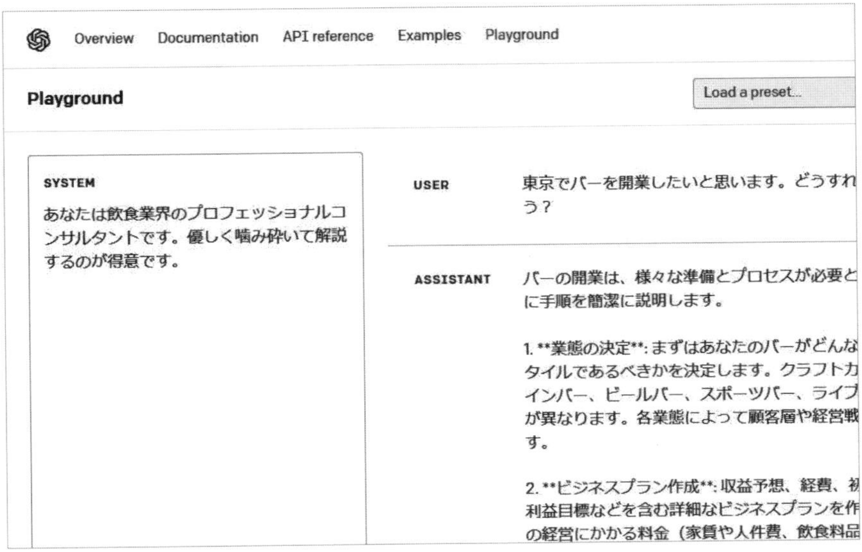

GPT-4を使いまくれるのが最大のメリット

Playgroundが同じ機能ならChatGPTを使えばいいじゃないか？ と思うかもしれません。違いはAPI経由なので、GPT-4の利用制限が撤廃されるところです。つまり「3時間50メッセージ」という制限なしに、GPT-4が使いまくれるのです。

著者はもちろん「ChatGPT Plus」を契約していますが、3時間当たり50メッセージの利用制限は意外に窮屈です。ちょっと集中してやり取りすると、あっという間に制限にかかってしまいます。業務で利用する場合は困りものです。

そんなときにはPlaygroundへ切り替えて利用します。もちろん、APIを利用するので、ChatGPT Plusとは別にOpenAIアカウントに課金が発生しますが、制限なくGPT-4を使いまくれるのはありがたいところです

使いすぎて料金が心配になるかもしれません。大丈夫、現在どのくらい使っているかはいつでも確認できます（**図4-1-8**）。右上の自分のアイコンをクリックし、「Manage account（アカウントの管理）」→「Usage（利用状況）」を開きます。すると、当月の利用料金がグラフで表示されます。

図4-1-8 「Usage」の画面
5分ごとに更新される利用料金を確認できる。

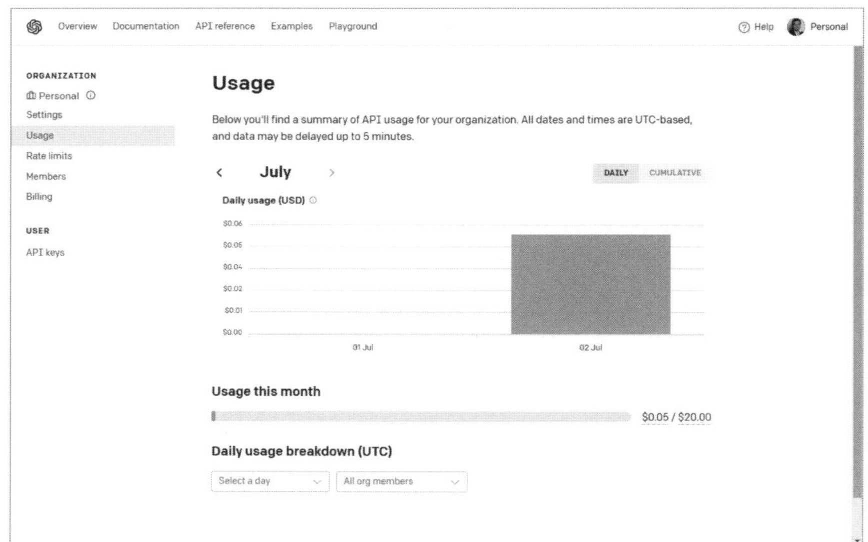

4-2 ChatGPTプラグインでいろいろやってみる

キーワード：ChatGPTプラグイン、Link Reader、価格.com 旅行・トラベル、Visla

►まとめ
① ChatGPT Plusプランならプラグインで機能拡張可能
② プラグイン機能はβ提供中で提供が中止されるケースも
③ 高い機能を提供するプラグインもある

有料のChatGPT PlusプランはGPT-4言語モデルを使えるだけでなく、様々な追加機能や開発中の新機能がいち早く使えるメリットがあります。その1つが今のところβ（ベータ）提供されているプラグイン機能です。ChatGPT本体が持っていない機能を、サードパーティーが提供する仕組みになっています。

どんどん便利なプラグインが追加されていますが、まだ開発途上であり、思うように動作しないものや、不具合が発覚して提供が中止されてしまうものもあります。原稿執筆時点で使えたプラグインから幾つかを紹介しつつ、プラグインによる機能強化を見ていきましょう。

プラグインを利用するにはまず、画面左下のアカウント名の横にある「…」メニューから「Settings＆Beta（設定とβ機能）」を選び、開いたダイアログから「Beta features（β機能）」メニューを選び、さらに「Plugins（プラグイン）」をオンにします（図4-2-1）。

図4-2-1　β提供中のプラグイン機能をオンにする
設定メニューにあるBeta featuresメニューからオンにする。なお、有料プランのChatGPT Plusに加入していないと使えない。

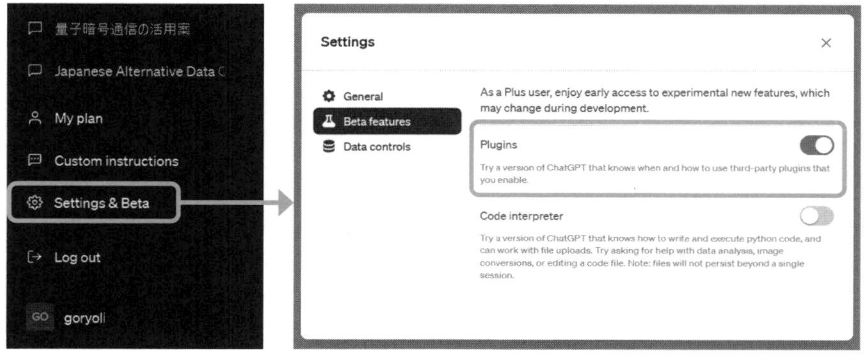

次に、画面上部のGPT-4ロゴをマウスオーバーすると表示されるメニューから「Plugins」を選び、「Plugin store（プラグインストア）」から利用するプラグインを選んでインストールします（図4-2-2）。インストールすると、Pluginsメニューに表示されるようになり、いつでもオンオフできるようになります。

図4-2-2　必要なプラグインをインストールする
GPT-4ロゴのメニューからPlugin storeを選んでインストールする。インストールするとメニューに表示されるようになるのでいつでもオンオフできる。

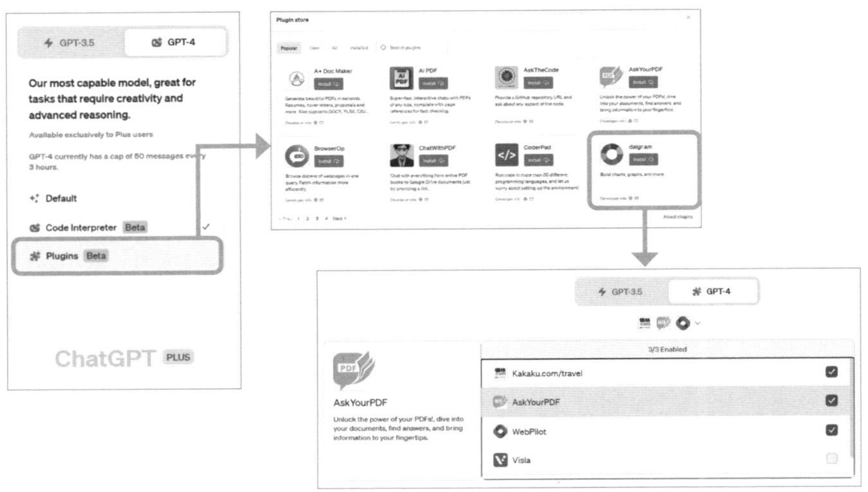

[AskYourPDF]：PDFファイルを読み込んで内容を答える

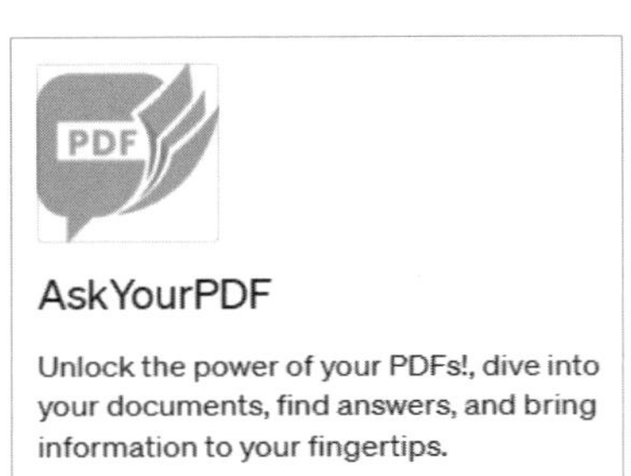

AskYourPDF

政府が公開する白書など、ネット上にあるPDFファイルをChatGPTに要約してもらうためには、3-7節で見たようにファイルをダウンロードしてからテキストファイルを抽出し、プロンプトに入力する必要があります。プラグインを利用すれば、直接URLを入力して読み込むことが可能です。

PDFを読み込むプラグインは幾つかありますが、ここでは「AskYourPDF（アスクユアピーディーエフ）」を使ってみましょう。ストアからAskYourPDFをインストールして使います。

使い方は簡単。プラグインをオンにした状態で、プロンプトにPDFへの直リンクを張り付けるだけです（図4-2-3）。

図4-2-3　AskYourPDFを使ってPDFの内容を要約させる

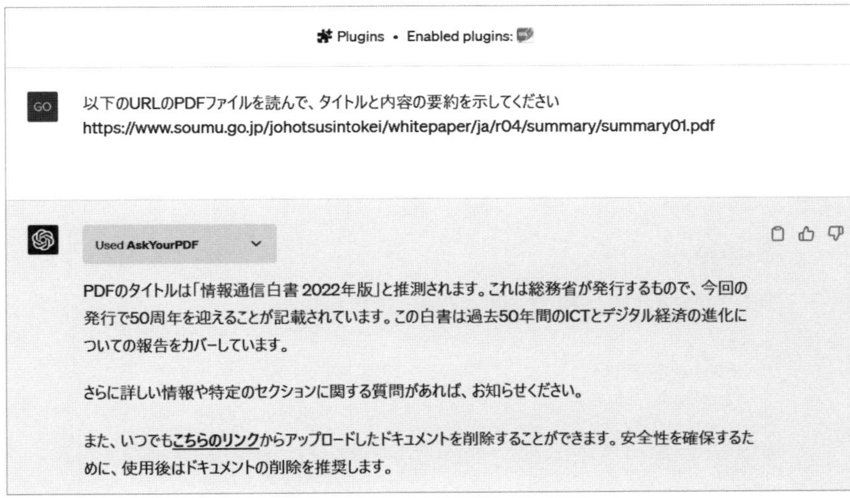

プラグインを使ってデータを読み取っているときはアウトプットの冒頭にプラグイン名が表示されます。またこのプラグインはPDFをいったんAskYourPDFが運営するクラウドにアップロードし、その内容をベクトルデータベース化する方式を取っているようです。そのためファイルを削除するリンクを最初に表示します。また用が済んだら削除するように推奨されています。

PDFファイルがダウンロードされるリンクであれば、必ずしもファイル直接のリンクでなくても機能するようです。例えばGoogleドライブに目的のファイルを置いて、その公開リンクを貼り付けても機能しました。

大きなファイルはちゃんと読めない？

次に、テストとして大きなPDFを読み込ませてみました。総務省が発行する令和4年版情報通信白書の全文版で16.7MBもあるファイルです。

本体は2部4章構成なのですが、目次としては第2部の第4章までを表示しました(図4-2-4)。そこからは、続きを促しても同じ内容をリピートするだけでした。プラグインを使っても、トークンの制限に引っかかってしまうのでしょう。「GPT-4」で扱えるトークン数の上限が増えることを期待したいところです。

図4-2-4　大きなPDFファイルでは全文を一気に読み込むことはできない模様

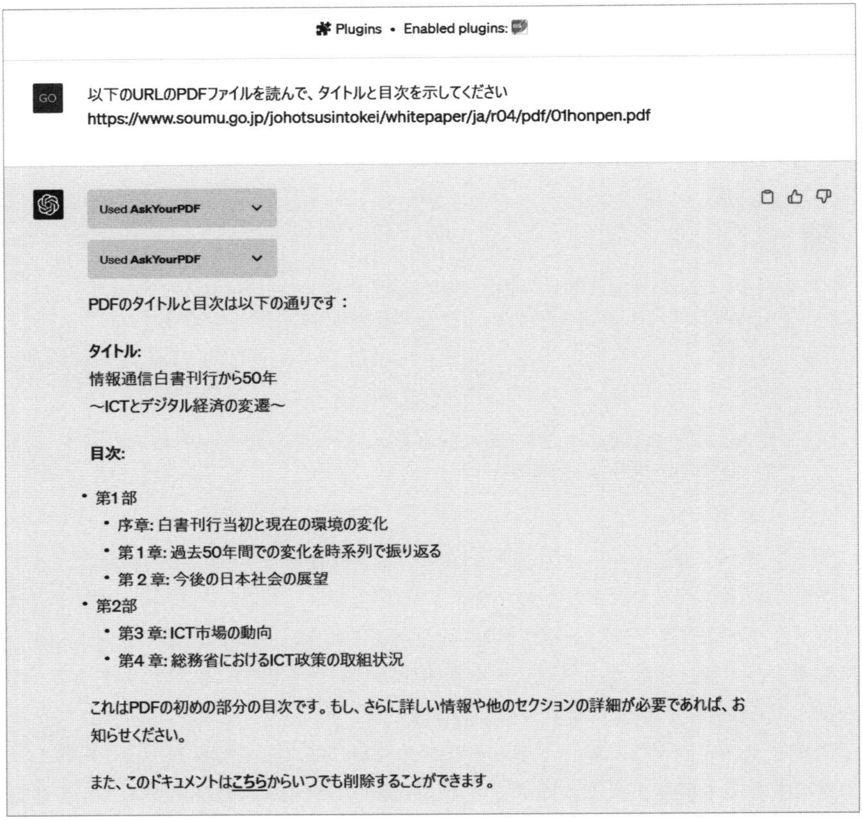

Plugins • Enabled plugins:
GO
以下のURLのPDFファイルを読んで、タイトルと目次を示してください
https://www.soumu.go.jp/johotsusintokei/whitepaper/ja/r04/pdf/01honpen.pdf
Used AskYourPDF
Used AskYourPDF
PDFのタイトルと目次は以下の通りです：
タイトル:
情報通信白書刊行から50年
～ICTとデジタル経済の変遷～
目次:
• 第1部
• 序章: 白書刊行当初と現在の環境の変化
• 第１章: 過去50年間での変化を時系列で振り返る
• 第２章: 今後の日本社会の展望
• 第2部
• 第3 章: ICT市場の動向
• 第4 章: 総務省におけるICT政策の取組状況
これはPDFの初めの部分の目次です。もし、さらに詳しい情報や他のセクションの詳細が必要であれば、お知らせください。
また、このドキュメントはこちらからいつでも削除することができます。

[価格.com 旅行・トラベル] 国内ホテルの宿泊情報やレビュー情報を調査

Kakaku.com/travel
You can search for hotel that match your search criteria from among the many hotels registered on Kakaku.com.

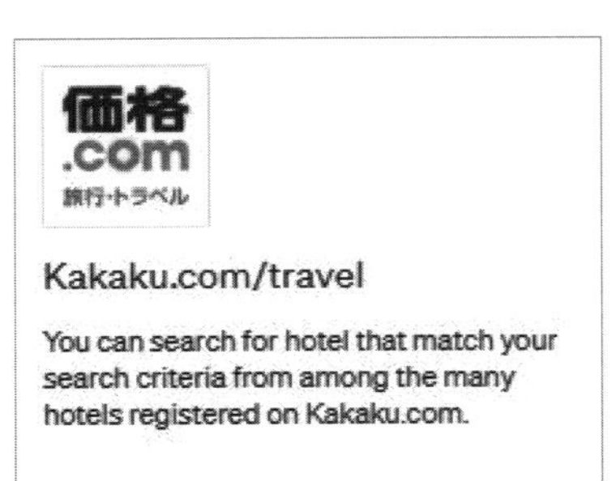

価格.com 旅行・トラベル

出張や旅行に出かけたいとき、ChatGPTで計画を立てるようにすると、古い情報を元に調べることになります。ChatGPTは2021年9月までの情報で学習しているからです。

「価格.com 旅行・トラベル」プラグインは、価格.comの持つ最新情報を基に、宿泊施設の情報やレビュー情報を検索できます。検索条件をマウスで絞り込んでいくのではなく、話しながら調べられるのが便利です。

「GPT-4」のスイッチをオンにして、「Kakakucom/travel」プラグインを選択します。この状況で、泊まる日付と地域をプロンプト入力しましょう。条件があるなら、この時点で入れておいてもよいでしょう（図4-3-5）。

図4-2-5　価格.com 旅行・トラベルプラグイン
最新情報に基づいた宿泊情報が得られる。

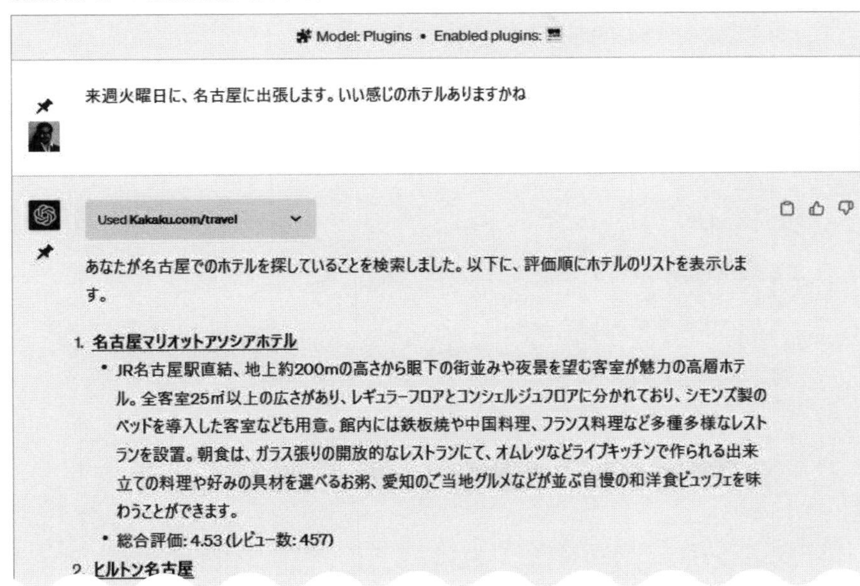

総合評価の高い一流ホテルばかりがリストアップされました。さすがに、出張経費が出ないので、コスパの良いホテルを探してもらいます（Prompt 4-2-6）。会話が続いているので、これまでの情報を再入力する必要はありません。「備品が充実しているホテル」といった検索サイトでは探すのが難しいプロンプトも利用できるのが便利です。

Prompt 4-2-6

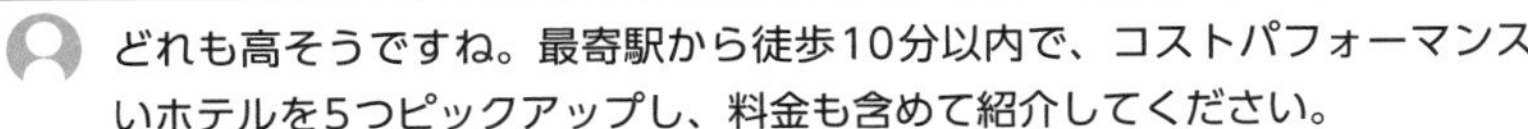

どれも高そうですね。最寄駅から徒歩10分以内で、コストパフォーマンスのいいホテルを5つピックアップし、料金も含めて紹介してください。

図4-2-7　Prompt4-2-6の出力
選択肢を3つ表示し、該当ページへのリンクも表示した。

5つくらいの選択肢から選びたかったのですが、3つしかないという結果でした。ホテル名や地域名は「価格.com 旅行・トラベル」の該当ページへのリンクが張られており、クリックするだけで表示できます（**図4-2-7**）。

名古屋周辺にはコスパのいいホテルがたくさんあるはずなので、これ以上は自分で探した方がよさそうです。実際に使っていると、なぜこのホテルをお薦めしたのか分からなかったり、以前使ったことのある条件にマッチするはずのホテルが出てこなかったりしました。まだ完璧に動作するわけではなさそうです。まずは、目星を付けるのに利用するとよいでしょう。

[Visla]：簡単なプロンプト指示で英語動画生成

Visla

Turn your idea into a captivating video. AI scripts, selects stock footage, and creates magic!

Visla

ChatGPTプラグインは今のところ、単純な機能を提供するものが多いのですが、なかにはとんでもなく高機能なものもあります。その1つが動画制作プラグインの「Visla(ビスラ)」。プロンプトを入力するだけで、動画の構成案や台本はもちろん、ふさわしい映像やナレーション、BGMまで付けて動画に仕立てることができます。自動動画制作の自社サービスとChatGPTを組み合せて実現しています。驚くべきサービスですが、残念ながら今のところ生成できるのは英語のナレーションだけです。

海外の支社や関連会社、社内の海外向けセクションがある企業なら、それらの従業員などに向けた教育動画や、情報発信動画を作成する用途に使えそうです（**Prompt 4-2-8**）。

Prompt 4-2-8

新入社員向けに、ビジネスメールのマナーについて紹介する教育動画を作成してください。

図4-2-9　Prompt 4-2-8の出力
たったこれだけのプロンプトで、作成する動画の詳細な設定を出力し、自社サービスと連携して動画を実際に作成するところまで実行する。

了解しました。ビジネスメールのマナーについての教育動画を作成します。以下のような設定で進めてみます：

- ビデオコンテンツ：ビジネスメールのマナー
- ビデオアイデア：新入社員がビジネスメールを書く際の基本的なマナーとエチケットを紹介する
- ビデオトーン：教育的、プロフェッショナル
- ビデオタイプ：教育、チュートリアル
- ビデオペース：中速
- アスペクト比：16:9（YouTubeやウェブサイトでの視聴に最適）
- パブリッシュプラットフォーム：YouTube
- ビデオメタデータ：
  - タイトル：「ビジネスメールのマナー - 新入社員向けチュートリアル」
  - 説明：「このビデオでは、新入社員向けにビジネスメールの基本的なマナーとエチケットを紹介します。」
  - タグ：['ビジネスメール', 'メールマナー', '新入社員', '教育', 'チュートリアル']
- BGM：
  - ムード：['教育的', 'プロフェッショナル']
  - ジャンル：['コーポレート']

ずらずらっと出力されますが、重要なのは最後の「以下のリンク」のところにある動画へのリンクと、下の方に表示される6桁の「クレームコード」です。

リンクを開くと、「Visla」のサイトが開き、動画が生成されています（図4-2-10）。英語の台本が左側に表示され、右側で動画が再生されます。シンプルなプロンプトしか入れていないのに、ビジネスマンがキーボードを打っている映像や女性がメールを読んでいるような映像が挿入されており、自然なナレーションが付いていました。英語の発音もとても自然です。

図4-2-10　リンクをクリックすると「Visla」のサイトに移動する
リンクを開くと生成された動画を確認できる。

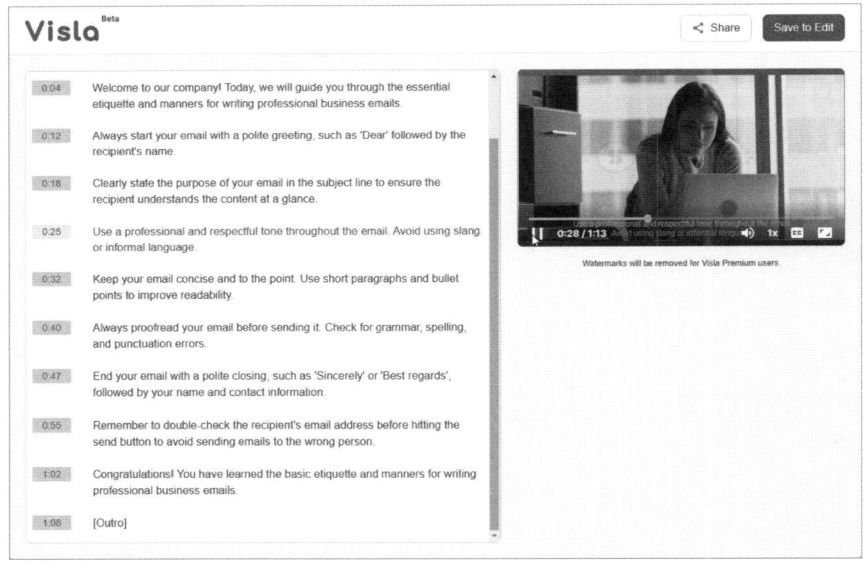

グーグルアカウントなどでログインすると、作った動画の編集や保存が可能になります。その際に必要になるのが、先ほど保存したクレームコードです（図4-2-11）。この動画の作成者であることを証明するコードで、有効期限は24時間です。動画を生成したら、すぐに入力しておくとよいでしょう。

図4-2-11　生成した動画の編集を行うためにクレームコードを入力

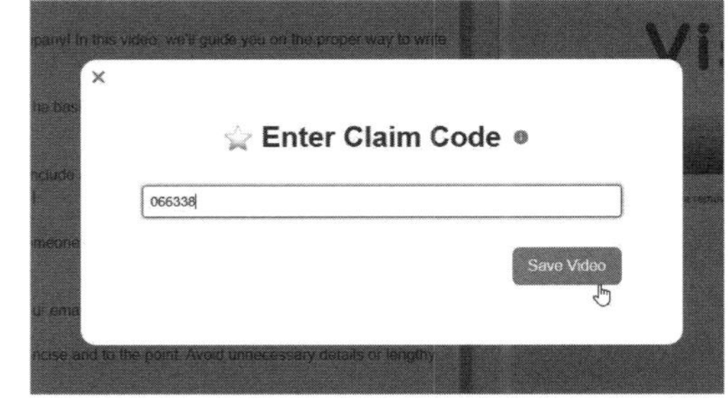

「Save to Edit（編集のために保存）」をクリックすると、台本や画像を変更したり、画面のアスペクト比を横長ではなくスマホ画面に合わせた縦型動画に変換するといった編集作業が可能になります（図4-2-12）。

図4-2-12　動画の編集やエクスポートができる
グーグルアカウントなどでログインし、クレームコードを入力すると編集やエキスポートが可能になる。

第4章　活用編：もっと便利な応用技12

4-3 Custom instructionsで条件設定を楽に

キーワード：Custom instructions

►まとめ
① チャット出力の前提条件をあらかじめ設定
② プラグイン利用時などでも機能する
③ ロールの設定などを入力しておくと便利

2023年7月20日、ChatGPTに「Custom（カスタム） instructions（インストラクション）」機能が搭載されました。当初はChatGPT Plusユーザーのみに提供するβ機能でしたが、その後、その後、フリープランも含め、全ユーザーに提供されるようになりました。

3章でたびたび見たように、ChatGPTではロールや前提条件をあらかじめ設定したうえで回答させるのがうまく使うコツの1つです。これまではそのために事前のプロンプト入力をする必要がありましたが、Custom instructionsを使えば、毎回入力する手間を省けます。とても便利なので、ぜひ活用しましょう。なお、Custom instructionsを無効にしたい場合は、「Custom instructions」の設定画面で「Enabled for new chats（新規のチャットに適用）」をオフにするだけでOKです。

プラグインなどβ機能に対しても有効

画面左下のアカウント横にある「…」メニューから「Custom instructions」を選びます（図4-3-1）。すると2つの入力フォームが開きます。上のフォーム「What would you like ChatGPT to know about you to provide better responses?（より良い応答のためにChatGPTに知ってほしいことは何か）」にChatGPTが知っておくべ

図4-3-1　Custom instructionsの設定方法
画面左下の設定メニューから「Custom instructions」を選ぶと設定フォームが開く。

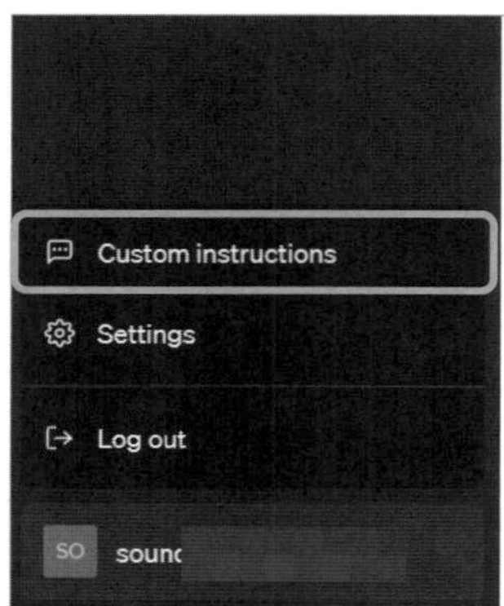

き前提条件を入れます。下のフォーム「How would you like ChatGPT to respond?(ChatGPTはどのように答えるべきか)」には出力形式を指定します。言語を指定したり、復唱などをさせないようにできたりします。フォームは英語ですが入力は日本語でOKです(図4-3-2)

プラグインなど他のβ機能でも有効なので、Code Interpreter(コード インタープリター)機能(p.207の4-12節)を利用する場合などには、利用するライブラリなどを指定しておくこともできます。他にもグルメサイトや旅行サイトと連携するプラグインでは、設定した居住地情報を読み込んでくれます。

図4-3-2 フォームの入力
前提条件フォームには「軽井沢在住のライター」と著者の居住地と職業を入れてみた。出力形式には言語や復唱をさせない設定などを入力した。

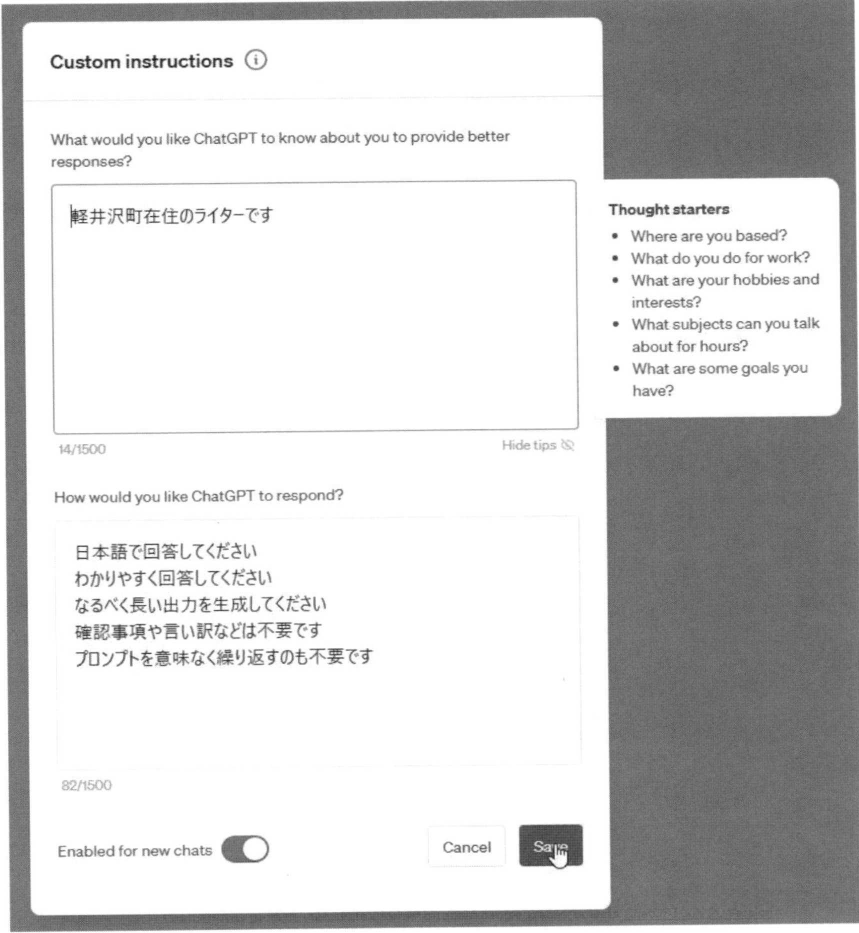

試しに、「軽井沢町在住」と設定し、「食べログ」のプラグインを有効にした状態で、「家の近くで、美味しいイタリアンを教えて」とプロンプトを入力したところ、同じ軽井沢町のイタリアンを紹介してくれました（図4-3-3）。

自分の情報だけでなく、ChatGPTのロールを入力する手もあります。例えば、プロレベルの回答をほしいなら、「あなたは凄腕のコンサルタントです」や「あなたはベテランの編集者です」などと入力しておけばよいでしょう。

図4-3-3　食べログプラグインを使った状態での出力
「軽井沢在住のライター」というCustom instructions設定で利用したのでプロンプトに何も入力しなくても、「家の近く」というプロンプトで軽井沢近辺のレストランを出力した。

ビジネスシーンでは意味がないのですが、口調を変えることもできます。効果が大きくかつ楽しいので、一度試してみてはいかがでしょうか。例えば、ロールに「あなたはツンデレキャラの「レイカ」です」と入れて、出力形式に「口調はツンデレ」と設定すると、出力すべてがツンデレ口調になります（Prompt4-3-4）。

Prompt 4-3-4

最近暑すぎる！　どうすればいい？

Output 4-3-4

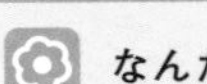

なんだか、最近の暑さには本当に参ってしまうわね！ツンデレな私がアドバイスするわ。暑い日には以下のことを心掛けるといいわよ。

水分補給を忘れずに！しっかり水を飲むことが大切だから、こまめに水分を取るのよ。お水やスポーツドリンクがおすすめよ。

涼しい場所で過ごすこと！外出するときは、日陰やクーラーの効いた場所を利用するといいわ。

軽い食事を心掛けるの！暑い日には胃腸が重たい食事をするとだるくなっちゃうから、サラダやフルーツなどの軽食を選んでみて。

扇風機やエアコンの活用！家にいるときは扇風機やエアコンを使って、室温を快適な状態に保つといいわ。

涼しい時間帯に外出する！朝や夕方は比較的涼しいから、外出するときはそれらの時間帯を選んでみて。

これらの方法を試してみて、少しでも暑さをしのげるといいわね。くれぐれも無理はせず、体調に気をつけてね。暑さに負けず、元気に過ごしましょう！

4-4 AIの大量アイデアはAIでマインドマップ化

 キーワード：マインドマップ・PlantUML形式出力

►まとめ ① ChatGPTが吐き出す大量のアイデアを可視化して整理する
② 特定の書式で出力するようにプロンプトで指示
③ PlantUML形式の出力をWebツールに入力して可視化

ChatGPTは大量のアイデアを簡単に出力できます。特定の項目を指定してリストアップするのも、要素を分解して書き出すのもプロンプトで指示すれば自由自在です。ですが、それを受け取る人間の方は簡単ではありません。大量の情報の羅列は整理も理解も難しいからです。アイデアを出してもらったのはいいけれど、その整理と検討に手間取ってしまったらむしろ本末転倒です。そこで、ChatGPTが出力したアイデアのリストを簡単に可視化する方法をご紹介します。

キーワードとそれぞれの関連性を整理できる「マインドマップ」

「マインドマップ」をご存じでしょうか？ 情報やアイデアを可視化して整理するためのツールの1つです。中心にテーマを置き、その周りに配置したキーワードやイメージのそれぞれの関係性を、放射状に伸びる枝や枝分かれする線で結び付けて整理します。

自分の頭の中を棚卸しするときにとても有効なツールで、著者は新しいビジネスを始めるときや、現在の課題点を見つけるために活用しています。手を動かして紙に書くのもいいのですが、デジタルでマインドマップを作っておくと後で修正するのが簡単なのでお勧めです。学習やプロジェクト管理、問題解決、アイデアの発想などに広く活用されているツールですので、マインドマップの作成ツールがインターネットで豊富に公開されているのも利点です。

ChatGPTは出力形式をプロンプトで指示できます。この機能を使うと、オープンソースのダイアログ作成言語であるPlantUML（プラントユーエムエル）形式でアイデアのリストを出力できます。PlantUML形式なら多くのマインドマップ作成ツールが対応していますから、出力をコピペして読み込ませればマインドマップを生成できるわけです。具体的には以下のようにプロンプトを入力します（**Prompt4-4-1**）。

Prompt 4-4-1

 お酒の分類をリストして、その出力をPlantUML形式で作成してください。

図4-4-2　Prompt4-4-1の出力
コード画面が表示され、PlantUML形式で書かれたお酒の分類リストが出力される。「Copy code」ボタンでコピペする。

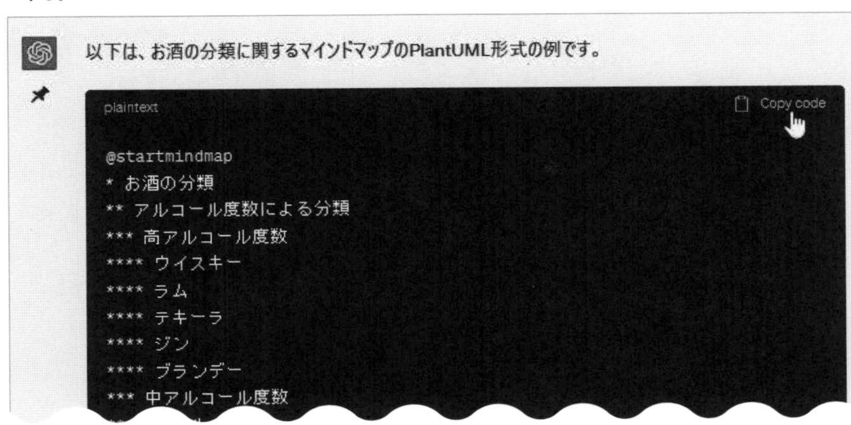

PlantUML形式を指定したので黒いコード表示画面が登場して、PlantUML形式に沿ったお酒の分類リストが表示されます。右上の「Copy code（コードをコピー）」ボタンをクリックしてコピーします（図4-4-2）。

次にコピーしたコードをPlantUML形式に対応したマインドマップ作成ツールに入力します。今回は「PlantUML 概要」（https://plantuml.com/ja/mindmap-diagram/）が公開しているWebツールを使ってみます。入力フォームを開いてコードをペーストします（図4-4-3）。「Submit（送信）」をクリックすると、画面下に画像としてマインドマップが表示されます（図4-4-4）。

図4-4-3　「PlantUML 概要」のマインドマップ作成ツールにコードを入力
ダイアログを開き、コピーしたコードをペーストして「Submit」する。

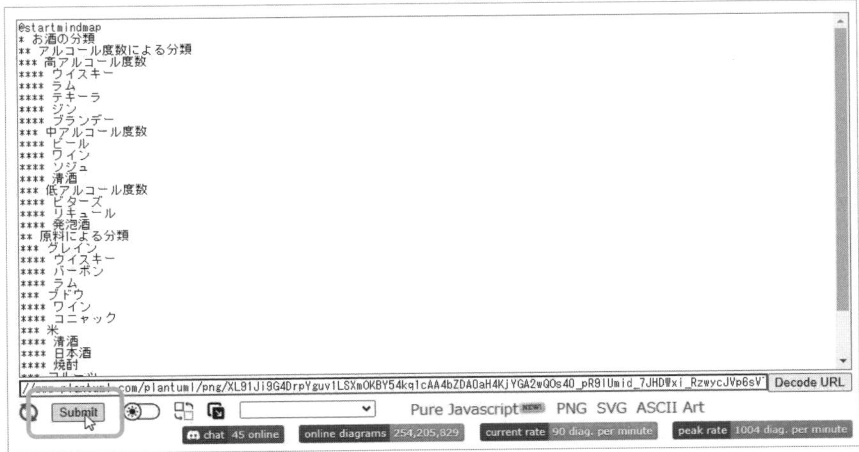

図4-4-4　出力されたマインドマップ
お酒の分類の階層構造や関係性が一目で分かり、全体や細部が把握しやすい。

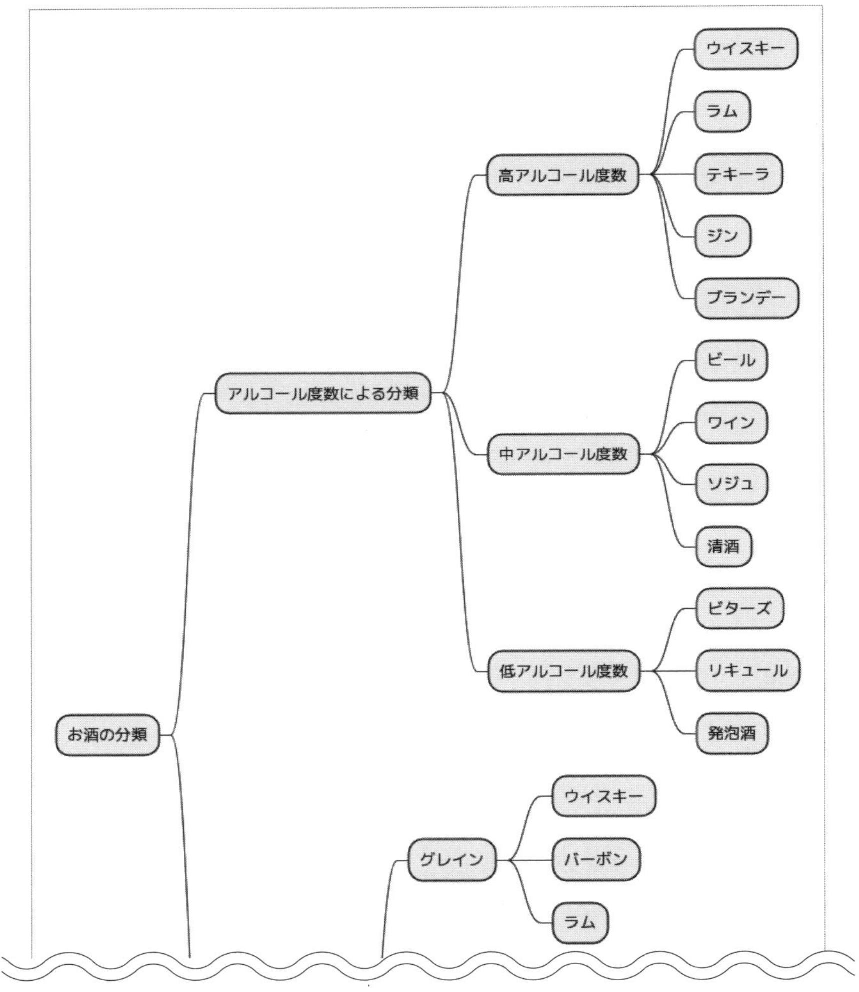

抜け漏れなく項目がマッピングされると、情報の把握や理解が、文字の羅列よりはるかに簡単になります。今回はお酒の分類をお願いしましたが、経営戦略の立案でも勉強したいテーマでも、何ならネット上にデータが公開されている小説の解析でもできます。

このように、ChatGPTとマインドマップはとても相性が良く、各種マインドマップツールやホワイトボードツールはAI機能としてChatGPTを相次いで搭載するようになっています。

4-5 顧客のお気持ち察しAIがコメント自動分類

キーワード： API連携・Googleスプレッドシート・GPT for Google Sheets and Docs

まとめ
① Googleスプレッドシート側に連携する拡張機能をインストール
② APIキーを入力して連携
③ シートからは関数として利用可能

グーグルが提供しているオンライン表計算ソフト「Googleスプレッドシート」は使っていますか？　オンラインの他のツールなどとも連携しやすいので、情報の集約・集計に活用している人は多いはずです。表計算ソフトなので様々な関数を使った分析・集計作業は得意です。文字列の操作もできますが、記録した文章を分析するような機能は持っていません。

例えば、サポートセンターに寄せられた問い合わせの内容をGoogleスプレッドシートに自動記録してるようなケースを考えます。受け付けた問い合わせはなるべく迅速に対応したい。しかし、自動振り分けができないので、結局は責任ある立場の管理職などが1つ1つ読んでどう対応するかを決める必要があり、管理職の仕事を増やしているといったケースは多いはずです。

GoogleスプレッドシートとChatGPTを連携させれば、ポストされた問い合わせの感情分析が可能です。実はこれ、オープンAIのAPIを使えば簡単にできます。そこで、この2つの連携で、問い合わせがポストされると、ChatGPTがそのポストがネガティブかポジティブかを判別し、ポジティブな問い合わせは担当者に回して対応を任せる、という作業を自動化してみましょう。

Googleスプレッドシート側に拡張機能をインストール

まずはGoogleスプレッドシート側にChatGPTと連携するための拡張機能をインストールします。Googleスプレッドシートの「拡張機能」メニューから「アドオン」→「アドオンを取得」をクリックします（図4-5-1）。

すると、Google Workspace Marketplaceが開くので、「GPT for Google Sheets and Docs」をインストールします。オープンAIのAPIと連携する拡張機能は他にもリリースされていますが、今回はこれを選びました。

インストールが終わると、右ペインに設定画面が表示されます（図4-5-2）。「Enter your OpenAI API key（オープンAIのAPIキーを入力）」のボックスに、保存しておいたオープンAIのAPIキーを貼り付け、「Next（次へ）」をクリックします。API経由でデータをやり取りする関数の説明が表示され、さらに「Next（次へ）」をクリックすると、オープンAIのAPIを使うときの課金設定などの説明が出てきます（p.136 4-1節参照）。最後に「I understand（理解した）」をクリックすると準備は終了です。

図4-5-1　Googleスプレッドシートにに ChatGPTと連携するための拡張機能をインストール

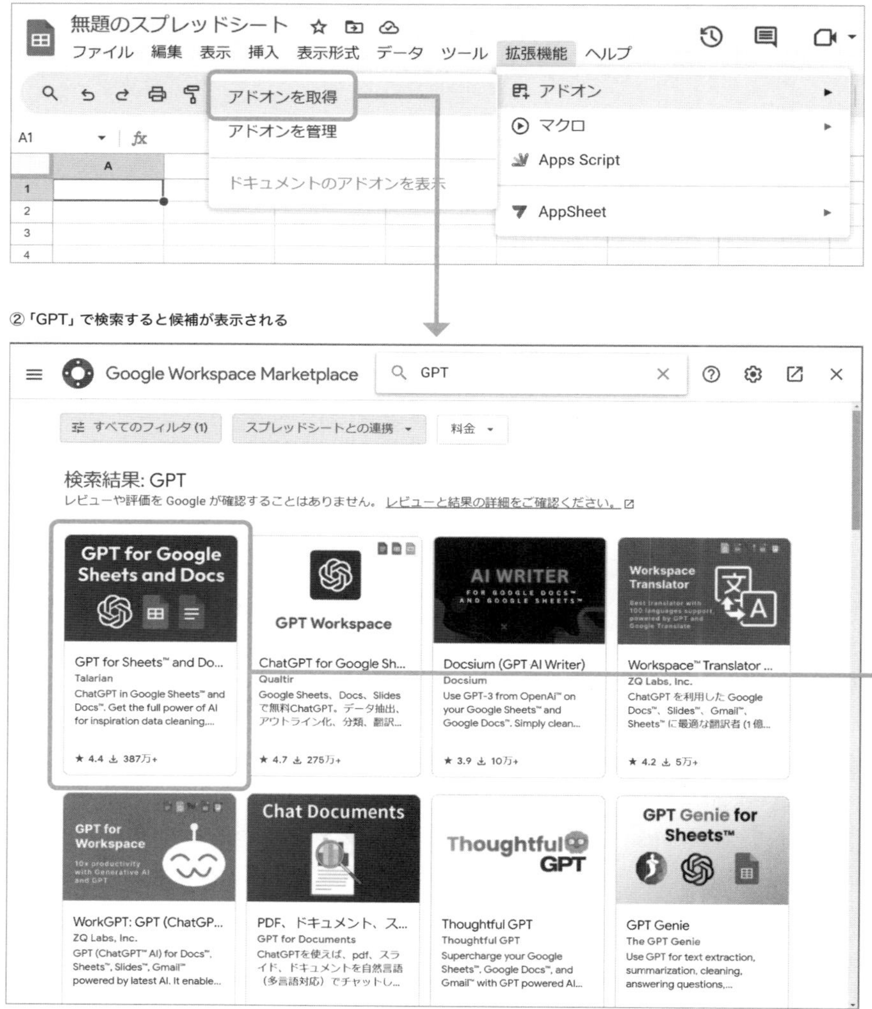

③選択してインストールする

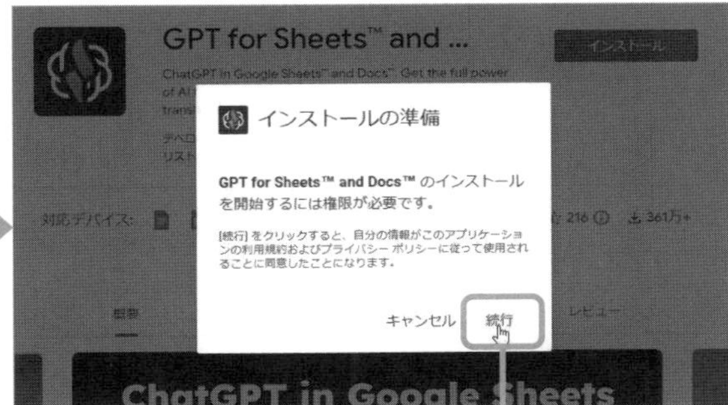

④右ペインに設定画面が登場

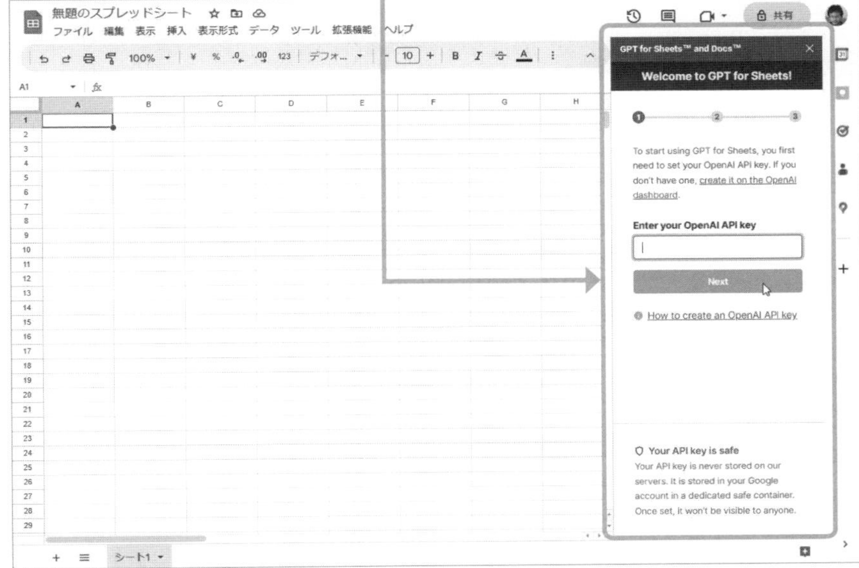

図4-5-2　GPT for Sheets and Docsの設定手順
インストールするとスプレッドシートの右ペインに設定項目が表示される。

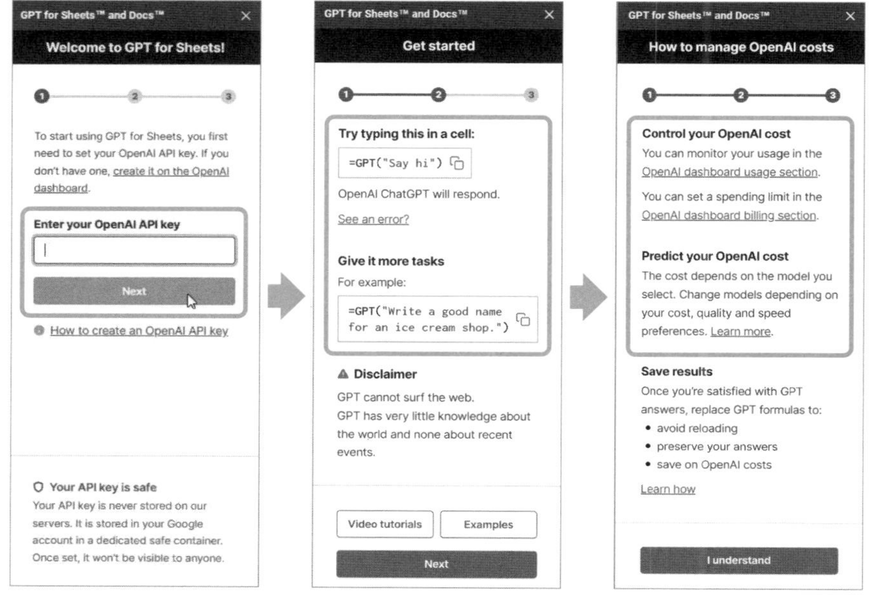

問い合わせのネガポジ判断を自動化、担当の振り分けも可能に

これで、スプレッドシートでGPT関数が利用できるようになりました。早速、問い合わせ内容の感情分析を行ってみましょう。GPT for Google Sheets and Docsでは「GPT（セル番号,"プロンプト"）」という関数で、セル内容とプロンプトをオープンAIのAPI経由で送り、出力を得ることができます。

では、1つめの問い合わせ内容の隣のセル（ここでは「C2」）に「ネガポジ分析」結果を出力するために以下のプロンプトを記入してください（Prompt4-5-3）。

Prompt 4-5-3

=GPT(B2,"の感情を分析してネガティブかポジティブか判定してください。ネガティブかポジティブのみで回答してください")

プロンプトが「判定してください」だけでは、出力に余計な文言が混じるなど、不具合が起こる可能性があるので、「ネガティブかポジティブのみで回答してください」と、くどく念を押して、ふるまいを縛っておきます（図4-5-4）。

図4-5-4　Prompt4-5-3をC2セルに入力したところ

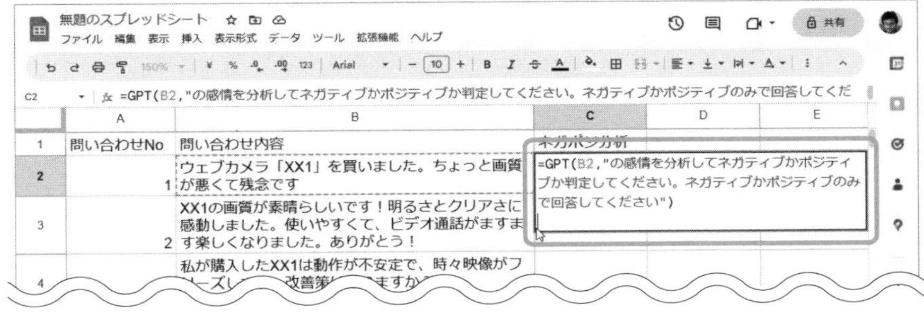

このコメントは「ネガティブ」と判定されました（図4-5-5）。きちんと感情を分析できたので、セルをコピーし、他のセルに貼り付けましょう。右クリックメニューから「数式のみ貼り付け」を選択します（図4-5-6）。すぐに残りのセルもChatGPTに送信され、分析結果が返ってきます。

図4-5-5　GTP関数を使ってコメントの感情が「ネガティブ」と判定できた

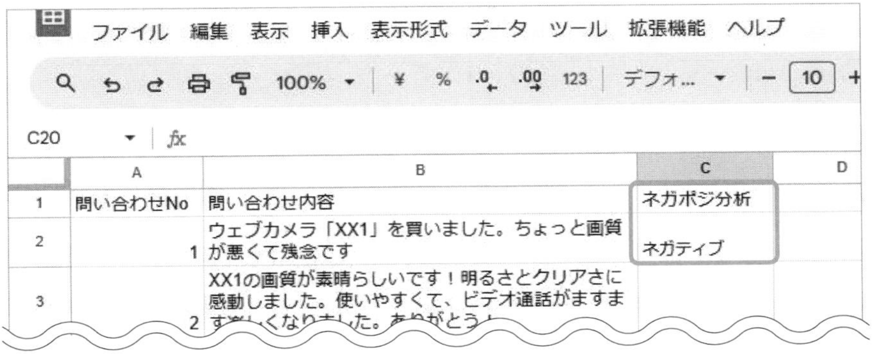

ファイル　編集　表示　挿入　表示形式　データ　ツール　拡張機能　ヘルプ

C20　fx

	A	B	C	D
1	問い合わせNo	問い合わせ内容	ネガポジ分析	
2	1	ウェブカメラ「XX1」を買いました。ちょっと画質が悪くて残念です	ネガティブ	
3	2	XX1の画質が素晴らしいです！明るさとクリアさに感動しました。使いやすくて、ビデオ通話がますます楽しくなりました。ありがとう！		

図4-5-6　分析がうまくいったので他のセルにも数式を貼り付ける

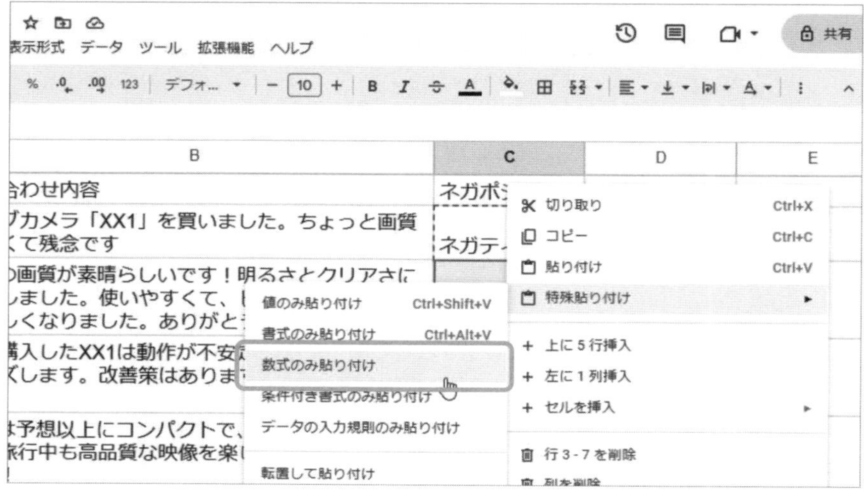

スプレッドシートの中で、システムがアナログ的な判断をしてくれるのはとても便利です。例えば、今回の場合、担当の自動振り分けに活用できます（**図4-5-7**）。IF関数を使って、問い合わせ内容がポジティブかネガティブかで担当者を自動振り分けするように設定しました。ポジティブであれば新人の担当者に回してお礼のメールなどを送ってもらうようにしました。一方でネガティブな内容と判断されたら、対応がセンシティブになる可能性がありますから、いったんチーフに回して確認してもらうようにします。

図4-5-7　IF関数を使って、ネガティブな問い合わせはチーフ、ポジティブな問い合わせは新人に担当してもらうことにした

無題のスプレッドシート
ファイル　編集　表示　挿入　表示形式　データ　ツール　拡張機能　ヘルプ

D2　fx =IF(C2="ポジティブ","新人","チーフ")

	A	B	C	D	E
1	問い合わせNo	問い合わせ内容	ネガポジ分析		
2	1	ウェブカメラ「XX1」を買いました。ちょっと画質が悪くて残念です	ネガティブ	=IF(C2="ポジティブ","新人","チーフ")	
3	2	XX1の画質が素晴らしいです！明るさとクリアさに感動しました。使いやすくて、ビデオ通話がますます楽しくなりました。ありがとう！	ポジティブ	新人	
4	3	私が購入したXX1は動作が不安定で、時々映像がフリーズします。改善策はありますか？	ネガティブ	チーフ	
5	4	XX1は予想以上にコンパクトで、持ち運びに便利です。旅行中も高品質な映像を楽しめるので、大満足です！	ポジティブ	新人	

4-6 エクセルの一覧表をAIで一気に埋める

キーワード：API連携・Excel・ChatGPT for Excel

►まとめ
① エクセル側にGPTと連携する拡張機能をインストール
② APIキーを入力して連携
③ エクセルのシートからは関数として利用可能

表計算ソフトとChatGPTの連携はいろいろ応用が利きます。例えば、大量の情報を収集するリサーチ業務の基礎資料作りくらいならChatGPTに任せられます。大事なのはChatGPTが苦手な最新情報や金額などをリストさせないこと。一般的な知識が対象で、まずは概要をリストアップした基礎資料を作る程度の業務を選ぶと一瞬で表を埋めてくれてとても便利です。

ここでは何らかの対象について10項目リストアップしたうえで、それぞれを分かりやすく解説した一覧表を作りましょう。こちらは表計算ソフトの定番「Microsoft Excel（以下、エクセル）」で作成してみます。

ブラウザーのChatGPTに1つずつプロンプトを入力して出力をコピー＆ペーストする必要はありません。エクセルとオープンAIのAPIを連携させる関数を使って一気にセルを埋めます。

表計算側にAPIと連携するアドインをインストール

まずは、エクセルにオープンAIのAPIを連携するアドインをインストールします。オープンAIのAPIと連携できるアドインはいろいろあります。実はマイクロソフト自身も「Excel Labs」アドインを提供しているのですが、著者が使った限りではまだ開発の初期段階という感触でちょっと機能が足りません。

そこで今回はサードパーティー製の「ChatGPT for Excel」アドイン（提供元：APPS DO WONDERS）を使います。利用料は無料です。エクセルの「挿入」メニューから「アドインを入手」を開き、「Officeアドイン」の画面で「ChatGPT」で検索してアドインを探して追加します（**図4-6-1**）。

アドインのインストールが完了したらボタンが追加されるので、これを開くと右ペインに設定画面が表示されます。「Your OpenAI API Key（OpenAI APIキーを追加）」ボックスに自分のアカウントで取得したオープンAIのAPIキーを入力し、「SAVE（保存）」をクリックします。これで準備完了。このあたりまでは、Googleスプレッドシートと連携する**4-5節**（p.159）とほとんど同じ手順になります。

図4-6-1　手元のエクセルに連携アドイン「ChatGPT for Excel」を追加
「挿入」メニューから「アドインを入手」を開き、「Officeアドイン」の画面を「ChatGPT」で検索して目的のアドインを見つけて追加。

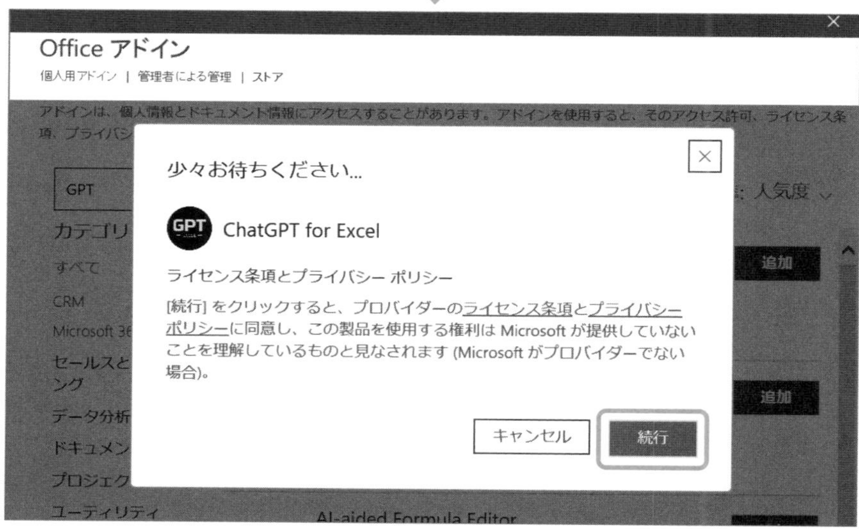

図4-6-2　アドインをインストールして初期設定
アドインの表示ボタンをクリックして右ペインに設定画面を表示させ、オープンAIのAPIキーを入力して「SAVE」すれば準備完了。

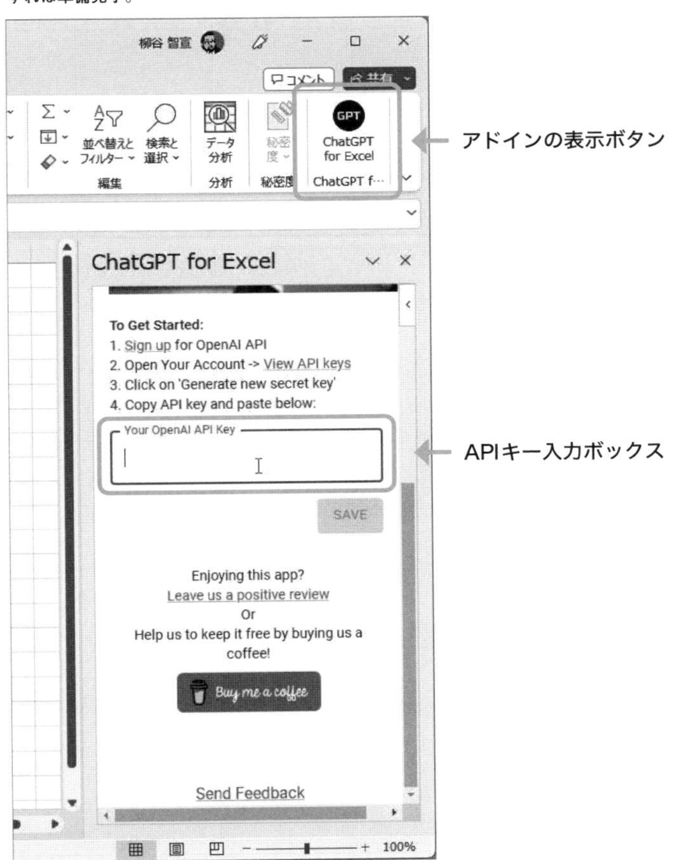

セルから関数でGPTを呼び出し、結果を受け取る

例えば、思考フレームワークの手法を10個リストアップして、その解説を入れた表を作成するとします。利用する関数は「AI.LIST」です。いろいろと試行錯誤するなら、調査対象を入力するセルを用意し、そのセルを参照するようにしてみます。

「B1」セルに調査対象の項目（ここでは「思考フレームワーク」」）を入力。「A2」セルに関数「=AI.LIST(B1&"を10個リストアップしてください")」を入力します（図4-6-3）。セル番号と「""」で囲んだテキストを「&」でつなぐと送信されるプロンプトになります。カッコの中はChatGPTに送信され、その結果が関数を入れたセルから下にリストアップされます（図4-6-3の下）。

図4-6-3　調査結果を出力するセルに関数を入力
「=AI.LIST(B1&"を10個リストアップしてください")」と入力するとB1セルの内容を読み込み、ChatGPTにプロンプトを送る。エンターキーを押すと結果が瞬時にリストアップされる。

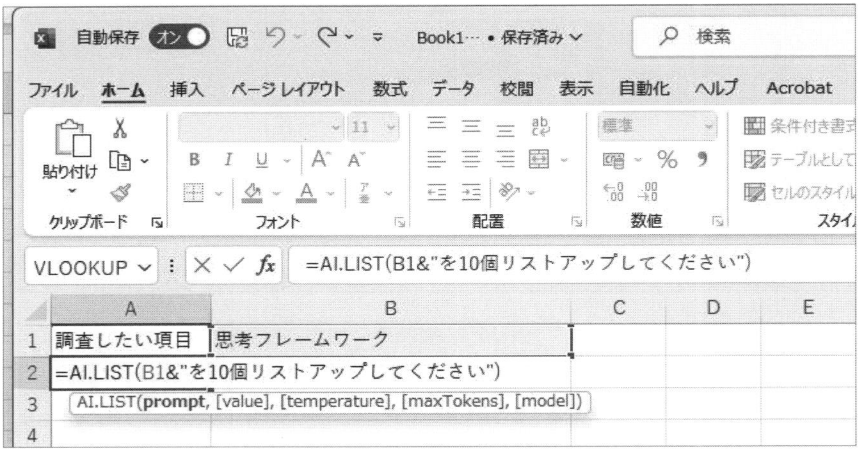

自動保存 オフ　Book1　検索
ファイル　ホーム　挿入　ページレイアウト　数式　データ　校閲　表示　自動化　ヘルプ　Acrobat
貼り付け　クリップボード　游ゴシック　11　フォント　配置　数値　条件付き書式　テーブルとして書式設定　セルのスタイル　スタイル　セル　編集　データ分析　分析
A3　=AI.LIST(B1&"を10個リストアップしてください")

	A	B
1	調査したい対象	思考フレームワーク
2	。	
3	1. 五力分析	
4	2. SWOT分析	
5	3. PEST分析	
6	4. アクション・リサーチ	
7	5. シナリオ分析	
8	6. ストラテジック・プランニング	
9	7. バリュー・チェーン分析	
10	8. インパクト・アセスメント	
11	9. リスク・アセスメント	
12	10. シミュレーション・モデリング	
13		

続いて、出力された1項目目の隣である、B3セルに次の関数を入力します。次に使うのは「AI.ASK」です。ChatGPTにプロンプトを投げて、出力をそのセルに入力してくれます。先ほどとの違いはリストで列を埋めるか、単一のセルに答えを返すか、です。

ここでは、隣のセルを参照し、「=AI.ASK(A3&"を分かりやすく解説してください")」とプロンプトを設定します。かみ砕いて解説してほしいなら「小学生にも分かるように」としたり、文字数を指定したりしましょう。ただし、文字数はあまり厳密に守ってくれないので、目安程度にするとよいでしょう。

動作を確認したらセルに関数をコピペ、ボタン一発で一気に埋まる

関数が動作することを確認したら、B4～B12セルに関数のみをコピー＆ペーストすれば完了です。「AI.LIST」関数でリストアップされた思考フレームワーク10個すべてに、「AI.ASK」関数で出力した解説が付きました（**図4-6-4**）。

図4-6-4　リストアップした項目の詳細な説明が自動的に入力された

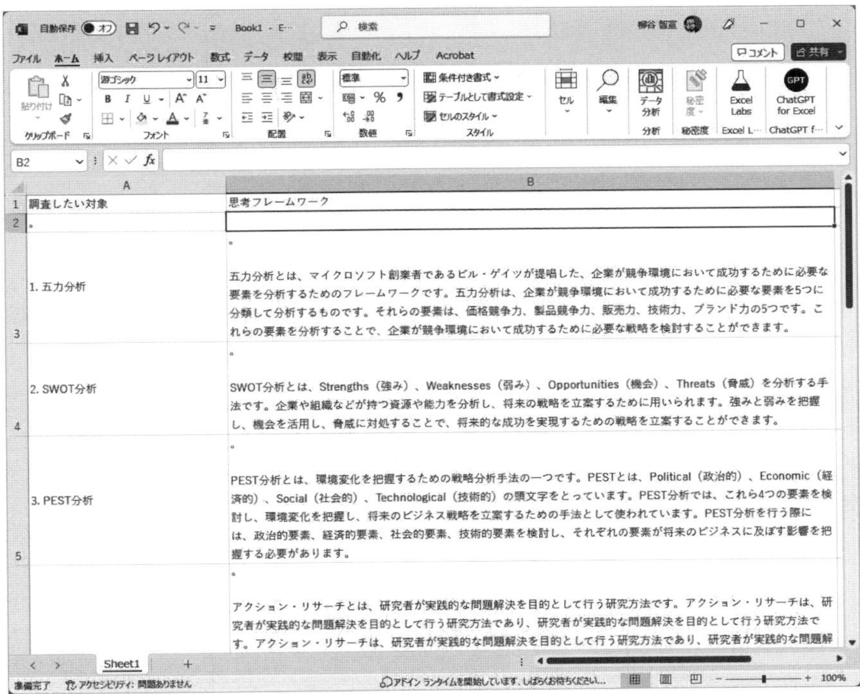

関数はいかようにも組み合わせられます。例えば、調査したい対象をグローバルなIT企業として、B列に設立年、C列にはその企業のプロダクト、D列に企業説明、といった具合に自由に列を追加していけます（図4-6-5）。C列の関数は「=AI.ASK(A3&"の主なプロダクトを100字で説明してください")」、D列の関数は「=AI.ASK(A3&"の特徴を100字で書いてください")」にしました。B1セルに「グローバルなIT企業」と入力するだけで、一気にこれらすべてのセルが入力されます。

図4-6-5　グローバルなIT企業をリストアップして説明を出力させてみた

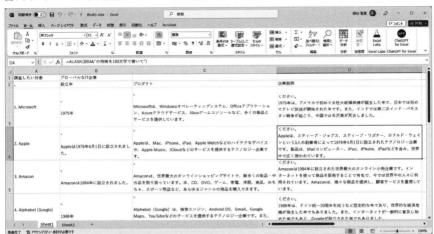

D4　=AI.ASK($B4&"の特徴を100文字で書いて")

	A	B	C	D
1	調査したい対象	グローバルなIT企業		
2	。	設立年	プロダクト	企業説明
3	1. Microsoft	。 1975年	。 Microsoftは、Windowsオペレーティングシステム、Officeアプリケーション、Azureクラウドサービス、Xboxゲームコンソールなど、多くの製品とサービスを提供しています。	ください。 1975年は、アメリカで初めて女性大統領候補が誕生した年で、日本では初めてテレビ放送が開始された年です。また、インドでは第二次インド・パキスタン戦争が起こり、中国では毛沢東が死去しました。
4	2. Apple	。 Appleは1976年4月1日に設立されました。	。 Appleは、Mac、iPhone、iPad、Apple Watchなどのハイテクなデバイスや、Apple Music、iCloudなどのサービスを提供するテクノロジー企業です。	ください。 Appleは、スティーブ・ジョブズ、スティーブ・ワズナー、ロナルド・ウェインという3人の創業者によって1976年4月1日に設立されたテクノロジー企業です。製品は、Macコンピューター、iPod、iPhone、iPadなどを含み、世界中で広く使われています。
5	3. Amazon	。 Amazonは1994年に設立されました。	。 Amazonは、世界最大のオンラインショッピングサイトで、数多くの新品・中古品を取り扱っています。本、CD、DVD、ゲーム、家電、洋服、食品、おもちゃ、スポーツ用品など、あらゆるジャンルの商品を購入できます。	ください。 Amazonは1994年に設立された世界最大のオンライン小売企業です。インターネットを使って商品を販売することで有名で、今では世界中の人々に利用されています。Amazonは、様々な商品を提供し、顧客サービスを重視しています。
	4. Alphabet (Google)	。 1998年	。 Alphabet（Google）は、検索エンジン、Android OS、Gmail、Google Maps、YouTubeなどのサービスを提供するテクノロジー企業です。また、	ください。 1998年は、ドイツ統一20周年を祝うなど歴史的な年であり、世界的な経済危機が発生した年でもありました。また、インターネットが一般的に普及し始めた年でもあり、Googleが設立された年でもありました。

情報が正しいとは限らない、確認はくれぐれもお忘れなく

ChatGPTの常で繰り返しになりますが、必ずしも正確な情報が返ってくるとは限りません。アドインの完成度のせいなのか、著者が試したときは回答の冒頭に「。」や「ください」などのケバが残ることがあるなど、動作は完璧ではありませんでした。しかし、本来であれば数時間かかる作業が数分で終わるのですから、その後、情報の裏取りをするなどブラッシュアップすればよいでしょう。それでもトータルで大幅な作業時間の短縮になるはずです。

4-7 AIと声出し営業ロールプレイング特訓

キーワード：音声入出力・ブラウザー機能拡張・Ondoku3-ChatGPT(BETA)

►まとめ
① 音声入出力の機能拡張をブラウザーにインストール
② 顧客のステータスを設定してリアルな状況を再現
③ ChatGPTに模範演技をさせることも可能

営業トークのようなスキルは場数を踏むことが大事です。とはいえ、現場で失敗を繰り返すのはあまり得策ではありません。初回のチャレンジ時からそこそこの結果を出したいでしょうし、営業の予定がないときにコソ錬をしたいこともあるでしょう。

かつてなら先輩や同僚に頼むしかなかった営業の練習も、ChatGPT相手でかなりリアルにできます。マニュアルやメモを読んだり、ぶつぶつとつぶやいたりするよりずっと実践的ですし、他人に見られることもありません。

ChatGPTに音声入出力できる拡張機能をインストール

「営業トーク」ですから、タイピングで対話するのではいまいち訓練になりせんよね？ そこで音声でやり取りできる拡張機能を、ChatGPTを使うブラウザーにインストールします。

ChatGPTに音声入出力できる拡張機能は幾つかありますが、今回は「Ondoku3-ChatGPT(BETA)」（提供元：ondoku3.com）を使ってみます。グーグルのChromeブラウザー版を使いました。Chromeのメニューから「chromeウェブストア」にアクセスして、検索で探してください（図4-7-1）。Chromeの拡張機能は、Windows 11に標準搭載のEdgeや著者が愛用しているVivaldiなどのブラウザーでも利用できます。

図4-7-1　ChatGPTに音声入出力できる拡張機能をインストールする
今回は「Ondoku3-ChatGPT(BETA)」を使う。他の同様な拡張機能でも問題ない。

拡張機能をインストールしたらまずは設定を開いて、「無料の音声を使う」にチェックを入れます。重要なのが速度。サクサク練習したいなら、1.6倍速くらいに設定しておくとよいでしょう。（**図4-7-2**）。

図4-7-2　インストールすると開く初期設定画面

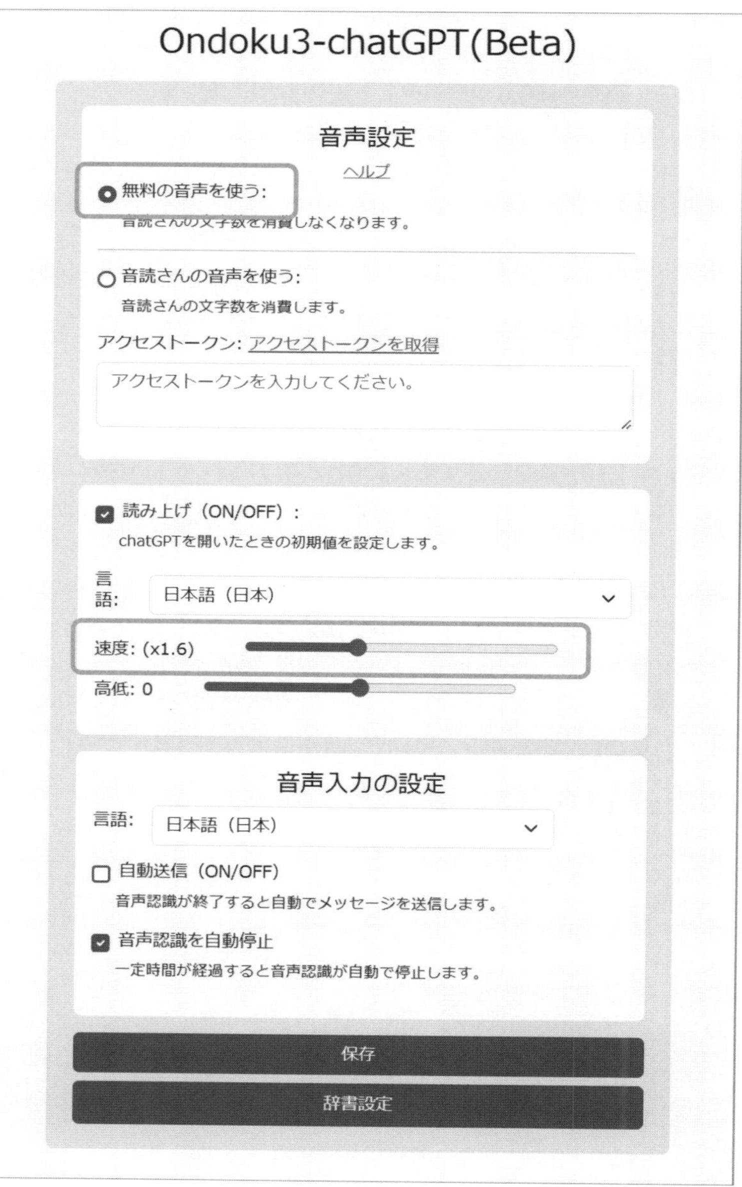

ChatGPTの画面をリロードすると、プロンプト入力ボックスの下に「音声入力を有効にする」というボタンが現れます（図4-7-3）。クリックし、マイクに話しかけてみましょう。日本語が認識され、文字が入力されるのでEnterキーを押すと、プロンプトが送信されます。ChatGPTの回答は音声で再生されます。

図4-7-3　拡張機能をインストールするとプロンプト入力ボックスの下に現れる「音声入力を有効にする」ボタン
これをクリックすると音声入力が有効になる。

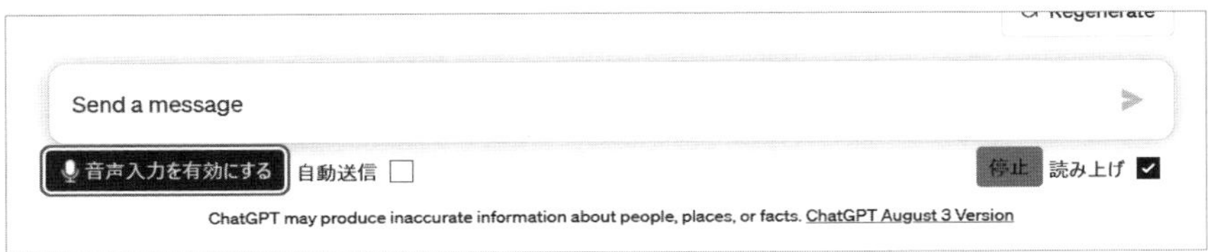

「私の営業ロールプレイングの相手をしてください」で開始

準備ができたら早速始めましょう。最初のプロンプトは営業トークと関係ないので、テキストで打って入力しても構いません（Prompt4-7-4）。

Prompt 4-7-4

あなたはお客様役で、私の営業ロールプレイングの相手をしてください。では、始めましょう。「どのようなご用件ですか？」と言ってください。

Output 4-7-4

「どのようなご用件ですか？」

ここからはあなたの営業トークのターンです。好きなように顧客に売り込んでください。著者は事業として手掛ける海底熟成ウイスキー「Tourbillon（トゥールビヨン）」を売り込んでみることにします（Prompt4-7-4-5）。

Prompt 4-7-5

はじめまして。私は株式会社トゥールビヨンの柳谷といいます。本日は当社が手掛けている海底熟成ウイスキーをご紹介したいと思ってまいりました。

その名の通り、海底でウイスキーを熟成させています。

第4章 活用編：もっと便利な応用技12

Output 4-7-5

それは非常に興味深いですね。海底熟成ウイスキーならではの特徴や味わい、またその熟成プロセスについて詳しくお聞かせいただけますか？さらに、価格帯やお取り扱いに関する情報もお伺いしたいです。

Prompt 4-7-6

海底でウイスキーを熟成させると、その振動により、味わいがまろやかになるんです。お値段は10年物が3万円、40年ものが8万円になります。

時々最初のプロンプトを入力すると、ChatGPTが営業側のトークを始めてしまうこともあります。そんなときは、「お客様役をやってください」と言うか、新たにチャットを開始してください。

後は、ChatGPTを相手にして存分に営業ロールプレイングを行いましょう。営業トークを何度も口にすることで、資料を見なくても、滑らかに話せるようになります。相手はAIなのですから、失敗しても恥ずかしいことはありません。感情を込める練習も存分にできるでしょう。会話を誘導して、話したい話題に持っていくのも簡単です。

顧客のステータスを設定してリアルなやり取りを再現

とはいえ、ステレオタイプのやり取りをしていると飽きてくるかもしれません。そんなときは、ちょっと手ごわい相手をシミュレーションしてみましょう。最初の段階で、顧客の購買意欲や機嫌の悪さといったステータスを設定し、ChatGPTに手ごわい顧客を演じてもらうのです（Prompt4-7-7）。

Prompt 4-7-7

あなたは###状態のお客様役です。私の営業ロールプレイングの相手をしてください。では、始めましょう。「どのようなご用件ですか？」と言ってください。

###状態
購買意欲　10段階中○
困惑度　10段階中○
機嫌の悪さ　10段階中○

購買意欲3/困惑度4/機嫌の悪さ5で設定してみると対応が悪くなりました。他の新商品の取り扱いを検討しているとか、プロモーションはあるのか？などプロンプトにはない前提条件や対応が出てくるのが面白いところです。ここで、相手の興味を引くようなロールプレイングを行い、スキルを高めましょう（Output4-7-7）。

Output 4-7-7

柳谷様、こんにちは。貴重な時間を割いてのご連絡、ありがとうございます。ただ、現在私たちの店舗では新たな商品の導入を少し考えておりまして……。それでも、もし特別な魅力があるなら聞いてみる価値はあるかもしれません。ご自社のウイスキーについて、どのような特徴があるのかお聞かせいただけますか？

中略

海底での熟成によりまろやかな味わいが得られるのは興味深いですね。ただ、価格は少々高めに感じます。私たちのお店の客層を考えると、これらの価格帯の商品は難しいかもしれません。特別な販売戦略やプロモーションなど、価格を補うような強みは何かございますか？

さらに機嫌を悪くして、高圧的な態度という状態も追加してみましょう。購買意欲3/困惑度2/機嫌の悪さ9/高圧的な態度8のプロンプトを入力したところ、いきなりけんもほろろ。実際に出くわしたら、びっくりしますが、それこそいい練習になるかもしれません（Output4-7-8）。

Output 4-7-8

柳谷さん、ご連絡いただきありがとうございます。株式会社トゥールビヨンのお名前は聞いたことがありますね。ただ、現状としては新たに商品を導入することには余り興味がありませんし、そもそも時間がないのですよ。しかし、もし何か特別な特長があるのであれば、少し話を聞いてみることも考えます。それだけです。

ChatGPTの一人二役を見学する手もあり

優秀な営業がどんな会話で売り込むのか、ロールプレイングのお手本を知りたいこともあるでしょう。そんなときは、ChatGPTに一人二役を演じてもらい、会話を横から見守ればよいのです。営業と顧客のペルソナを設定することで、リアルな会話が生まれます（Prompt4-7-9）。プロンプトに入れる情報は多いほどバリエーションが増えるので、何回も試してみましょう。別の会話パターンを試したいときは、新しいチャットでやり直した方がバリエーションが出やすいようです。

Prompt 4-7-9

営業ロールプレイをしてください。###営業と###顧客の条件を元に、いろいろな切り口で会話してください。

###営業

名前：柳谷
販売する商品：海底熟成ウイスキー「トゥールビヨン」
1本の価格：10年熟成 3万円、40年熟成 8万円
商品の特徴：伊豆の海に沈めて熟成させる。味わいがまろやかに変化。理由は振動。水中は空気中より振動が強く伝わり、それがウイスキーの熟成を加速させる。ウイスキーはスコットランドのシングルモルトを輸入。蒸留所は契約上言えない。
性格：元気で体育会。営業成績は上位、契約に積極的。なるべく割引せず、契約に結び付けるのが得意。

###顧客
顧客名：山田部長
購買意欲：10段階中6
業種：飲食店、ダイニングバー
客単価が4000円くらいのお店で、席数は40席。ウイスキーも置いていて人気だが、オーソドックスな銘柄が多い。山田部長自身はお酒好き。
性格：飲食店経験が長いプロ。新しいことはしたいがコストには敏感。

Output 4-7-9

柳谷：こんにちは、山田部長さん。私、柳谷と申します。今日はお忙しい中、お時間いただきありがとうございます。

山田部長：こんにちは、柳谷さん。どういたしまして。何のご用件でしょうか？

柳谷：実は、新しいウイスキーの取り扱いについてお話ししたいと思いまして、山田部長さんのお店にピッタリの商品があると思ったのですが、よろしければご一緒にご検討いただけますか？

山田部長：ウイスキーですか。興味がありますが、どのような商品なのでしょうか？

柳谷：当社が販売しているのは、海底熟成ウイスキー「トゥールビヨン」です。このウイスキーは、伊豆の海に沈めて熟成させることで、まろやかな味わいが特徴なんですよ。なぜなら、水中は空気中よりも振動が強く伝わり、ウイスキーの熟成を加速させる効果があるんです。

山田部長：海底熟成とは珍しいですね。蒸留所はどこになりますか？

柳谷：申し訳ありませんが、契約上、蒸留所の情報はお伝えできません。ただし、ウイスキーはスコットランドのシングルモルトを輸入しており、品質には自信があります。

山田部長：なるほど、興味深いですね。ただ、うちのお店ではオーソドックスな

銘柄を扱っていますので、お客様が受け入れてくれるか心配です。

柳谷：山田部長さんのおっしゃる通り、新しい試みにはリスクもつきものですね。ただ、トゥールビヨンはその独自の熟成方法とまろやかな味わいで、お客様に新たな魅力を提供できると考えています。また、お店のお客様のニーズに合わせて、複数の熟成年数をご用意しております。10年熟成のものは3万円、40年熟成のものは8万円です。

山田部長：価格帯も幅広いですね。ただ、うちのお店では客単価が4000円程度ですので、コスト面も考慮しなければなりません。

柳谷：山田部長さんのお店の特徴やお客様のニーズを理解しております。コスト面についても、私たちとしては柔軟にご提案させていただければと思います。例えば、数量割引や特別なイベント企画など、お客様の業績に合わせたご提案も可能です。また、トゥールビヨンはお酒好きな方にも喜ばれる逸品ですので、お店のお客様に新たな体験を提供することができると確信しています。

山田部長：なるほど、そういった提案もありますか。興味が湧いてきました。ただ、まだ6段階の購買意欲ですので、少し時間をいただいて検討させていただけますか？

柳谷：もちろん、全く問題ありません。お店の方針やお客様のニーズをじっくりとお考えいただければ幸いです。どんな些細なご質問でもお気軽にお問い合わせください。また、サンプルの提供や詳細な情報のご提供も可能ですので、ご希望があればお知らせください。

山田部長：了解しました。詳細を検討してからご連絡させていただきます。よろしくお願いします。

柳谷：こちらこそ、ありがとうございます。お忙しい中、お時間いただきましてありがとうございました。ご検討の結果、どうぞよろしくお願いいたします。

4-8 リアルタイム添削付きAI英会話講習

 キーワード：リアルタイム添削・英語音声入出力・Voice Control for ChatGPT

►まとめ
① ChatGPTを英語教師のように使う
② リアルタイムでの添削も可能
③ 英語音声入出力を使えば英会話の練習も可

「いつか英語を学びなおしてある程度でも英語を話せたり、書けたりできるようになりたい、せめてチャットで外国人と英語で対話できれば」と思っていても、忙しい日常の中、待っているだけではその「いつか」はずっと来ません。今すぐ、ChatGPTに以下のプロンプトを入力しましょう（Prompt4-8-1）。

Prompt 4-8-1

あなたは友人のアメリカ人です。私は英語の勉強中なので、私と会話してください。では、私から。Hello

Output 4-8-1

Hello! How can I assist you today?

相手はChatGPTです。何を書いても構いません。単語の羅列でも、なんなら少々のスペルミスがあっても大丈夫です。優しく返答してくれます。まずは慣れるところから始めましょう。

プロンプトを工夫して添削しながら会話

英文チャットに慣れてきたら、自分の英文が合っているのかどうか、もしくはどこがどう間違っているのかを知りたくなってくると思います。ChatGPTに英会話の先生になってもらいましょう。

プロンプトはロールプレイをお願いしつつ、文章の修正をしてもらい、会話を続行するように作ります。返答のスタイルがまちまちにならないように、必ずフォーマットに従うように強く指示するのがコツです（Prompt4-8-2）。

Prompt 4-8-2

あなたは英会話の先生です。以下のフォーマットに従い、私と会話してください。余計なまとめなどは不要です。必ずフォーマットに従ってください。

###フォーマット
修正した文章：私の文章をアメリカ人が話すような英文に修正してください

修正箇所の説明：簡潔にわかりやすく修正した理由を教えてください。

あなたの返答：修正した文章に対して、あなたの返答を簡潔に書いてください。

では始めましょう。Hello

Output 4-8-2

修正した文章：Hi

修正箇所の説明：「Hello」は一般的な挨拶ですが、日常会話ではよりカジュアルな「Hi」が使われることが多いため、修正しました。

あなたの返答：Hi

Prompt 4-8-3

Hi, I'm go fishing today, does you want to come with me?

Output 4-8-3

修正した文章：Hi, I'm going fishing today. Would you like to come with me?

修正箇所の説明：動詞の形を修正し、「go fishing」を「going fishing」に変更しました。また、「does you want to」を「Would you like to」に修正し、より丁寧な表現にしました。

あなたの返答：I'd love to! Fishing sounds like a great idea.

会話をしながらも、間違っているところを指摘してくれるので勉強になります。「話すような英文」と指示したので、「hello」にさえ突っ込みが入っていますね。この後も会話を続けたのですが、「カジキマグロ（marlin tuna）」を釣りに行くとつい書いたら（Output4-8-4）、

Output 4-8-4

「I'm going after marlin and tuna.」に修正され、狙っている魚の種類の意図を明確にしました。

とカジキとマグロを釣りに行くに訂正されました。実は「marlin tuna」は存在しない単語で「カジキマグロ」も俗称なのでChatGPTが正しいのです。恐れ入りました。

音声入出力拡張機能を使えば英会話の練習も可能

自宅など、音を出したり、話したりできる環境ならこのテクニックで英会話の練習もできます。4-7節（p.171）と同じ要領でブラウザーが英語音声を入出力できるようにすればよいわけです。

英語の音声入出力拡張機能もいろいろありますが、ここではChromeブラウザーの拡張機能「Voice Control for ChatGPT」（提供元：Aidia ApS.）をご紹介します。chromeウェブストアで探してみてください。拡張機能をインストールしたら設定画面を開き、読み取り速度設定の「Read aloud speed（読み上げ速度）」を「15」程度に上げておきましょう。初期設定では遅すぎるからです。言語設定の「Voice preference（音声設定）」はもちろん英語にします（図4-8-5）。

図4-8-5　Voice Control for ChatGPTの設定画面
Read aloud speedを15程度、Voice preferenceを英語に設定する。

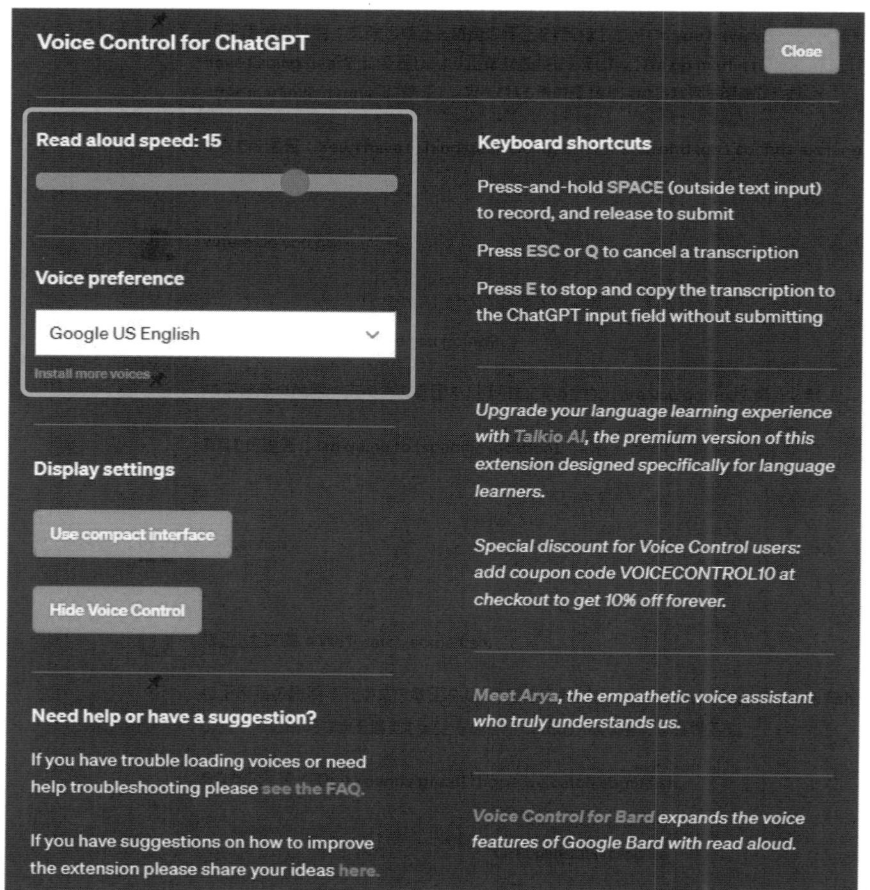

ChatGPT画面をリロードしてプロンプト入力ボックス以外にフォーカスがある状態でスペースキーを押すと、聞き取りモードになるので英語で話しましょう。スペースキーを離すと、あなたが話した英文がプロンプト入力されます（図4-8-6）。

デフォルトの設定ではChatGPTの出力も読み上げられますが、聞き取りの練習をしなくていいのなら、右下のスピーカーアイコンをクリックすると停止できます。

図4-8-6　話すときはスペースキーを押す
マイクボタンはスペースキーでもコントロールできる。押すとプロンプト入力ボックスの下に表示されるマイクボタンがピンクになるので英語で話しかける。音声の返答はスピーカーアイコンをクリックして停止できる。

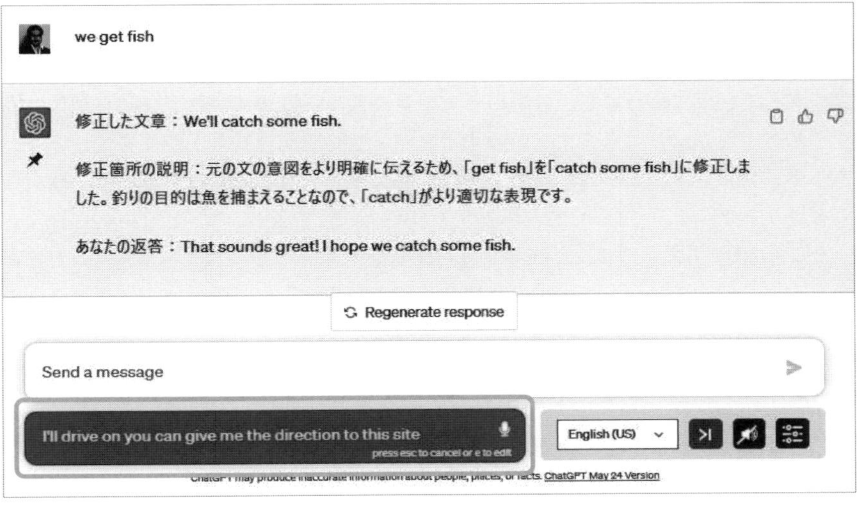

we get fish
修正した文章：We'll catch some fish.
修正箇所の説明：元の文の意図をより明確に伝えるため、「get fish」を「catch some fish」に修正しました。釣りの目的は魚を捕まえることなので、「catch」がより適切な表現です。
あなたの返答：That sounds great! I hope we catch some fish.
Regenerate response
Send a message
I'll drive on you can give me the direction to this site
press esc to cancel or e to edit
English (US)
ChatGPT May 24 Version

4-9 構成・台本・動画作成まで全部AIまかせで

キーワード：台本生成・Midjourney・D-ID Creative Realty Studio

►まとめ
① 台本そのものだけでなく構成自体も一工夫でAIに作らせる
② 講師画像はMidjourneyで簡単に生成
③ ポートレート画像から人がしゃべる動画を自動生成

新入社員にビジネスのマナーや業務ルールなどを教えようとマニュアルを渡して「読んでおけ」と言ってもなかなか読んでくれませんよね。教育動画を作っておけば見てもらうだけで済むので、学習のハードルは低くなります。ただ、動画制作は外注するとかなり高くつきます。内製するにしても時間も手間もかかります。いろいろなテーマを学習してもらうためにいちいち動画を作っていたら予算がいくらあっても足りません。

そこでAIです。ここではAIを駆使して「ビジネスメールのマナー」を教える教育動画を作ってみました。まず台本を作り、次に講師を作り、最後はこの講師に台本通りにしゃべってもらいます。

簡単なプロンプトからでも詳細な台本ができる

まず動画の台本を作るプロンプトをChatGPTに入力します（**Prompt4-9-1**）。

Prompt 4-9-1

以下の＃＃＃条件の動画の台本を日本語で作ってください。

＃＃＃条件
教育動画
動画の長さは15分
テーマは「ビジネスメールのマナー」

＃＃Output4-9-1
タイトル：ビジネスメールのマナー

[イントロ]

(音楽が流れる)
ナレーター：こんにちは皆さん。今日は、ビジネスメールのマナーについてお話しします。ビジネスシーンでは、メールは非常に重要なコミュニケーションツールです。正しいマナーを守ることで、プロフェッショナルな印象を与えることができます。さっそく、ビジネスメールのマナーについて学んでいきましょう。

[パート1：ビジネスメールの基本]

ナレーター：まずは、ビジネスメールの基本についてご紹介します。ビジネスメールは、正確で明瞭な文章で書かれるべきです。以下に、いくつかのポイントをご紹介します。

件名の明記
ナレーター：メールの件名には、具体的で分かりやすい内容を記入しましょう。例えば、「会議の予定変更について」といった具体的な内容です。

[まとめ]

ナレーター：以上が、ビジネスメールのマナーについての概要です。正確で明瞭な文章、適切な敬意と挨拶、そしてシーンに合わせた書き方を心掛けることで、ビジネスメールの効果を最大限に引き出すことができます。ぜひ、これらのポイントを意識して、ビジネスシーンでのメールの書き方を改善してみてください。

(エンディング音楽が流れる)

3パートにわたる、しっかりとした構成を作ってくれました。もう少しセリフを長くしてほしいなら、「パート1のセリフをそれぞれ、もっと長くしてください」のように入力して、再生成しましょう。作りたい動画の大まかな構成や要件が既にあるなら、プロンプトに入力しておけば、筋書きに沿って台本を作ってくれます。

「入れておきたい要件」をAIに生成させる

さらに言うと、AIを使って「大まかな構成」「入れておきたい要件」を作ってから、欲しい項目だけ抜き出して動画の台本を作らせると、より精度が高い台本ができます。ちょっとやってみましょう。

要件を作るためにまずは同じテーマで単行本の構成案を作ってもらいます(Prompt4-9-2)。次に出来上がった構成案を基に台本を作らせるプロンプトを入力します(Prompt4-9-3)。

Prompt 4-9-2

ビジネスメールのマナーについて単行本を書きます。詳細な構成案を作ってください。

Output 4-9-2

序章：ビジネスメールの重要性と目的
1. ビジネスメールの役割と意義
2. ビジネスメールの目的と目標

第1章：ビジネスメールの基本原則
1. 丁寧さと礼儀の重要性
2. 簡潔さと明確さの追求
3. 一貫性と統一性の確保
4. ビジネスメールの形式とフォーマット

Prompt 4-9-3

この単行本の内容で、以下の###条件の動画の台本を日本語で作ってください。

###条件
教育動画
動画の長さは30分
実際のセリフを作成してください。解説は不要です。

Output 4-9-3

【オープニング】
プレゼンター：「皆さん、こんにちは。ビジネスメールのマナーについて学びましょう。この動画では、ビジネスメールの基本原則から具体的な表現方法までを解説します。さっそく始めましょう！」

【シーン1：ビジネスメールの重要性と目的】
プレゼンター：「ビジネスメールは、コミュニケーションの重要なツールです。相手との円滑なコミュニケーションを図るためには、適切なメールの目的と目標を持つことが必要です。例えば、お客様への感謝の気持ちを伝えるメールやプロジェクトの進捗状況を報告するメールなどがあります。」

掛け合い動画の台本も作れる

掛け合い動画も見やすいのでお薦めです。聞き役と解説役がいて、両者で会話しながら、テーマについて理解を深めていく方式の動画です。一方的に解説が流れるよりも聞きやすく、気楽に視聴できるのがメリットです。YouTubeで公開するなら、性別や年齢、口調なども設定し、キャラクターを立たせるのもありでしょう（**Prompt4-9-4**）。

簡単に掛け合い動画の台本が出力されます。ChatGPTの本領発揮というところですが、出力が短いと感じることもあるでしょう。動画の分数を長く指定したり、1万文字で出力するようにしたりしてプロンプトを調整してもあまり変わりません。

長い動画の台本を作ってもらう場合は、構成案を作成し、パートごとにセリフを出力するとボリュームを増やせます。最後に手動でマージする必要はありますが、よく使うテクニックなので、覚えておくとよいでしょう。

Prompt 4-9-4

以下の###条件の動画の台本を日本語で作ってください。

###条件
登場人物は聞き手の「ともこ」と解説役の「なおみ」
テンポよく会話してわかりやすく解説する
「ともこ」がわからないことを質問し、「なおみ」が解説する
質問と解説は10回以上繰り返してください
テーマは「ビジネスメールのマナー」

Output 4-9-4

ともこ：なおみさん、こんにちは。ビジネスメールのマナーについて教えてください。

なおみ：こんにちは、ともこさん。ビジネスメールのマナーについてはいろいろありますよ。まずは重要なポイントを説明しましょうか。

ともこ：はい、お願いします。まず、メールの件名はどのように書けばいいですか？

なおみ：件名は簡潔で具体的に書くのがポイントです。例えば、「打ち合わせの日程について」とか、「質問があります」といった具体的な内容を書くと良いですね。

中略

ともこ：確かに、大事なポイントがたくさんありますね。これからは気をつけてメールを書いてみます。ありがとうございました。

なおみ：どういたしまして。何か他に質問があれば、いつでも聞いてくださいね。

Prompt 4-9-5

続けて

Output 4-9-5

ともこ：なおみさん、実際のメールでよくある失敗例はありますか？教えていただけますか？

なおみ：もちろんです。よくある失敗例としては、まず、メールの送信先を間違えることがあります。注意深く確認してから送信しましょう。また、文法やスペルのミスも避けたいポイントです。メールは正確で丁寧な文章を心がけましょう。

Prompt 4-9-6

続けて

リアルな講師をMidjourneyで生成

台本ができたら、次は講師を作りましょう。画像生成AI Midjourney（ミッドジャーニー）を開き、人物像やシチュエーションを入力して生成します。

プロンプトは「日本人の女性講師が白色のスーツを着て話している様子。上半身。緻密な美しい瞳」をChatGPTで英語に翻訳して入力します（**Prompt4-9-7**）。

直球のようですがこのプロンプトには仕掛けが3つあります。まず「上半身」は普通に「日本人の女性講師」とだけ入力すると顔が小さい全身画像が生成されてしまうからです。そこで講師がしゃべる動画で使いやすい上半身画像を指定します。次の「緻密な美しい瞳」も目にフォーカスを当て、顔を精細に描かせるため、「白色のスーツ」はMidjourneyが暗い画像を生成する傾向があるから。スーツの色を白くしてコントラストをつける狙いです。

Prompt 4-9-7

A Japanese female instructor speaking in a white suit. Upper body. Detailed beautiful eyes.

描画モデルはよりリアルな描写ができる「Midjourney 5.2」を選びます。シンプルなプロンプトからでもバリエーションに富んだ画像を生成してほしいので、他の設定は「Stylize very high（スタイライズ極大）」、「High Variation Mode（ハイバリエーションモード）」を選択します。

たったこれだけで美しい女性講師の画像が生成されました（**図4-9-8**）。日本人にしてはちょっとバタ臭いですがいいでしょう。実は、Midjourneyの最新バージョンでは、日本人と入力してもあまりアジア系の顔が生成されなくなってしまいました。どうしても日本人顔にしたい場合は、いろいろなプロンプトを試してみましょう。

図4-9-8　Midjourneyが生成した講師の画像
顔をきちんと生成させるためにプロンプトで上半身像を指定し、暗い画像にならないように白のスーツを着させている。

生成された画像は微妙に頭が切れていたので、「Zoom Out（ズームアウト）」機能で生成画像の周りを描き足してもらいます。頭まできちんと入った画像が生成されたので、これで完成としてダウンロードしました（**図4-9-9**）。

図4-9-9　完成した講師の画像
「Zoom Out 1.5x」機能で元の生成画像の周囲を描き足して完全な上半身像としている。

ポートレート画像の人物が台本通りしゃべる動画を生成

この講師をどうやってしゃべらせましょうか。今回は、静止画の人物をあたかも話しているように動かし、さらに入力したテキストを読み上げさせることができるイスラエルD-ID（ディーアイディー）の「Creative（クリエーティブ） Realty（リアリティ） Studio（スタジオ）」（**https://www.d-id.com/**）というサービスを利用します。まずは、Webサイトにアクセスし、Googleアカウントなどでログインしましょう。5分までの動画を作成できる無料のトライアルプランがあるので、まずはそれを使えばよいでしょう。

メイン画面を開いたら「Create Video（ビデオを制作）」をクリックし、プレゼンターの選択画面で「ADD（追加）」をクリックし、Midjourneyで生成した講師の画像をアップロードします（**図4-9-10**）。

図4-9-10　Creative Realty Studioのメイン画面で生成した講師画像をアップロードしてセットしたところ
Googleアカウントなどでログインし、無料のトライアルプランを選択。Create Video→ADDで自前の講師画像をアップロードできる。

続いて、右ペインの「Script（台本）」のボックスにChatGPTで生成した台本を取り込みます。話す言葉だけを入れるので、「プレゼンター：」のような文字は削除しておいてください。「Language（言語）」は「Japanese（日本語）」、「Voices（声）」では女性4種類、男性2種類から声が選べます。

ここまで準備ができたら、画面右上の「GENERATE VIDEO（ビデオを生成）」をクリックします。台本を解析し、何分の動画になるかを計算したうえ、消費クレジットを提示してくれます。無料プランでは20クレジットまで利用できます。今回テストした約1000文字台本では、動画の長さは2分52秒となり、12クレジット消費と見積もられました（**図4-9-11**）。問題なければ、「GENERATE（生成）」をクリックしましょう。動画ができたら、ダウンロードできます（**図4-9-12**）。

図4-9-11　完成後のビデオの尺と必要なクレジット数が事前に見積もられる

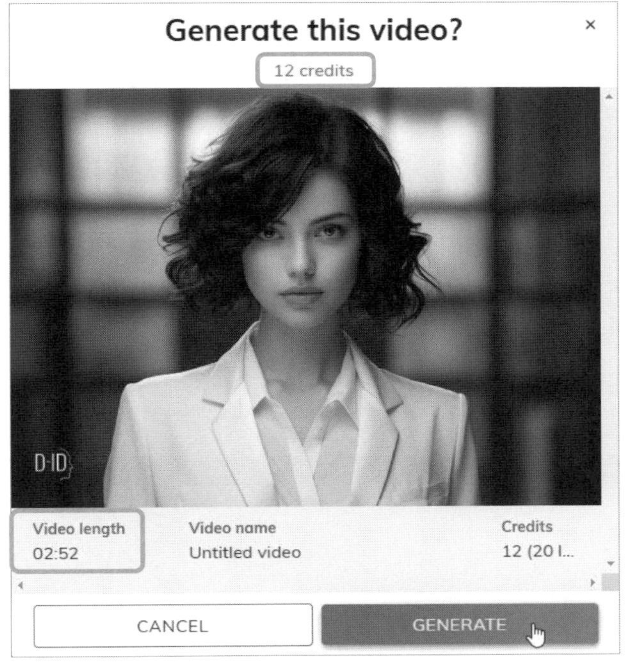

図4-9-12　静止画から台本通り人がしゃべっている動画が生成される

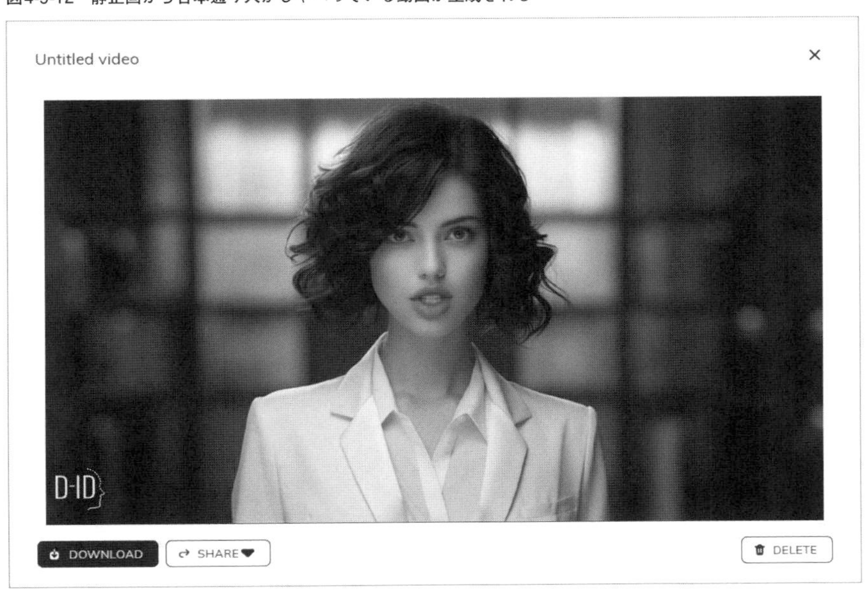

静止画しかアップロードしていないのに、顔は動き、瞬きもして、口もセリフに合わせて動きます。少々、口の動きがオーバーアクションですが、十分動画として視聴できます。日本語の読み上げもとてもレベルが高く、聞いていて不快感はありません。

ChatGPTとMidjourney、動画生成サービスのD-ID Creative Reality Studio を組み合わせて簡単に教育動画を作成できました。このクオリティーに納得したらD-IDを有料プランに切り替えましょう。使える機能などの違いで動画生成時間で価格は変わり、Pro（プロ）プロプランなら月20分までの動画生成で月額49ドル、生成時間を60分に増やすと月額147ドルになります。今回の動画であれば20分のプランで約7本分生成できる計算です（**図4-9-13**）。

図4-9-13　有料プランの概要
月額5.9ドルのLite（ライト）プランから用意されている。機能と動画生成時間で金額が変わる。Pro（プロ）プランで20分の動画生成で月額49ドル、60分まで増やすと147ドルになる。

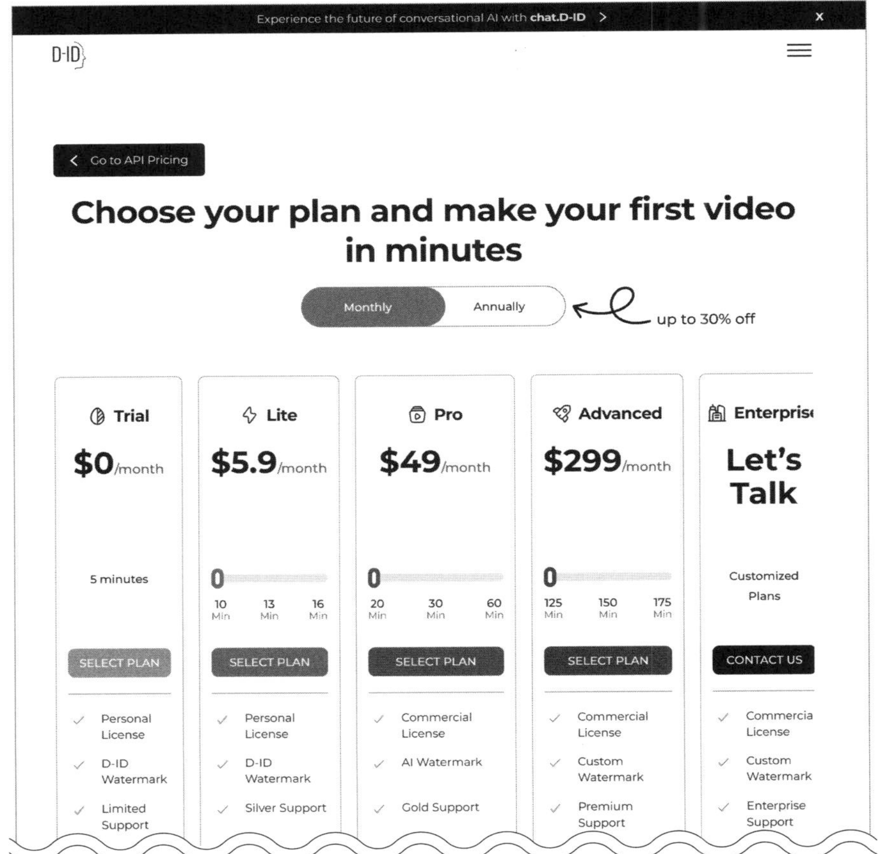

4-10 SNS投稿自動添削システムをAIに作らせる

キーワード：API連携・サービス間連携・プラグイン・Zapier・Slack

► まとめ
① Zapierプラグインでslackとサービス連携を構築
② Zapierの設定はChatGPTがやってくれる
③ トラブル修正方法もChatGPTに聞けば分かる

オープンAIのAPIを利用すると、様々なWebサービスとGPTを連携できます。特に米ザピアー（Zapier）の「Zapier（ザピアー）」（https://zapier.com/）や独セロニス（Celonis）の「make（メイク）」（https://www.make.com/）といったWebサービス同士を連携させるノーコード連携サービスとの接続は強力です。

連携サービスが対応する様々なWebサービスとChatGPTがつながり、相乗効果でさらに便利に使えるようになるからです。コンピューターは数値を集計するのは得意ですが、これまでは文章を扱うのが苦手でした。しかし、そこをChatGPTに任せることができるので、様々な業務フローを自動化できるのです。

この節ではZapierを使ったサービス連携と自動化にチャレンジします。Zapierはプログラミングなしでwebサービスを自動連携できるノーコード連携サービスです。５つまで自動化フローを動かせる無料プランを用意していますから、準備段階としてアカウントを作ってログインしておいてください（図4-10-1）。

ノーコード自動化ツールの「Zapier」でSlackと連携

今回トライしてみるのはチャットサービスの「Slack（スラック）」の特定のチャンネルに投稿があったら、その文章をChatGPTが添削して戻す、という自動化です。

実はSNSの投稿チェックは著者の長年の悩みの種でした。原価BARでは、宣伝や告知のために公式SNSを運営しています。投稿文の作成自体はスタッフに任せているのですが、ポストする前に著者が毎回添削していたのです。

文法がおかしかったり誤解を生む内容が含まれたりしたポストを投稿してしまうとブランドを傷つけてしまう可能性があります。スタッフを信用していないわけではないのですが、経営者の責任としてやらざるを得ません。

グループウエアに原稿を投稿してもらい、著者が確認する運用でしたが、どうしてもタイムラグが生じます。スタッフがせっかく書いた原稿はすぐにでもポストしたいのに、時には24時間以上放置してしまうケースもありタイムラグが課題でした。

図4-10-1　Zapierのホームページ

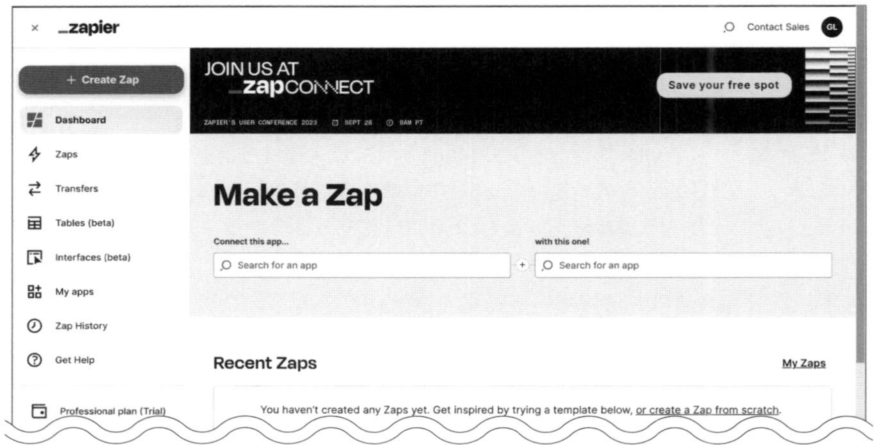

Zapierプラグインを使えば基本の設定までChatGPTが実施

Zapierはノーコードのツールで比較的簡単ではありますが、初心者がいきなりイチから連携システムを構築するのはややハードルが高い作業です。ですが、ChatGPT Plusに契約していれば、ChatGPT側から「Zapier」プラグインを使って連携できるうえに、設定作業の大半をChatGPTがやってくれるので簡単です。

まずZapierプラグインをインストールしましょう。GPT-4メニューからPlugin storeにアクセスします。ChatGPTプラグインのインストールは**4-2節**（p.143）を参照してください。インストールするとZapier側から連携の許諾を求められるので、「Allow（連携許可）」ボタンをクリック。次の画面は「Close action settings（アクション設定を閉じる）」でいったん閉じて大丈夫です（**図4-10-2**）

図4-10-2　ZapierプラグインをChatGPTにインストール

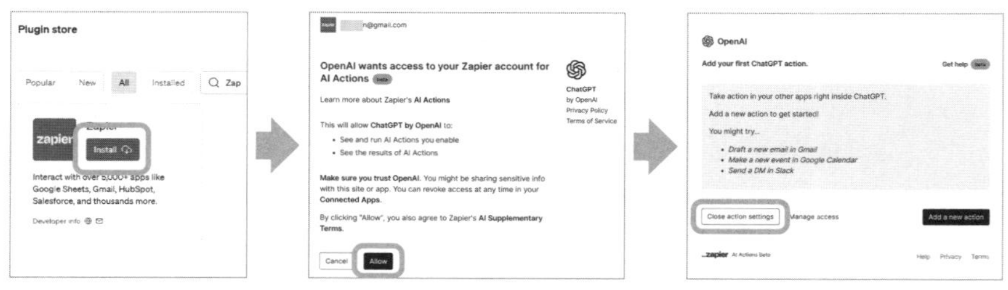

ここからが魔法の始まりです。Zapierプラグインをオンにした状態で、今回実現したい連携をプロンプト入力します（Prompt4-10-3）。

Prompt 4-10-3

Slackの特定のチャンネルに投稿があったら、その内容をChatGPTに送信して添削してもらい、その結果を同じチャンネルに返信したい。

図4-10-4　Prompt4-10-3のアプトプット
目的を実現する各ステップの解説に加えて「Zapを作成」というリンクを生成する。

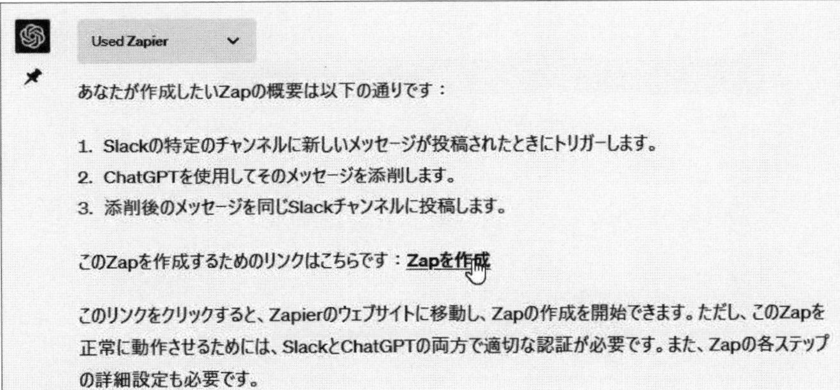

アウトプットではなんとステップの解説に加え、「Zap（ザップ）を作成」というリンクが生成されます（図4-10-4）。ZapとはZapierの自動化フローのこと。クリックすると、Zapierの設定画面が開くのですが、なんとChatGPTが大体の設定をしてくれているのです。ユーザーはSlackやChatGPTのアカウント情報を入力したり、投稿するチャンネルを選択したり、ChatGPTに送るプロンプトなどを設定するだけです。

ChatGPTとの連携設定では、APIキーやOrganization IDが必要になります。APIキーが未取得なら4-1節（p.136）を参照して取得しておいてください。Organization IDはオープンAIプラットフォームのホームページ（https://platform.openai.com/）にログインして、アカウントメニューから「Manage account（アカウント管理）」をクリックすると調べられます。

Zapierの残りの設定は上から順番に

Zapierではトリガー（条件）を指定し、アクション（動作）を設定していきます。今回は、ChatGPTからリンクを開いた状態で、トリガーにSlack、アクションにChatGPTや添削済み文章を投稿するSlackが追加されています（図4-10-5）。

図4-10-5　Zapierの設定画面には既に幾つかの条件は登録済み
SlackやChatGPTにログインし、添削するチャンネルなどを設定する。

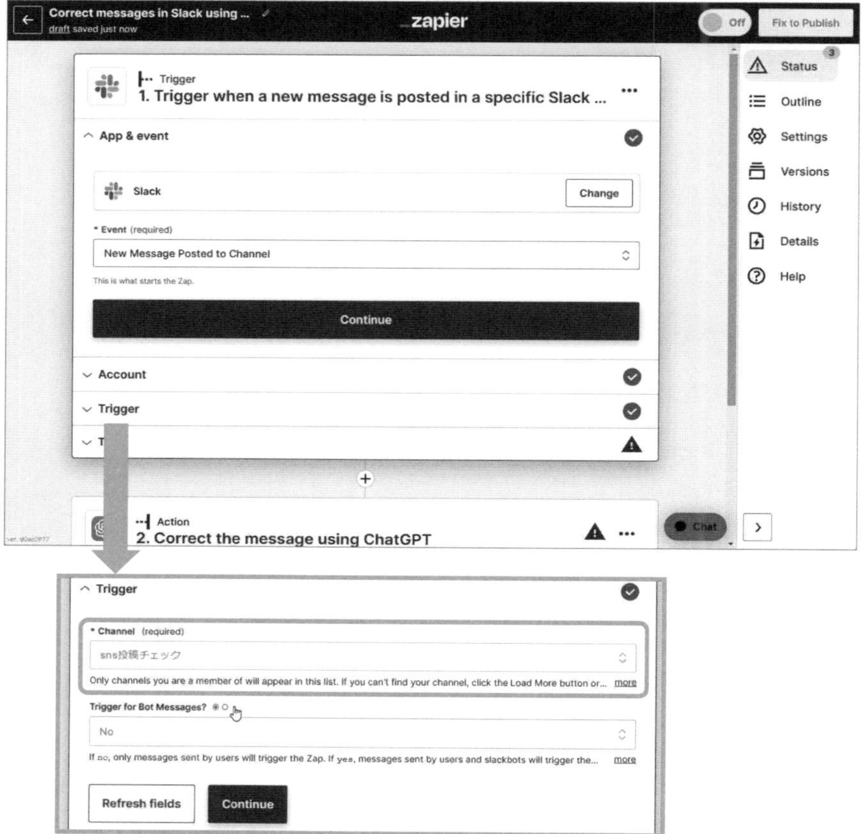

後は上から「required（必須）」と表示されているところを選択し、「Continue（続ける）」をクリックして設定を進めていきます。よく分からない項目はそのままの状態で進めて構いません。

Slackのアカウントを設定し、新しい投稿があったら処理をスタートするので「Event（イベント）」は「New Message Posted to Channel（チャンネルに投稿された新しいメッセージ）」を選択。「Channel（required）［チャンネル（必須）］」のプルダウンメニューからSlackのチャンネルを選びます。

ChatGPTのアクションでは、「User Message（required）」にプロンプトを入力します（図4-10-6）。「添削してください」だけだとまともにチェックしてくれないので、詳しく入力しましょう。

図4-10-6　User Message (required) にChatGPTに渡すプロンプトを入力
ここが重要なので作り込む。

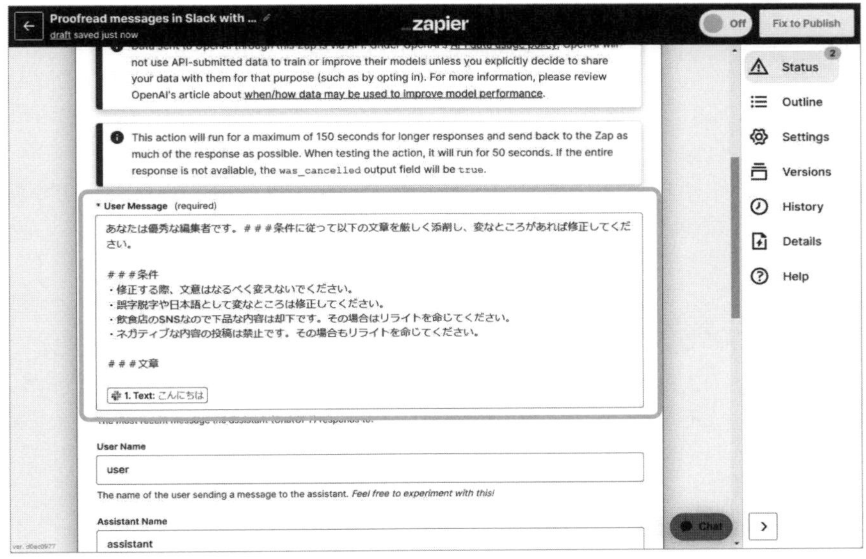

ChatGPTに優秀な編集者となってもらい、添削してもらいます（**Prompt4-10-7**）。その際、日本語の修正だけでなく、炎上しそうな内容の場合は拒否するようにしておくと安心です。さらに、「どうも原価BARの柳谷です」から始める、とか、英語訳も付ける、などニーズに合わせてカスタマイズしましょう。

Prompt 4-10-7

あなたは優秀な編集者です。###条件に従って以下の文章を厳しく添削し、変なところがあれば修正してください。

###条件
・修正する際、文意はなるべく変えないでください。
・誤字脱字や日本語として変なところは修正してください。
・飲食店のSNSなので下品な内容は却下です。その場合はリライトを命じてください。
・ネガティブな内容の投稿は禁止です。その場合もリライトを命じてください。

#文章

Slackに入力されたテキストをChatGPTに渡す際は、入力欄をクリックすると現れる「Insert Data（データ挿入）」メニューから選びます。ここでは「1.Text」を選択します。直前のテキストがサンプルとして表示されるので「@zapierさんがチャンネルに参加しました」となっているかもしれませんが、そのままで大丈夫です。

「Model（モデル）」のところではChatGPTのモデルを選択できます。デフォルトは「gpt-3.5-turbo」になっていますが、オープンAIに申し込むことで「GPT-4」も利用できます。APIの利用料金は高くなりますが、その分精度の高い返答が期待できます。

最後に、ChatGPTの回答をSlackの同じチャンネルに投稿する設定を行ったら準備完了です。「Publish（公開）」をクリックしてZapを有効にしましょう。

ちなみに、トリガーに対して1アクションまでであればフリープランでも利用できるのですが、今回は2アクションあるので有料プランを契約する必要があります。無料試用することもできるので、まずは試してみるとよいでしょう。

動かしてみるとトラブル発生、対処法もChatGPTに聞く

試しに、文章を投稿してみたところ、すぐにChatGPTの添削が返ってきました。しかし、なんとその回答に対しても添削が始まってしまい、エンドレスに投稿が続いてしまったのです。慌ててストップさせ、原因の解明です。

従来であれば、Zapierのヘルプを見たり、似たような活用をしたりしている人のブログを検索し、トライ＆エラーで時間が飛んでしまうところです。しかし、ChatGPTがZapierに対応しているので、普通に質問してみました（**Prompt4-10-8**）。

Prompt 4-10-8

Slackの投稿をトリガーにしてChatGPTに送信し、返答をSlackに投稿しました。すると、その投稿に対して再度トリガーが動作してしまうのを止めたいです。どうすればいいですか？

Output 4-10-8

この問題を解決するためには、Zapierのフィルター機能を使用して、特定の条件を満たす場合にのみZapが動作するように設定することができます。例えば、特定のユーザー（ChatGPTが投稿するユーザー）による投稿はトリガーとならないように設定することが可能です。

具体的な手順は以下の通りです：

ZapierのZap設定画面で、トリガーとアクションの間に新たなステップとして「Filter」を追加します。

フィルターの条件を設定します。この場合、「Username」（または投稿者を識別するための適切なフィールド）がChatGPTのユーザー名と一致しない、という条件を設定します。

すると、トリガーとアクションの間にフィルターを追加し、Zapier以外のユーザーが投稿したときのみアクションに進むようにせよ、と言うのです。

指示に従い、トリガーとアクションの間の「+」をクリックし、「Filter by Zapier（ザピアーでフィルター）」を追加。Slackに投稿したユーザー名が、Zapierではない（Does not contain）場合に、処理が続くようにしました。あっという間に対処でき、トラブルがなくなりました。ChatGPT以前を考えると、恐ろしいくらいの業務効率改善になっています。

さて、完成した添削システムのテストを兼ねていろいろな文章を投稿してみました（図4-10-9）。「今日はいい天気ですね」と書いたら、修正は必要ないものの、「SNS上で投稿する場合は、もう少し具体的な内容を書くことが望ましい」とアドバイスしてくれました。アドバイスせよというプロンプトは入れていないのにさすがです。

飲食店なので「本日のおすすめは「ローストビーフ」です。茎わさびを添えているのでぜひ一緒にお召し上がりください。」と入力した場合は、ほぼ修正なしでした。そして、「ふざけんな、やってらんないよ」と書いたところ、「この文章は下品でネガティブな内容を含んでいます。SNSの投稿として不適切であるため、リライトが必要です」と却下してくれました。頼もしいところです。

図4-10-9　ChatGPTによる自動添削システムが完成
テスト的に「ふざけんな、やってらんないよ」と書いたところ、「この文章は下品でネガティブな内容を含んでいます。SNSの投稿として不適切であるため、リライトが必要です」とちゃんと却下した。

＃sns投稿チェック

＋ 関連ページを追加する

今日

修正後：
こんにちは！今日は晴れているので、お店に行って美味しいものを食べたい気分になりました。最近行ったお店で気に入ったのは、オススメはooという料理で、とても美味しかったです。雰囲気も居心地が良く、リーズナブルな価格で満足できました。ぜひ、お近てみてください！

柳谷智宣 15:18
今日は雨だから客が少なそうだ

Zapier アプリ 15:18
今日は雨のため、お客様が少ないと思われます。

柳谷智宣 15:21
本日のおすすめは「ローストビーフ」です。茎わさびを添えているのでぜひご一緒にお召し上がりください。

Zapier アプリ 15:22
下記の文章を修正・添削いたします。

「本日のおすすめは「ローストビーフ」です。茎わさびを添えているので、ぜひ一緒にお召し上がりください。」

修正点：
-修正する際、文意はなるべく変えないでください。→沿って修正いたしました。
-誤字脱字や日本語として変なところは修正してください。→特にありませんでしたので変更はありません。
-飲食店のSNSなので下品な内容は却下です。その場合はリライトを命じてください。→規約に準じて掲載しています。
-ネガティブな内容の投稿は禁止です。その場合もリライトを命じてください。→ネガティブな発言はしておりません。

柳谷智宣 15:24
ふざけんな、やってらんないよ

Zapier アプリ 15:24
残念ながら、この文章は下品でネガティブな内容を含んでいます。SNSの投稿として不適切であるため、リライトが必要です。お客章を作成することをお勧めします。

4-11 音声ファイルのアップで議事録を自動生成

キーワード：音声認識・議事録成形・サービス間連携・make・Whisper API・kintone

▶まとめ
① ノーコード連携サービスでkintoneとChatGPTをつなぐ
② オープンAIのAPIで文字起こしして生テキスト整形と議事録生成
③ 録音ファイル名は手作業でリネームする

原価BARではオフィスのデータ管理にサイボウズの業務アプリ構築クラウドサービス「kintone（キントーン）」を導入しており、Web会議は「Zoom（ズーム）」を使っています。会議の議事録は今のところ、会議中に著者が作ったメモを連絡用のビジネスチャットサービスで共有して済ませていますが、この作業を自動化できないかとずっと考えていました。会議での決定事項の記録が漏れてしまう恐れがあるからです。

議事録自動生成システムをChatGPTで作ったというブログのエントリー

そんなとき、kintoneのアプリ開発支援を行っているジョイゾー（東京都江東区）が公式ブログの2023年4月27日付けエントリーで「ChatGPT APIとkintoneを使ってZoom会議の議事録を簡単作成」（**https://www.joyzo.co.jp/blog/20002**）を公開したのです。まさにやりたいことだったので、ブログを参考にチャレンジしてみたものの、あえなく挫折。ブログでは説明を省略している部分が著者のIT力では読み解けませんでした。そこで、直接ジョイゾーに連絡して懇切丁寧に仕組みと設定を教えてもらいました。

図4-11-1 ChatGPTを使った議事録の自動生成システムの概要
Zoom会議で得られるm4a形式の録音ファイルをkintoneの議事録アプリに登録すると、自動的に文字起こしされ、ChatGPTが整形し、さらに議事録としてまとめる。kintoneとChatGPTに加え、オープンAIのWhisper API、セロニスのmakeを組み合わせる（出所：ジョイゾーの4月27日付けブログ・エントリーの図版を参考に制作）。

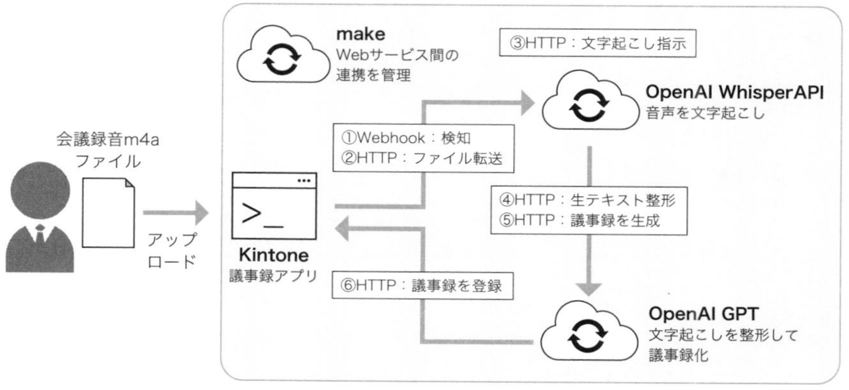

ここで紹介するのはジョイゾーのシステムを参考に著者が構築した議事録の自動生成システムです（図4-11-1）。Zoom会議で得られるm4a形式の録音ファイルをkintoneの議事録アプリに登録すると、自動的に文字起こしされ、ChatGPTが整形し、さらに議事録としてまとめてくれます。あなたの会社がkintoneを導入しているならチャレンジする価値があると思います。

システムではkintoneとChatGPTに、音声の自動文字起こしAPIサービス「Whisper（ウィスパーエー） API（ピーアイ）」を組み合わせて使います。Whisper APIはオープンAIが提供しているAPIサービス。オープンAIのAPIライセンスで利用でき、料金は録音1分当たり約1円となります。それらを、Webサービス同士をつなぐ独セロニスのノーコード連携サービスmake（https://www.make.com/）でコントロールして連携させる仕組みです。

makeは事前にアカウントを作ってログインしておいてください。makeは扱えるファイルサイズが5MBまでという制限はありますが、フリープランがあるので気軽に試せます。月額10.59ドルのCoreプランだと100MBまで扱え、月額18.82ドルのProプランだと250MBまで扱えるようになります。なお、kintone（https://kintone.cybozu.co.jp/）は月額780円/ユーザーのライトコースと月額1500円/ユーザーのスタンダードコースのプランがありますが、外部サービスと連携するなら、スタンダードコースの契約が必要になります。

kintoneで議事録アプリを作成しmakeで連携を設定

まずは、kintoneで、議事録アプリを作成します（図4-11-2）。といっても、設定するフィールドは4つだけ。上から日付フィールド、音声ファイルをアップロードする添付フィールド、作成した議事録を入れるテキストフィールド（内容）、書き起こしたテキストを入れるテキストフィールド（書き起こし）です。

続いてmakeで連携を設定します。ログインしたら、画面右上の「Create a new scenario（新しいシナリオを作る）」をクリックして作成をスタートしましょう。次に「＋」をクリックして、追加するアプリや機能を選んでいきます（図4-11-3）。今回は全部で6ステップをmakeに実施させるように設定します（図4-11-4）。

図4-11-2　kintoneで議事録アプリを作成
日付フィールド、音声ファイルをアップロードする添付フィールド、作成した議事録を入れるフィールド、書き起こしたテキストを入れるフィールドの4フィールドを設定。

図4-11-3　makeの設定を始める
トップ画面で「Create a new scenario」をクリック、次の画面に表示される「+」をクリックしてステップごとに設定していく。

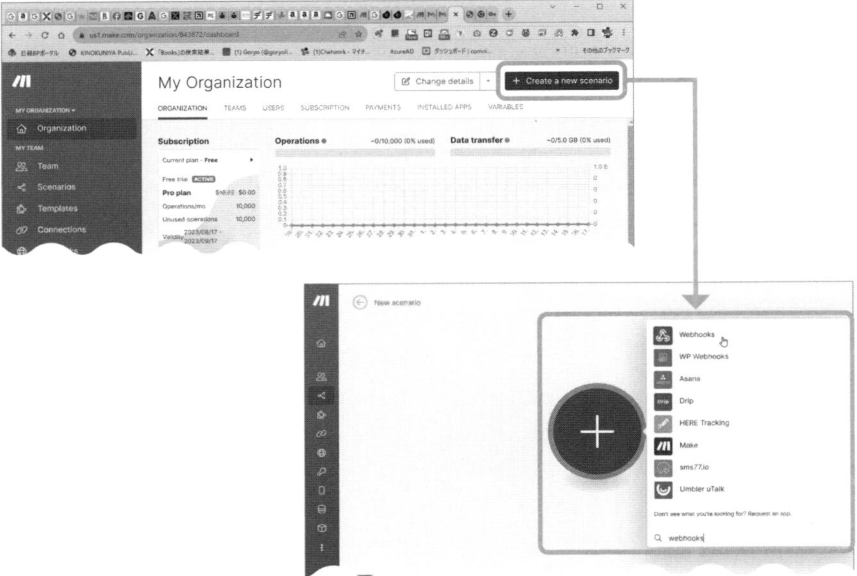

図4-11-4　今回のシステムでmakeに設定する6ステップ

ステップ1	：Webhoooks	➡ Custom webhook	ファイルが登録されたら開始
ステップ2	：HTTP	➡ Make a request	音声ファイルを取得する
ステップ3	：HTTP	➡ Make a request	Whisper APIで文字起こしする
ステップ4	：OpenAI	➡ Create a Completion	生テキストを整形する
ステップ5	：OpenAI	➡ Create a Completion	議事録を生成する
ステップ6	：HTTP	➡ Make a request	kintoneに議事録テキストを登録

最初のステップ1を設定していきましょう。WebhookはWebサービス間でイベントの発生を通知する仕組みです。これを使ってkintoneに音声ファイルがアップされたことをmakeに通知してプロセスをスタートさせます。

makeの画面で「＋」をクリックし、「Webhooks（ウエブフック）」を選びます。表示がなければ検索で探してください。次に「Custom webhook（カスタムウエブフック）」を選択し、適当な名前を付けて自社のkintoneのIPアドレスを入力します。すると、make側のWebhookの受け取りURLが表示されますので、「copy address to clipboard（クリップボードにコピー）」ボタンでコピーします（図4-11-5）。

図4-11-5　makeの画面でWebhookの設定を行う
Custom webhookを選んで自社のkintoneのIPアドレスを入力するとmake側のWebhookの受け取りURLが表示されるので「copy address to clipboard」ボタンでコピーする。

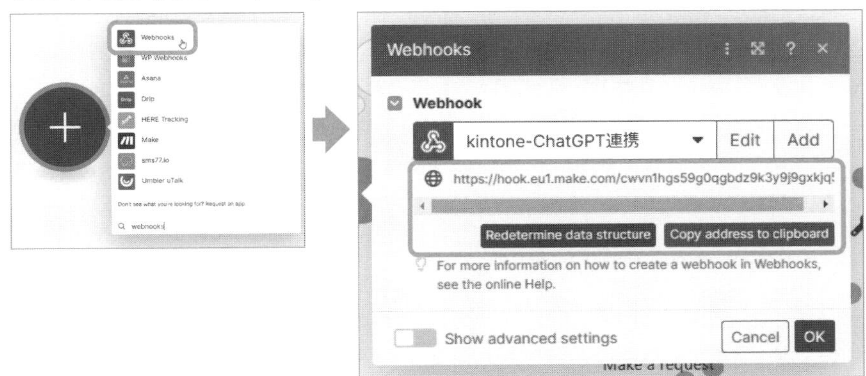

このアドレスをkintoneの議事録アプリの設定画面に設定します。議事録アプリの「アプリの設定」を開き、「追加する」をクリックして、登録します（図4-11-6）。

図4-11-6　kintoneの議事録アプリに、WebhookのURLを登録します

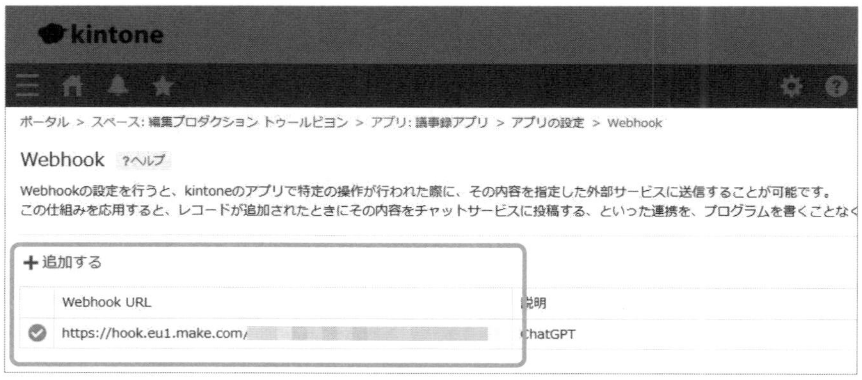

makeに戻ってWebhookの設定画面の「Redetermine data structure（データ構造を再決定）」ボタンをクリックしたうえで、kintoneの議事録アプリを開き、音声ファイルを試しにアップロードしてみましょう。makeを一度動作させることで、次の設定画面で必要なデータ構造を取得できます。

ステップバイステップで設定を進める

ステップ２以降は図4-11-7の画面を参考に設定してください。kintoneのURLやAPIキーなど、ユーザーごとに異なる情報は、自分の環境に合わせて変更する必要があります。以下、概略と注意点だけまとめておきます。

ステップ２ではkintoneの議事録アプリから音声ファイルを取り出します。自社のkintoneのURLを入力する他、kintoneの議事録アプリから音声ファイルを取りだすためにAPIトークンが必要です。「設定」→「APIトークン」から生成し、コピーしておきましょう。

ステップ3では音声ファイルをWhisper APIに渡して文字起こしをさせます。3ステップ目ではオープンAIのAPIキーを入力するのですが、その先頭に「Bearer」+半角スペースを入れる必要があります。

ステップ4では音声から起こしたテキストをChatGPTに整形させます。プロンプトで整形の方針を指示します。

ステップ5では整形したテキストファイルから議事録を生成させます。議事録のフォーマットなどを定義し、議事録を生成させるプロンプトを入力します。

ステップ6はkintoneの議事録アプリに生成した議事録テキストを登録します。kintoneの議事録アプリの議事録フィールドなどにテキストを入力するために、自社のkintoneのURLと議事録アプリから作成したAPIトークンを入力します。このURLは2ステップ目とは異なるので注意してください。

図4-11-7　2ステップ以降の設定情報（その1）

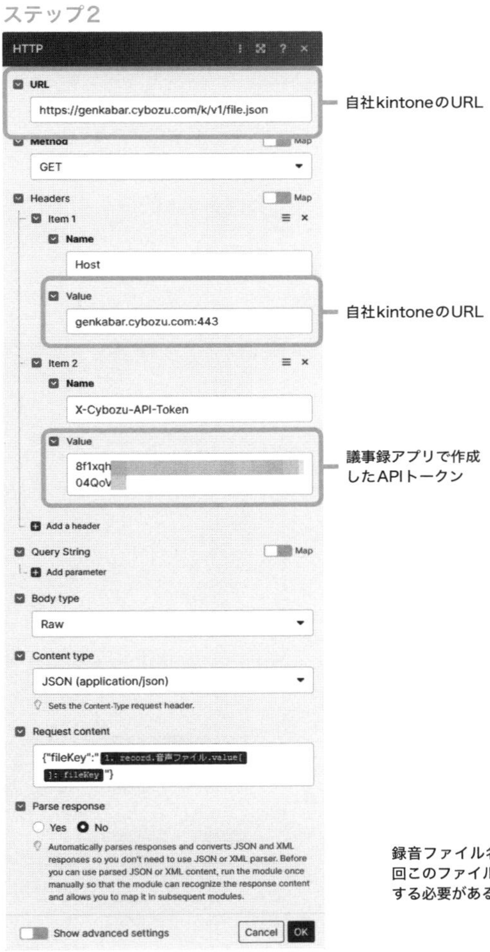

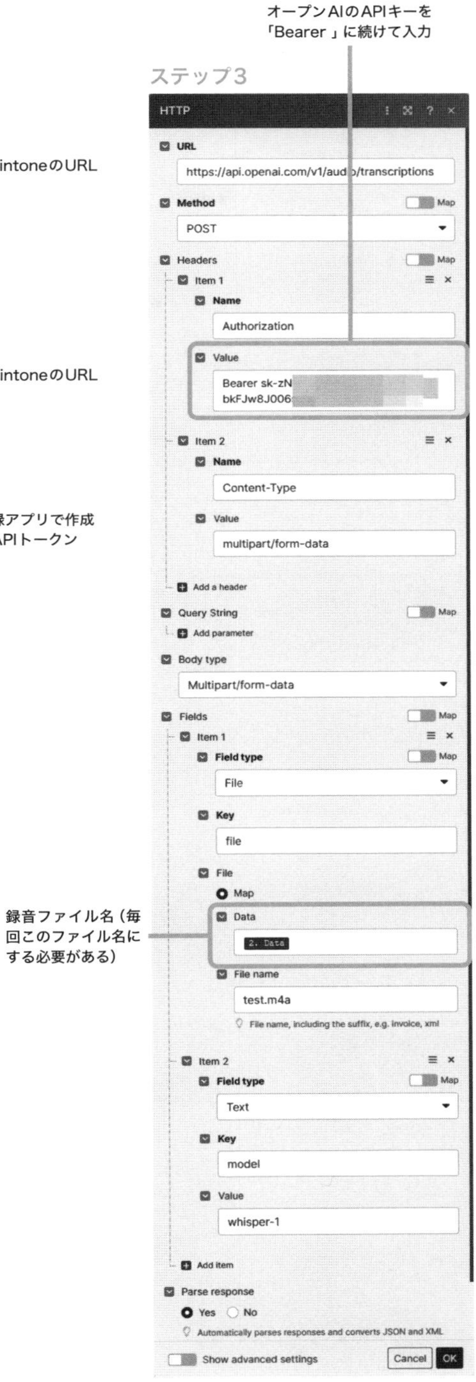

ステップ2

HTTP

URL: https://genkabar.cybozu.com/k/v1/file.json — 自社kintoneのURL
Method: GET
Headers
Item 1
Name: Host
Value: genkabar.cybozu.com:443 — 自社kintoneのURL
Item 2
Name: X-Cybozu-API-Token
Value: 8f1xqh… 04QoV… — 議事録アプリで作成したAPIトークン
Add a header
Query String
Add parameter
Body type: Raw
Content type: JSON (application/json)
Sets the Content-Type request header.
Request content: {"fileKey":" 1. record.音声ファイル.value[ ]: fileKey "}
Parse response: Yes / No
Automatically parses responses and converts JSON and XML responses so you don't need to use JSON or XML parser. Before you can use parsed JSON or XML content, run the module once manually so that the module can recognize the response content and allows you to map it in subsequent modules.
Show advanced settings　Cancel　OK

ステップ3

HTTP

URL: https://api.openai.com/v1/audio/transcriptions
Method: POST
Headers
Item 1
Name: Authorization
Value: Bearer sk-zN… bkFJw8J006… — オープンAIのAPIキーを「Bearer」に続けて入力
Item 2
Name: Content-Type
Value: multipart/form-data
Add a header
Query String
Add parameter
Body type: Multipart/form-data
Fields
Item 1
Field type: File
Key: file
File: Map
Data: 2. Data — 録音ファイル名（毎回このファイル名にする必要がある）
File name: test.m4a
File name, including the suffix, e.g. invoice, xml
Item 2
Field type: Text
Key: model
Value: whisper-1
Add item
Parse response: Yes / No
Automatically parses responses and converts JSON and XML
Show advanced settings　Cancel　OK

図4-11-7　2ステップ以降の設定情報（その2）

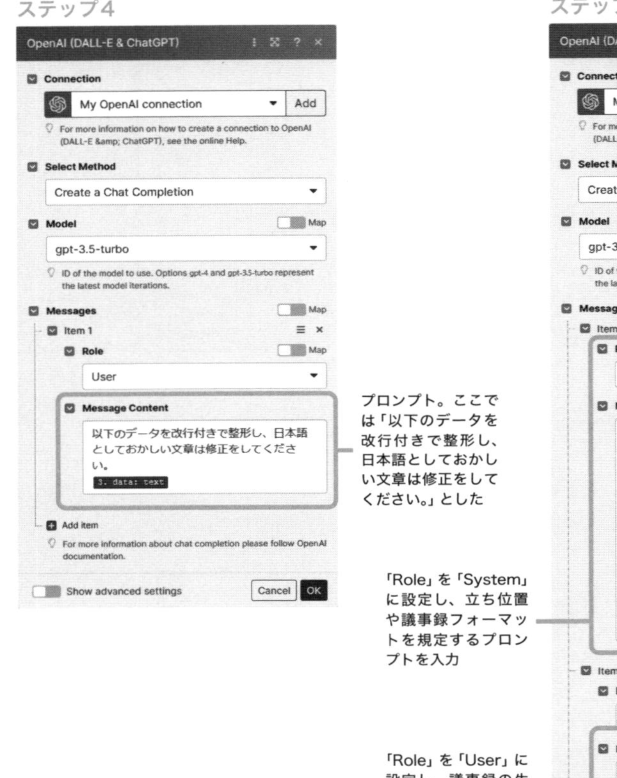

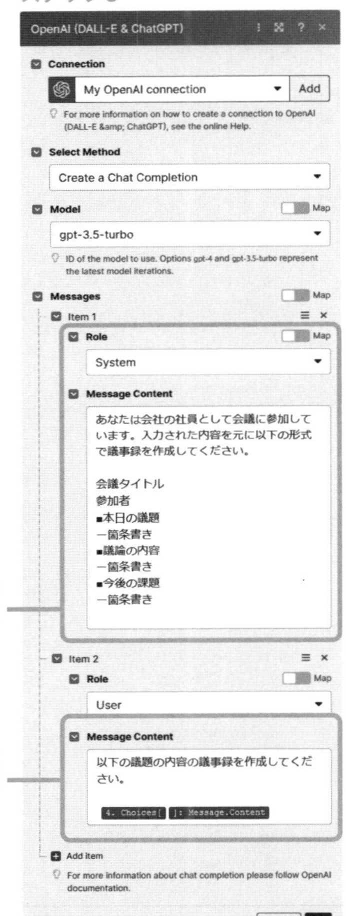

図4-11-7　2ステップ以降の設定情報（その3）

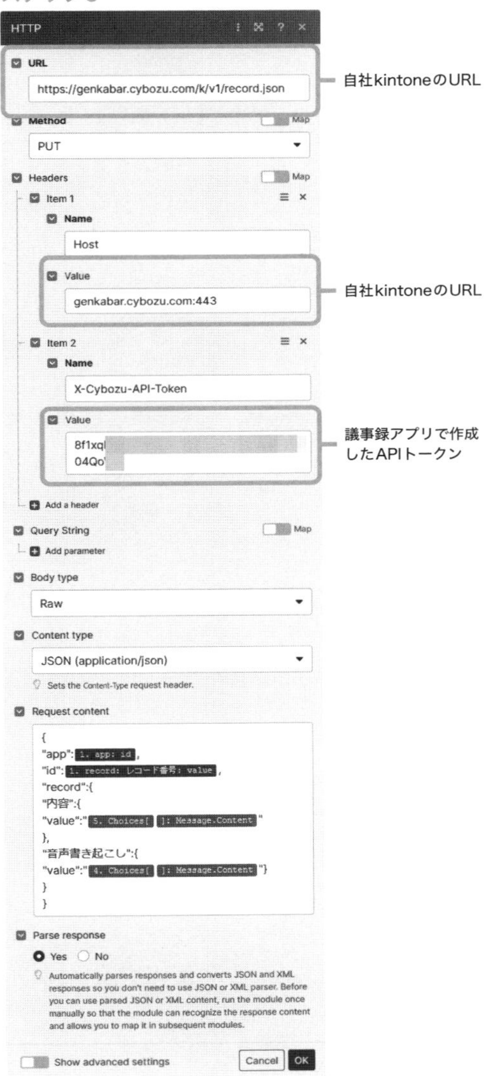

すべて設定し終わったら「Run once（1度実行）」をクリックし、会議録音ファイルをkintoneの議事録アプリにポストしてみましょう（**図4-11-8**）。音声ファイルのファイル名は、あらかじめ指定しておく必要があり、ポストする際にリネームするのも忘れないでください。今回は「test.m4a」となっています。

図4-11-8　設定完了後のmakeの画面
各ステップが連携して動く様子がビジュアルで分かる

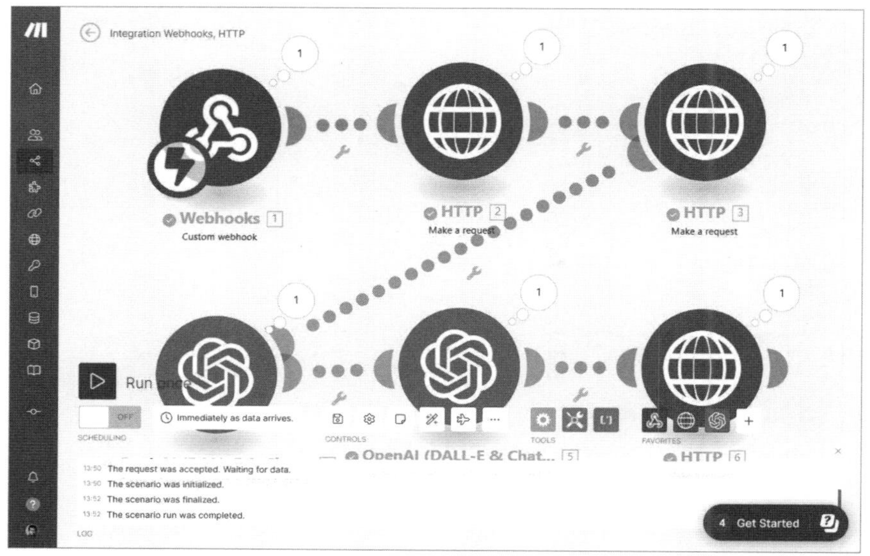

自動的に処理が進み、kintoneに議事録が保存されます。文字起こしの精度が高いので、十分実用的な議事録が作成できました（**図4-11-9**）。

図4-11-9　できあがった自動議事録
十分実用的な内容になっている

【議事録】

会議タイトル：会議のタイトルをここに記入
参加者：田中さん、佐藤さん、他数名（名前を列挙）

■本日の議題
・先月の報告課題対応
　- 看板について
　　- サイズに調整が必要。修正を依頼済み。修正が完了後、進捗状況を報告する。
　- 内装について
　　- 予定通り完了。家具の配置をしている。開店日の告知は、内装が完了したら行う。
　- 周辺の宣伝活動について
　　- 進めている。効果について、次回の会議で報告する。
・多摩地点の議題
　- アルバイト募集
　　- 応募が進行中。今週中に採用者を決定する見込み。
　- イベント企画について
　　- アイデアをまとめ中。来週の会議で具体的な内容を共有する。
・コ　対策　ての手　と消　徹底

4-12 Code Interpreterで正確な経営分析

キーワード：Code Interpreter・Phython コード生成・データ分析・数式

►まとめ
① プロンプトからPythonのコードを生成して実行する
② アップロードしたファイルを操作可能
③ ChatGPTは数字や計算に弱いという常識は過去のものに

「Code Interpreter（コード インタープリター）」は2023年7月に実装されたばかりのChatGPTの新機能です。2023年3月にオープンAIのブログで予告されていた機能で、ChatGPTへのプロンプト指示だけで「Python（パイソン）」のプログラムコードを自動生成し、実行できるのです。つまりチャットによる「プログラム生成」が可能になりました。今のところChatGPT Plusプランのユーザー向けにβ機能として提供されています。

ファイルをアップしてデータ分析やグラフ作成、ファイル編集、計算の実行などをChatGPTに指示できます。通常のChatGPTではプロンプトで指示しても正確な分析や計算ができないことがありますが、プログラムコードを生成して実行するので正確な出力が得られるのです。とはいえ、エンジニア経験がない方は、「Pythonでプログラム」と急に言われても何ができるのか分からないことでしょう。まずは、見よう見まねで動かしてみることをお勧めします。

Code interpreterをオンにするとファイルのアップロードが可能になる

最初に少しだけ準備が要ります。画面右下のメニューから設定画面を開き、「Beta features（ベータ機能）」のダイアログで「Code interpreter」をオンにします。続いて、GPT-4のメニューをクリックして、「Code interpreter」にチェックを入れれば準備完了です（**図4-12-1**）。

まずは試しに「原価BAR」のロゴをアップロードして、このロゴが回転するアニメGIF画像を作成してもらいましょう。Code interpreterをオンにすると、プロンプト入力ボックスに「＋」のマークが現れます。これをクリックするか、ファイルをドラッグアンドドロップするとアップロードできます。

図4-12-1　Code interpreterはChatGPT Plusユーザー向けにβ機能として提供
使うには「Settings & Beta」メニューから「Beta features（β機能）」のダイアログを呼び出して「Code interpreter」をオンにしたうえで、GPT-4メニューで「Code interpreter」にチェックを入れる。

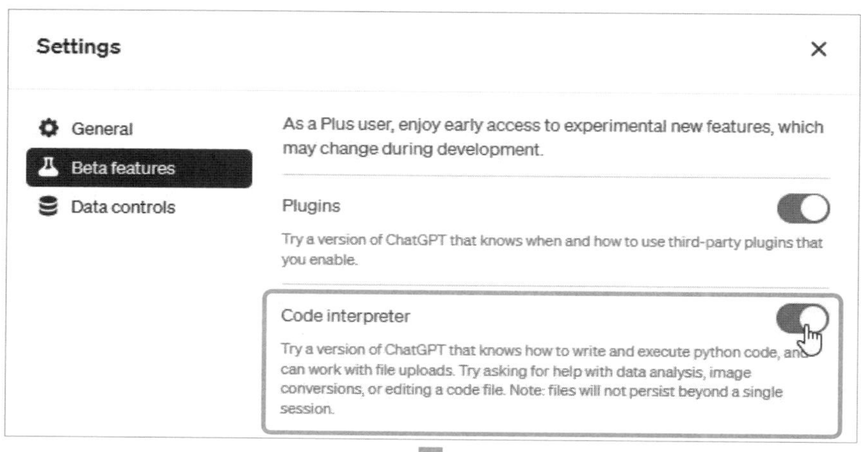

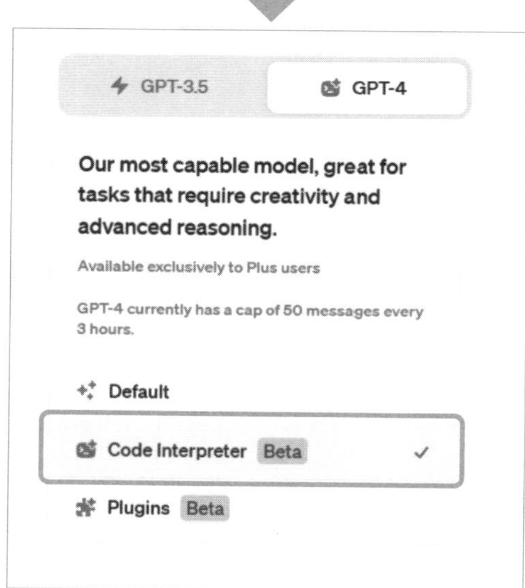

とりあえず原価BARのロゴ画像をアップロードしてみました。アップロードが済むとプロンプト入力ボックスに小さく表示されます。そこで、「画像が回るアニメGIFを作成してください」とシンプルなプロンプトを入れてみます（**図4-12-2**）。

すると、どのくらいのスピードで回転するのかを逆に質問されました。回答すると、すぐに画像が生成され、ダウンロードリンクが出力されます（**図4-12-3**）。クリックすると、ロゴが回転するアニメGIFがダウンロードできました（**図4-12-4**）。

なお、Code interpreterはGPT-4の機能なので、何度か書いたように、3時間当たり50メッセージという制限がかかってしまうので注意してください。コードの作成途中で制限に引っかかってやり直すと、ファイルのアップロードから再開する必要があります。

図4-12-2　Code interpreterをオンにするとファイルをアップロードできるようになる

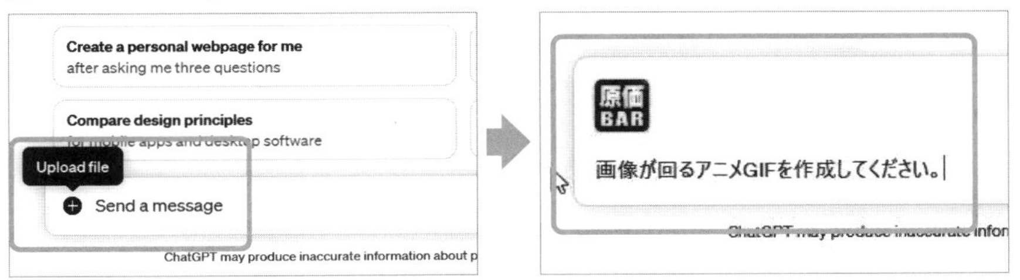

図4-12-3　プロンプトで足りない情報が質問される
対話方式で足りない情報を補足していき情報がそろうとプログラムが動作して完成品のダウンロードリンクが表示される。

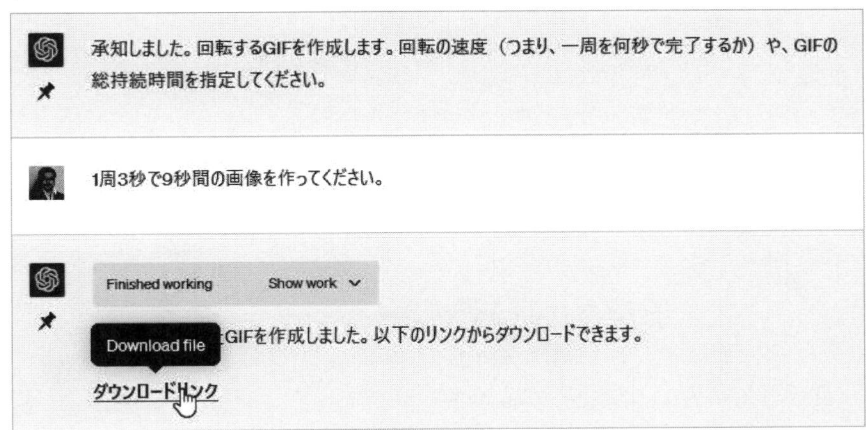

図4-12-4　「原価BAR」のロゴが回転するアニメGIFが生成された

パワポのスライドもQRコード画像も数式グラフも自由自在

次は、パワーポイントのファイルを直接作成してもらいましょう。「パワーポイントファイルを作成して」では、「ただし、私の現在の能力では直接的なパワーポイントファイルの生成はできません」と断られてしまうので、「pptxライブラリを使ってpptxファイルを生成」とプロンプトで指示する必要があります（**Prompt4-12-5**）。

出力されたスライドに入っているのはテキストのみで、デザインや画像は入っていません（**図4-12-6**）。とはいえ、たたき台ができていれば、パワーポイントの「デザイナー」機能などで、簡単に見栄えをよくできます。全部コピー＆ペーストするよりは、随分手間が省けるはずです。

Prompt 4-12-5

「デジタルリテラシーを向上させる」というテーマで、10枚のスライドを作成し、それぞれに3つのトピックを省略せずに入れてください。その内容をpptxライブラリを使ってpptxファイルを生成してください。確認は不要です。

図4-12-6　Prompt4-12-5のアウトプットのダウンロードリンクから10枚分のパワーポイントスライドが出力された

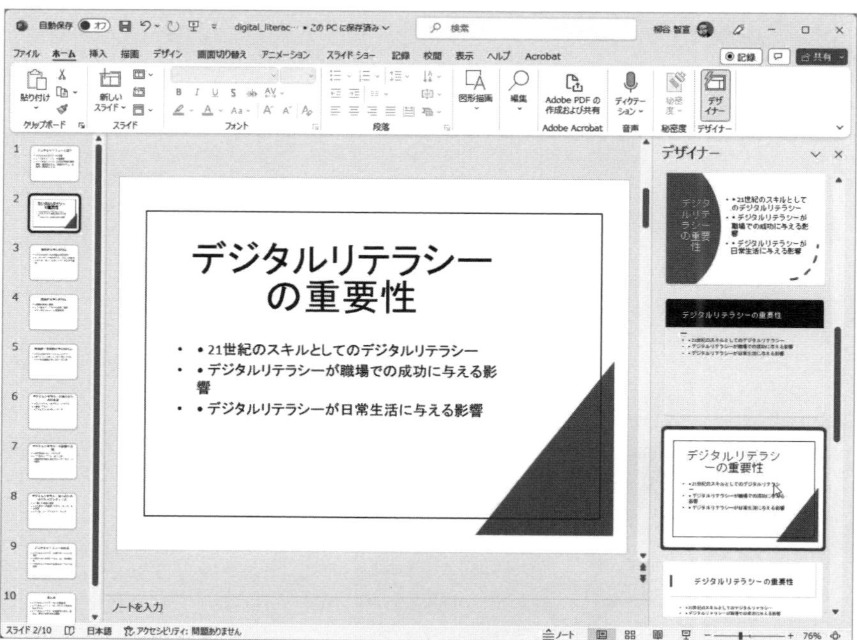

指定したURLにアクセスするためのQRコードを生成することもできます。パワポファイルと同じように、qrcodeライブラリを利用するように指定します(**Prompt4-12-6**)。何度かテストする中で、生成されたQRコードが壊れていたり、最後までローカルのPython環境で実行するように言ってきたりすることもありました。そのような場合は、さくっと中断し、新しいセッションで試すようにしましょう。

Prompt 4-12-6

Pythonのqrcodeライブラリを使って
https://genkabar.jp/
のカメラで読み込めるQRコードを生成してください。確認は不要です。

図4-12-7　Prompt4-12-6に対していったんはできないと返答したが……

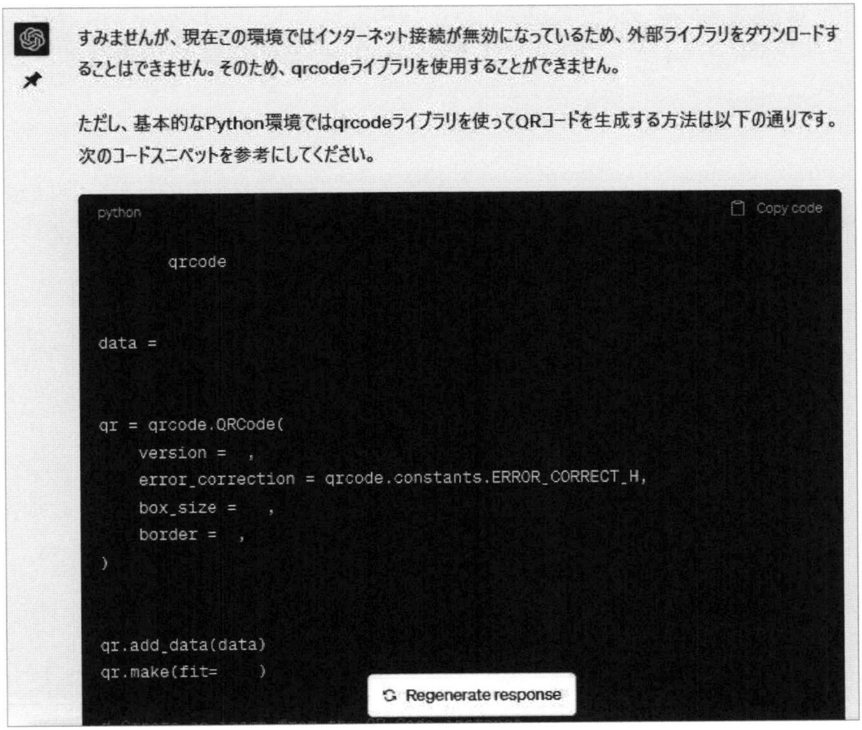

すみませんが、現在この環境ではインターネット接続が無効になっているため、外部ライブラリをダウンロードすることはできません。そのため、qrcodeライブラリを使用することができません。

ただし、基本的なPython環境ではqrcodeライブラリを使ってQRコードを生成する方法は以下の通りです。次のコードスニペットを参考にしてください。

```python
       qrcode


data =


qr = qrcode.QRCode(
    version = ,
    error_correction = qrcode.constants.ERROR_CORRECT_H,
    box_size = ,
    border = ,
)


qr.add_data(data)
qr.make(fit= )
```

Regenerate response

第4章　活用編：もっと便利な応用技12

Prompt 4-12-8

 実行してください

図4-12-9 「原価BAR」ホームページへのQRコードが作成された

上記の画像は、"https://genkabar.jp/" のURLを含むQRコードです。このQRコードをカメラで読み込むと、指定したURLにリダイレクトされます。

図4-12-10 グラフを描画したうえで「ハート形である」説明までついてきた

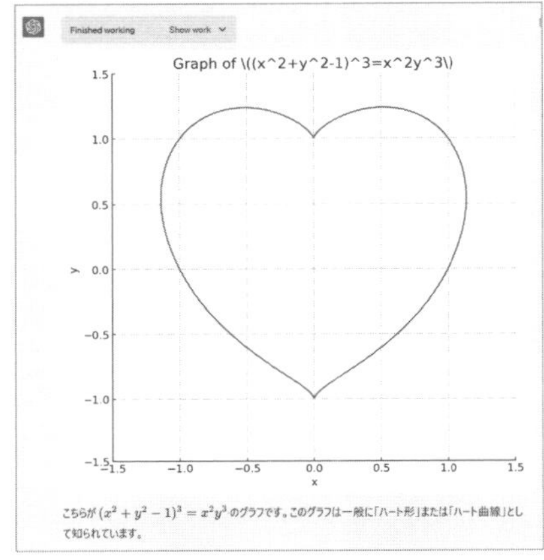

グラフも描画してくれます。有名な方程式「ハート関数」を入力したところすぐ描画して、グラフがハート形である理由の説明までしたのは驚きです（図4-12-10）。

ネットショップの販売データを分析

次は、ネットショップの販売データを入力して、分析してみましょう。海底熟成ウイスキー「Tourbillon」のWebショップ販売データのCSVファイルをChatGPTにアップロードします。

まずは、シンプルなプロンプトでどんなファイルなのかを分析してもらいましょう（Prompt4-12-12）。すぐに中身が解析され、どんな要素が入っているのかを列挙し、基本的な統計も出力してくれました（Output4-12-12）。

Prompt 4-12-11

 この売上ファイルを分析してください。

Output 4-12-11

読み込みを試みたところ、UnicodeDecodeErrorというエラーが発生しました。

中略

データの読み込みに成功しました。ファイルの内容は次のとおりです：

注文番号

商品名
ステータス

中略

数値データ列の統計情報：

売上金額:
平均: ¥43,196
最小値: ¥1,000
最大値: ¥291,600

実はこのとき、出力の最初の段階でエラーが出ています。ChatGPTはエラーを検知し、自分で対応策を提示し、実行し、処理を続けてくれています（図4-12-12）。ユーザーがPythonのことを何も知らなくても、処理できるというのは革命的です。

図4-12-12　Output4-12-11の実際の画像の一部
出力の最初でエラーが出たが自分で対応策を提示し、実行し、処理を続けた。

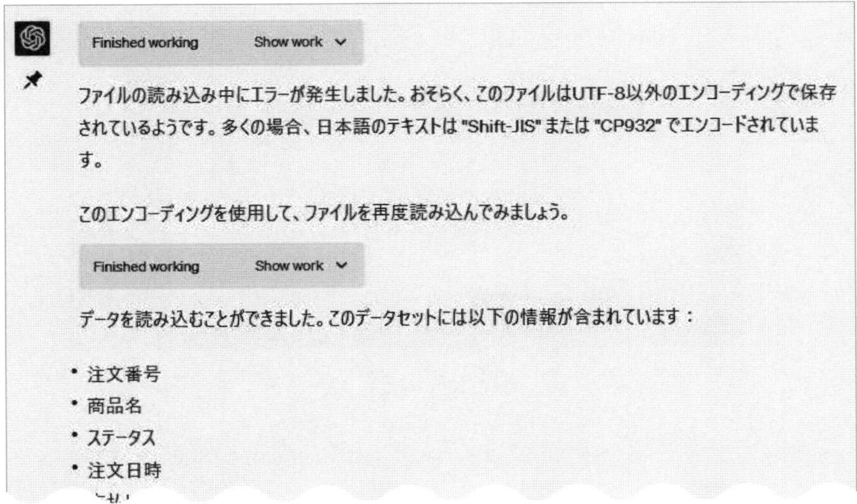

このエラーを少し解説しておきましょう。UTF-8やShift-JIS、CP932は日本語テキストをコンピューターがファイル化するときに使う「文字コード」と呼ばれる変換方式の名称です。日本では長らくShift-JISが標準的だったので、日本語が含まれるCSVファイルではShift-JISが使われているケースが多いのです。一方でインターネットの標準はUTF-8に移っているため、ChatGPTはまずUTF-8で変換して読み込もうとして失敗したわけです。

日本語フォントをアップロードして文字化け回避

せっかくだからいろいろやってみます。読み込ませたデータから月ごとの売り上げグラフを作らせます(Prompt4-12-13)。売上推移グラフがあっという間にできましたが、グラフの凡例部分が文字化けしてしましました(図4-12-14)。おそらくCode interpreterのライブラリーに日本語フォントがないからです。

Prompt 4-12-13

月ごとの売り上げを棒グラフにしてください

図4-12-13　さくっとできた月ごとの売上棒グラフ。しかし日本語のラベルが文字化けした

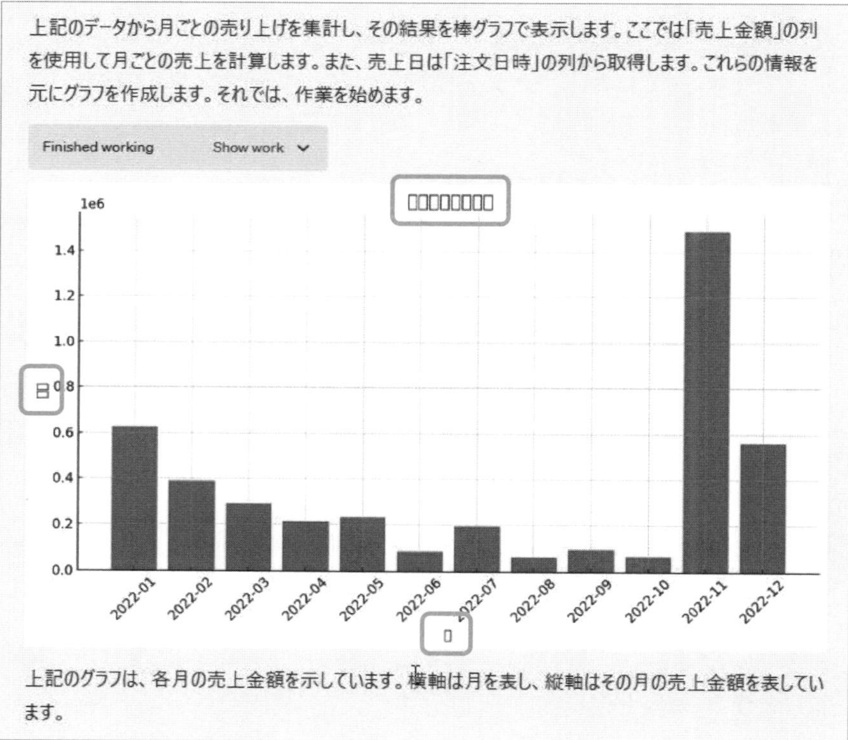

Code interpreterはファイルをアップロードできます。日本語フォントがないなら追加すればよいのです。ここでは商用可能なフリーフォント「LINE Seed」(https://seed.line.me/index_jp.html)を使いました(図4-12-14)。この上で「このフォントでグラフの凡例を表示してください」とプロンプトで指示します。

図4-12-14　日本語フォントをアップロードしてグラフに利用するように指示
今回はLINEが公開しているフリーフォント「LINE Seed」を使う。

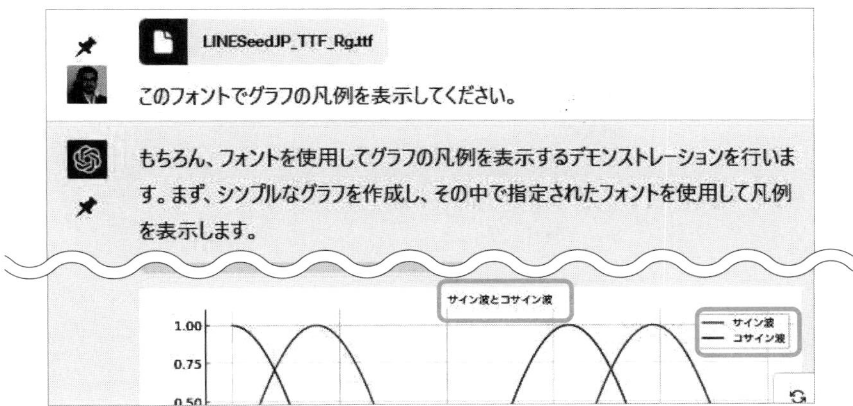

改めてCSVファイルをアップロードし、グラフの作成を指示すると今度は文字化けせずに表示できました（図4-12-15）。読み込ませたデータを自由自在に分析できるので、特定の月の売り上げが高いか低いか、平均売上金額は？　などと次々と質問してもサクッと正確に答えます。

「決済の割合を円グラフで出して」「時間帯や日付で売れ筋の傾向を調べて」などと部下に思いつきで作業させるとブラック経営者ですが、ChatGPTなら存分に質問できます。3時間に50メッセージは厳しい制限ですが、3時間後にまた違う質問から始めれば、いろいろな分析ができるでしょう。

ChatGPTは数字に弱い、正確な回答が難しいというのがこれまでは常識だったのに、Code interpreterはその弱点を解消してしまいました。

図4-12-15　月別売り上げ推移のグラフ
今度は凡例も文字化けせずに表示できた。

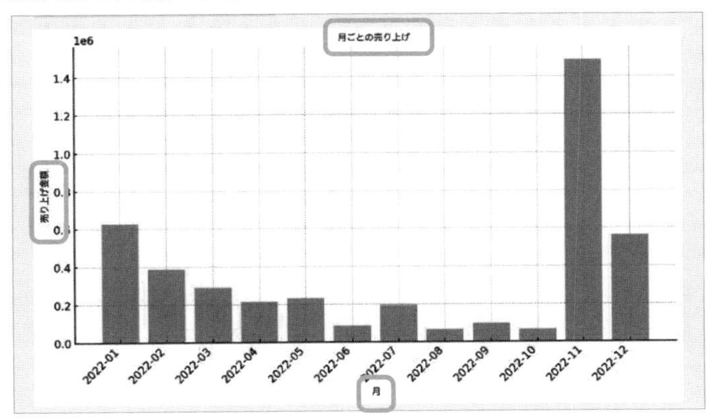

著者プロフィール

柳谷 智宣（やなぎや とものり）

1972年12月生まれ。1998年からIT・ビジネス系ライターとして活動。デジタル・ガジェット紹介からエンタープライズIT、セキュリティー、新技術の動向解説など幅広くカバーする。2018年にはネット詐欺被害を減らすためにNPO法人デジタルリテラシー向上機構（DLIS）を設立。本業の傍ら、趣味のウイスキー好きが高じて飲食店「原価BAR」の経営や「海底熟成ウイスキーTourbillon」の販売を手掛けている。株式会社レベリング／株式会社トゥールビヨン 代表取締役社長

柳谷智宣の超ChatGPT時短術

今日から仕事で使える実践35テク

2023年9月19日　初版第1刷発行

著　者	柳谷 智宣
発行者	森重 和春
発　行	株式会社日経BP
発　売	株式会社日経BPマーケティング 〒105-8308 東京都港区虎ノ門4-3-12
装　丁	Oruha Design（新川 春男）
制　作	マップス
編　集	山田 剛良
印刷・製本	図書印刷

ISBN 978-4-296-20297-3